全国经济专业技术资格考试用书

2022

建筑与房地产经济

专业知识和实务（初级）

人力资源和社会保障部人事考试中心　组织编写

主　　编　刘伊生

编写人员　向鹏成　许远明　李玉龙　周　霞
　　　　　郑立群　钟庭军　高　欣　路　明
　　　　　胡秀梅　黄利娜

中国人事出版社

图书在版编目(CIP)数据

建筑与房地产经济专业知识和实务:初级.2022/人力资源和社会保障部人事考试中心组织编写.--北京:中国人事出版社,2022

全国经济专业技术资格考试用书

ISBN 978-7-5129-1760-6

Ⅰ.①建… Ⅱ.①人… Ⅲ.①建筑经济-资格考试-自学参考资料②房地产经济学-资格考试-自学参考资料 Ⅳ.①F407.9 ②F293.30

中国版本图书馆 CIP 数据核字(2022)第 073749 号

2022 年版全国经济专业技术资格考试用书防伪标识鉴别方法:

1. 防伪印刷:防伪标识中的"RSKS"采用特殊烫金工艺,内含微缩文字。紫外光源下观察,防伪标识中可见红色的"RS"(自然光下不可见)。

2. 网站防伪查询及增值服务获取:刮开防伪标识中的涂层,获取防伪码。登录中国人事考试图书网(http://rsks.class.com.cn),即可按照提示查询真伪。也可以用微信扫一扫防伪标识上的二维码验证真伪并获取出版单位提供的免费增值服务。

3. 粘贴位置:封面左下方。

中国人事出版社出版发行

(北京市惠新东街 1 号 邮政编码:100029)

*

河北眺山实业有限责任公司零五印刷分公司印刷装订 新华书店经销

787 毫米 × 1092 毫米 16 开本 13.5 印张 334 千字

2022 年 6 月第 1 版 2022 年 6 月第 1 次印刷

定价:85.00 元

售书网站:中国人事考试图书网

网址:http://rsks.class.com.cn

咨询电话:400-606-6496/010-64962347

版权专有 侵权必究

如有印装差错,请与本社联系调换:010-81211666

我社将与版权执法机关配合,大力打击盗印、销售和使用盗版图书活动,敬请广大读者协助举报,经查实将给予举报者奖励。

举报电话:010-64954652

前 言

为贯彻落实习近平经济思想，做好全国经济专业技术资格考试工作，促进经济专业技术人员不断提高业务能力，更好地服务经济建设，根据2022年版的《经济专业技术资格考试大纲》，结合我国的社会经济发展和相关方针、政策及法律法规的变化，特别是党的十九大以来中央有关精神，我们在认真听取相关部门和人员意见的基础上，组织专家对"全国经济专业技术资格考试用书"进行了重新编写或修订，供广大应试人员学习参考。

书中疏漏及不足之处，恳请指正。

人力资源和社会保障部人事考试中心

2022年5月

目 录

第一章　建筑业与建筑市场

建筑业是国民经济的一个重要行业。广义的建筑业，是指专门从事土木工程、建筑工程、线路管道和设备安装工程施工、建筑装饰装修及与建筑产品生产相关的工程勘察设计工作、构配件生产、工程管理服务的物质生产部门。狭义的建筑业，则只包括土木工程、建筑工程、线路管道和设备安装工程的新建、扩建、改建等施工活动。

建筑市场也有广义和狭义之分。广义的建筑市场包含建筑产品供应方和需求方及中间商交易关系的总和，以及与建筑产品生产相关的市场，如技术服务市场，构配件、建筑材料供应及运输服务市场等。狭义的建筑市场，则仅指建筑产品供应方和需求方及中间商交易关系的总和。

第一节　建筑业的特征及地位

一、建筑业的分类和特征

（一）建筑业的分类

我国《国民经济行业分类》（GB/T 4754—2017）将建筑业划分为：房屋建筑业，土木工程建筑业，建筑安装业，建筑装饰和装修以及其他建筑业四大类，每个大类下又划分为若干中类和小类。显然，这种划分是针对狭义的建筑业进行的。而工程监理服务、工程管理服务以及工程勘察活动、工程设计活动等归属于科学研究和技术服务业。

1. 房屋建筑业

房屋建筑业是指房屋主体工程的施工活动，不包括主体工程施工前的工程准备活动。房屋建筑业可进一步划分为：

（1）住宅房屋建筑活动。住宅房屋建筑活动包括保障性住房工程，普通商品房工程，公寓、别墅工程和其他住宅房屋工程等建筑活动。

（2）体育场馆建筑活动。体育场馆建筑活动包括体育场馆工程、休闲健身用房屋工程、综合体育休闲健身场馆工程等建筑活动。

（3）其他房屋建筑活动。其他房屋建筑活动包括商厦、宾馆及餐饮、商务会展等其他商业和服务业用房屋，办公、科学研究、教育、医疗、文化、娱乐等其他科教文卫用房屋，车间、锅炉房、烟囱、水塔、仓库等其他厂房及建筑物，火车候车室、汽车候车室、港口候船室、民航候机厅、民航指挥塔等其他客运等候及指挥用房屋等的建筑活动。

2. 土木工程建筑业

土木工程建筑业是指土木工程主体的施工活动，不包括主体工程施工前的工程准备活动。土木工程建筑业可进一步划分为：

（1）铁路、道路、隧道和桥梁工程建筑活动。又可细分为：①铁路工程建筑活动；②公路工程建筑活动；③市政道路工程建筑活动；④城市轨道交通工程建筑活动；⑤其他道路、隧道和桥梁工程建筑活动。

（2）水利和水运工程建筑活动。水利和水运工程建筑活动是指水利和港口的地基、打桩、建筑砖石、钢筋、混凝土、构架、钢结构、预制构件组装与装配、防水、建筑附着升降脚手架、建筑起重设备等工程服务。又可细分为：①水源及供水设施工程中水工隧洞工程，水井工程，以及水利枢纽设施、水库设施、引水河渠设施、提水设施、灌溉排水设施、村镇（农村）供水设施等工程建筑活动；②河湖治理及防洪设施工程中水工建筑物基础处理工程，水工大坝工程，河湖整治工程，堤防工程，以及江河堤坝设施、城市防洪设施、海堤设施、蓄滞洪区设施、橡胶坝拦河设施、山洪防御设施工程等建筑活动；③港口及航运设施工程中港口土石方工程，港口与海岸工程，航道工程，通航建筑工程，水上交通管制工程，其他水运工程，以及港口船舶停泊设施、港口货物装卸设施、船坞设施、水上航标设施、航道设施、其他港口与航道设施工程等建筑活动。

（3）海洋工程建筑活动。海洋工程建筑活动是指海上工程、海底工程、近海工程等建筑活动。又可细分为：①海洋油气资源开发利用工程建筑活动；②海洋能源开发利用工程建筑活动；③海底隧道工程建筑活动；④海底设施铺设工程建筑活动；⑤沿岸工程设施、离岸工程设施、海水利用设施等其他海洋工程建筑活动。

（4）工矿工程建筑活动。工矿工程建筑活动是指除厂房、电力工程以外的非节能环保型矿山和工厂生产设施、设备的施工和安装活动。

（5）架线和管道工程建筑活动。架线和管道工程建筑活动是指建筑物外的架线、管道和设备的施工活动。又可细分为：①架线及设备工程建筑活动；②管道工程建筑活动；③地下综合管廊工程建筑活动等。

（6）节能环保工程施工。又可细分为：①节能工程施工；②环保工程施工；③生态保护工程施工。

（7）电力工程施工。又可细分为：①火力发电工程施工；②水力发电工程施工；③核电工程施工；④风能发电工程施工；⑤太阳能发电工程施工；⑥生物质能工程、生物质能发电建筑工程、地热能发电及热利用工程等其他电力工程施工。

（8）其他土木工程建筑活动。又可细分为：①园林绿化工程施工；②体育场地设施工程施工；③游乐设施工程施工；④水井钻探，路牌、路标、广告牌安装等其他土木工程建筑施工。

3. 建筑安装业

建筑安装业是指建筑物主体工程竣工后，建筑物内各种设备的安装活动，以及施工中的线路敷设和管道安装活动，不包括工程收尾的装饰，如对墙面、地板、天花板、门窗等的处理活动。可进一步划分为：

（1）电气安装。电气安装是指建筑物及土木工程构筑物内电气系统（含电力线路）的安装活动。

（2）管道和设备安装。管道和设备安装是指管道、取暖及空调系统等的安装活动。

（3）其他建筑安装业。其他建筑安装业是指运动地面（如足球场、篮球场、网球场等），滑冰、游泳设施（含可拼装设施、健身步道）等体育场地设施安装，智能化安装、救援逃生设备安装及其他未列明的安装活动。

4. 建筑装饰和装修业及其他建筑业

（1）建筑装饰和装修业。建筑装饰和装修业是指对建筑工程后期的装饰、装修、维护和清理活动，以及对居室的装修活动。又可细分为：①公共建筑装饰和装修；②住宅装饰和装修；③建筑幕墙装饰和装修。

（2）建筑物拆除和场地准备活动。建筑物拆除和场地准备活动是指房屋、土木工程建筑施工前的准备活动。又可细分为：①建筑物拆除活动；②场地准备活动。

（3）提供施工设备服务。提供施工设备服务是指为建筑工程提供配有操作人员的施工设备服务。

（4）其他未列明建筑业。其他未列明建筑业是指上述未列明的工程环保设施施工，工程防声、防尘设施施工等其他建筑活动。

联合国《所有经济活动的国际标准产业分类》（ISIC Rev.4）将建筑业分为：完整的楼宇建筑、完整的土木工程以及只作为工程一部分的专用建筑活动（特殊建筑活动）。①楼宇建筑活动，包括：住宅建筑的建造、非住宅建筑的建造、现场预制建筑物的组装与安装、现有住宅性建筑的修复与重建；②土木工程建筑活动，包括：公路和铁路的建造、配套工程建设（包括分配线路及属于这些系统组成部分的相关建筑和结构的建造）、其他土木工程建造；③特殊建筑活动，特殊建筑活动是指专业建造活动（特殊工种），即不对整个工程项目承担责任的部分建筑及土木工程的建造，包括：建筑物的拆除和场地的准备，电气、管道和其他构件的安装活动，建筑装修和装饰以及其他专门的建筑活动。配有操作人员的建筑设备的租赁划入使用相关租赁设备进行的特定建筑活动。

（二）建筑业的特征

狭义的建筑业是指由劳动者利用机械设备与工具，按照工程建设标准和设计要求对原材料、部品部件、建筑设备等劳动对象进行加工安装等建造活动，从而生产出建筑产品，这使得建筑业具有制造业的特征。然而，由于建筑产品具有不同于一般工业产品的技术经济特点，又使得建筑业具有鲜明的行业特征。

1. 生产特征

（1）生产的流动性。制造业生产过程的特点是工位（生产人员和生产机具）固定，加工对象和产品在生产线上流动。而建筑产品与土地相连且位置固定，这决定了建筑产品的生产具有流动性的特征。生产的流动性表现在两个方面：一是施工人员、施工机具，甚至整个施工机构，都要随施工对象坐落位置的变化而流动，转移区域或地点；二是在一个建筑产品生产过程中，施工人员和施工机具要随同一施工对象的施工部位不同而上、下、左、右移动，不断地变换操作场所。为了适应施工条件和施工对象的变化，施工机具应是便于灵活移动的或者是小型的机具，同时施工过程中手工操作比重较大，这一特征在一定程度上影响了建筑业的技术进步，因此，相对于制造业而言，建筑业是劳动密集型行业。

（2）生产的单件性。由于各个建筑产品的功能要求不同，每个产品都要单独进行设计，并且产品具有多样性，即使采用标准图纸或通用图纸设计的建筑产品，也由于每个产品所处位置不同，施工生产的自然条件和社会经济条件各异，使得建筑生产具有单件性的特征。每个建筑产品都应根据设计要求和具体的环境条件进行施工组织设计，因此，生产效率受环境因素影响较大。

（3）生产周期长。建筑产品投资数额大、消耗资源多，加之建筑业中手工作业比重较大，一项完整建筑产品的生产周期相对较长，其工期常以年计。因此，在建筑产品的生产中往往要长期占用大量的人力、物力和资金，不能在短期内提供具有最终用途的产品，通常需要建筑企业有较强的资金垫付能力。

（4）露天和高空作业多。建筑产品形体庞大、地理位置固定，加之建筑生产的流动性，导致建筑生产过程中露天和高空作业较多，施工生产过程中受自然条件、气候条件的影响大，质量和安全风险因素多，因此需要根据每个建筑产品的特点进行质量、安全管理和风险控制。

2. 经营特征

(1)受宏观经济影响大。建筑产品的需求来自投资需求,建筑业是典型的投资拉动型行业,其需求受基础设施、房地产、相关制造业等固定资产投资波动的影响。由于工程建设投资与宏观经济形势和政策密切相关,因此,建筑业及其经营环境受宏观经济影响大,且行业的景气波动体现出与宏观经济周期性波动的一致性。

(2)先订货后生产。一般工业产品是先生产后销售(定制除外),即在市场调查的基础上,通过分析目标市场消费者的一般需求,研发和生产出产品后,通过市场营销活动向非特定顾客进行销售,实现经营目标。而每个建筑产品由于顾客需求不同,需要先由顾客根据产品需求选定产品的生产者,先订货并提出生产要求后由建筑生产者进行生产,同时顾客有权对生产过程进行监督管理。

(3)分期交易结算、预付款和保证金制度的普遍性。由于建筑生产投入资金多、生产周期长,为保证生产的顺利进行和按预期目标完成产品,需要将一个建筑产品分解为中间产品进行中间结算。同时,实行预付款和多种保证金制度。

3. 行业组织特征

(1)劳动密集型行业。劳动密集型是指单位劳动占用的资金数额较少,或资本有机构成较低的经济活动。劳动密集型产品的成本中,活劳动消耗所占的比重较大,而物化劳动消耗(主要是指固定资产转移的部分,不包括作为劳动对象的原材料、燃料等的转移部分)所占比重较小。虽然建筑产品资源消耗高,但主要是建筑材料和构配件消耗比重大,而固定资产消耗与活劳动消耗之比较低,因而属于劳动密集型行业。

(2)行业组织的多样性。为适应建筑产品构成复杂、专业工程组成多且建筑产品组成各不相同的生产需要,建筑生产需要多工种、多专业的配合,因此,在行业内部结构上,不仅需要具备总承包和全过程承包的企业,还需要有不同规模、不同专业类型的企业,通过总分包、联合承包等方式完成建筑产品的生产任务。

二、建筑业在国民经济中的地位和作用

建筑业是国民经济中的物质生产部门,它能创造物质产品和增加产品价值,也能创造社会财富,是国民经济的支柱产业。建筑业的地位和作用主要体现在以下五个方面。

(一)提供社会生产和生活所需的物质基础

建筑业生产的产品转给使用者后,形成各种生产性和非生产性固定资产,是国民经济中各物质生产部门和非物质生产部门进行生产、社会生活的物质手段,是人民生活的重要物质基础。根据2021年《中国统计年鉴》,2020年建筑业总产值263 947亿元,占全社会固定资产投资527 270亿元的50.1%。

(二)建筑业完成产值在国民经济中占有较大比重

建筑业产值在国内生产总值中占有重要地位,能为社会创造新价值,为国家增加积累。根据2021年国民经济和社会发展统计公报,2020年建筑业增加值80 138亿元,占同期国内生产总值1 143 670亿元的7.0%,占同期第二产业增加值450 904亿元的17.77%。

(三)建筑业能够为社会提供大量就业机会

建筑业作为劳动密集型行业,可容纳大量就业人员,为社会提供就业机会,增加人民收入。根据2021年《中国统计年鉴》,2020年建筑业企业从业人员5 366.9万人,占社会就业人数75 064万人的7.1%,占第二产业就业人数21 543.4万人的24.9%。

（四）建筑业能够带动相关产业发展

建筑业能够消耗种类多、数量大的工业和其他产业（如运输）的产品或服务，是工业及其他相关产业的重要市场，与其他产业的关联度很高，因此建筑业的发展能够带动相关产业的发展。有关分析数据显示，建筑业中间投入率为 0.74，产业影响力系数为 1.18。

（五）建筑业能够促进国内资金、技术、管理与国际接轨

建筑业通过参与国际竞争、承包国际工程，能够带动国内物质与设备出口，创造外汇，促进国内资金、技术、管理与国际接轨。2020 年我国对外承包工程新签订合同额 2 555.4 亿美元，完成营业额 1 559.4 亿美元。其中在“一带一路”沿线国家新签订对外承包工程项目合同额 1 414.6 亿美元，占同期我国对外承包工程新签订合同额的 55.4%；完成营业额 911.2 亿美元，占我国同期总额的 58.4%。

第二节　建筑产品及其技术经济特点

一、建筑产品分类

建筑产品是指建筑业向社会提供的具有一定功能、可供人类使用的最终产品，是经过勘察设计、建筑施工、部品部件制作和安装等一系列劳动而最终形成的产品。

（一）按照生产特点和最终用途划分

根据建筑产品生产特点和最终用途不同，建筑产品可分为：房屋建筑，构筑物和线路、管道、设备安装工程。

1. 房屋建筑

房屋建筑是指劳动者运用施工机具对建筑材料、构配件进行加工制作和装配、安装形成的具有内部空间，主要供人们在其中生产或生活（含社会活动）的建筑产品。通常按最终用途可将房屋建筑进一步划分为：厂房、仓库、住宅、办公楼、医院、学校、商业用房等。

2. 构筑物

构筑物是指劳动者运用施工机具对建筑材料、构配件进行加工制作和装配、安装形成的没有内部空间，或虽有内部空间但其主要不是供人在其中生产或生活的建筑产品，如水坝、烟囱、窑炉、铁路、公路、桥梁、涵洞、机坪等。

3. 线路、管道、设备安装工程

线路、管道、设备安装工程是指劳动者利用安装用设备和工器具对线路、管道、设备按照技术要求就位形成的建筑生产成果。与房屋建筑和构筑物的生产相比，线路、管道、设备安装活动不对被安装的线路、管道、设备进行改造，仅在其基础上附加安装工作，因而建筑生产成果不包含被安装的线路、管道和设备本身。而房屋建筑和构筑物生产需要对建筑材料进行加工改造，因而其价值应纳入建筑生产成果。

（二）按照建筑产品完工程度划分

根据建筑产品实体完工程度，建筑产品可分为已完工程、已完施工和未完施工。

1. 已完工程

已完工程是指已经完成承包合同工作内容或工程设计要求的全部房屋建筑、构筑物和安装工程，是进行竣工结算和工程质量验收的依据。

2. 已完施工

已完施工是指已完成的分部分项工程，被看作是“假定产品”，是工程质量验收的基础和

中间结算的依据。

3. 未完施工

未完施工是指已投入人工、材料，但尚未完成的分部分项工程，是描述工程形象进度的对象。

二、建筑产品生产过程

建筑产品生产过程通常可划分为工程勘察、工程设计、施工准备、施工安装和工程保修等环节。

（一）工程勘察

工程勘察是指为满足工程建设规划、设计、施工、运营及综合治理等需要，研究和查明工程施工现场的地质、地理环境特征，对地形、地质及水文等状况进行测绘、勘探测试，并提供相应成果和资料的活动，包括岩土工程的勘测、处理、监测活动。工程勘察是由具有相应资质的工程勘察单位实施的建筑活动。

不同工程勘察的内容和阶段划分各不相同，从建筑产品生产的角度，工程勘察可分为：初步勘察、详细勘察和施工勘察。

1. 初步勘察

初步勘察是指根据已掌握的资料和实际需要进行工程地质测绘或调查及勘探测试工作，为确定建筑物的平面位置、主要建筑物地基类型及不良地质现象防治工程方案提供资料，对场地内建筑物地段的岩土工程稳定性作出评价。

2. 详细勘察

详细勘察通常是在工程平面位置，地面整平标高，工程性质、规模、结构特点已经确定，基础形式和埋深已有初步方案的情况下进行的，主要是为最终确定地基和基础方案以及计算地基和基础设计提供依据。

详细勘察阶段应按不同建筑物或建筑群提出详细的岩土工程资料和设计所需的岩土技术参数；应对建筑地基进行岩土工程分析评价，并对基础设计、地基处理、不良地质现象的防治等具体方案作出论证和建议。

3. 施工勘察

地基基础工程必须进行验槽。验槽是基坑或基槽开挖至坑底设计标高后，检验地基是否符合要求的活动。勘察、设计、监理、施工、建设等各方相关技术人员应共同参加验槽。

验槽时，现场应具备岩土工程勘察报告、轻型动力触探记录（可不进行轻型动力触探的情况除外）、地基基础设计文件、地基处理或深基础施工质量检测报告等（当设计文件对基坑坑底检验有专门要求时，应按设计文件要求进行）。遇到下列情况之一时，尚需进行专门的施工勘察。

（1）工程地质与水文地质条件复杂，出现详勘阶段难以查清的问题时；

（2）开挖基槽发现土质、地层结构与勘察资料不符时；

（3）施工中地基土受到严重扰动，天然承载力减弱，需进一步查明其性状及工程性质时；

（4）开挖后发现需要增强地基处理或改变基础形式，已有勘察资料不能满足需求时；

（5）施工中出现新的岩土工程或工程地质问题，已有勘察资料不能充分判别新情况时。

（二）工程设计

工程设计是指根据工程建设意图和法律法规要求，运用科技知识和方法，对建设工程所需的技术、经济、资源、环境等条件进行综合分析论证，为工程建设提供有技术依据的设计文件和图纸的活动。工程设计阶段既是一个相对独立的阶段,同时又会延伸到工程施工和竣工验收阶段。工程设计是由具有相应资质的工程设计单位实施的建筑活动,工程设计质量的好坏对建筑工程质量和造价的确定与控制起着关键性作用。

工程设计阶段要根据工程规模大小、技术复杂程度及是否有设计经验来决定。对于重大工程,在技术要求严格、工艺流程复杂、设计缺乏经验的情况下,为了保证工程设计质量,设计过程分为初步设计、技术设计和施工图设计三个阶段。对于技术成熟的中小型工程,为简化设计步骤、缩短设计时间,可分为两个阶段进行。两个阶段设计又可分为两种情况:一是技术设计和施工图设计两个阶段;二是将初步设计和技术设计合并为扩大初步设计,即分为扩大初步设计和施工图设计两个阶段。对于技术简单而又成熟的小型工程或个别生产车间,则可以直接进行施工图设计。

1. 初步设计

初步设计(基础设计)的内容依工程类别不同而有所变化,一般应包括:工程总体设计、布局设计、主要工艺流程设计、设备选型和安装设计、土建工程量及费用估算等。

初步设计文件应当满足编制工程总承包招标文件、主要设备材料订货和编制施工图设计文件的需要,是下一阶段施工图设计的基础。

2. 技术设计

技术设计是指根据已获得批准的初步设计而编制的更精确、更完备、更具体的文件和图纸。初步设计是对拟建工程提出基本的技术决策,确定基本的技术经济指标,并做出包含工程概算在内的初步设计文件和图纸。而技术设计要确定初步设计中所采取的工艺过程、建筑物和构筑物、校正设备的选择及数量误差,确定建设规模和技术经济指标,并作出包含修正概算的文件和图纸。

3. 施工图设计

施工图设计(详细设计)的主要内容是根据批准的初步设计,绘制出正确、完整和尽可能详细的建筑、安装图纸,包括工程详图、零部件结构明细表、验收标准与方法、施工图预算等。施工图设计文件应满足设备材料采购、非标准设备制作和施工的需要,并注明建筑工程的合理使用年限。

(三)施工准备

施工准备工作要贯穿于整个工程施工过程中,应根据施工顺序有计划、有步骤、分阶段地进行施工准备。工程施工是由具有相应资质的工程施工单位实施的建筑活动。对施工单位而言,施工准备工作包括技术准备、现场准备、物资准备、施工队伍准备和计划准备等内容。

1. 技术准备

(1)审查设计图纸,熟悉有关资料。检查图纸是否齐全,图纸本身及各专业图纸之间有无"错漏碰缺",设计内容与施工条件是否一致,各工种之间搭接配合是否有问题等。同时,应熟悉有关勘察设计数据,结构特点及土层、地质、水文、工期要求等情况。

(2)收集资料,摸清情况。收集当地自然条件资料及有关技术管理规定和要求,深入实地摸清施工现场及周边情况。

(3)编制施工组织设计、施工(专项)方案和施工预算。

2. 现场准备

(1)建立测量控制网点。按照施工总平面图的要求和建设单位提供的控制点,布置测量点,设置永久性坐标桩及水平桩,组成测量控制网。

（2）做好“三通一平”（水、电、道路接通，场地平整）。修通场区主要运输干道，接通工地用电线路，布置生产、生活供水管网和现场排水系统。按总平面图确定的标高组织土方工程的挖填、外运工作等。

（3）修建或租赁临时设施。根据施工组织要求落实各种附属加工场、仓库、食堂、宿舍、厕所、办公室及公用设施等，按照总平面布置要求或附近资源条件修建或租赁使用。

（4）现场安全生产、文明施工准备。

3. 物资准备

（1）做好建筑材料需要量计划和货源安排。根据合同和设计要求，落实材料的品种、规格、来源，并对合同约定的由建设单位提供的材料提出使用计划。

（2）对装配化产品、预制构配件、钢构件、铁件、门窗等做好加工委托或生产安排。

（3）做好施工机具准备。对自有机械器具做好维修保养检测工作；对不足的施工机具做好订购、租赁或自制安排等工作。

（4）准备、洽商、采购前期计划采购的物资。

4. 施工队伍准备

（1）健全、充实、调整施工组织机构，建立责任制。

（2）落实劳务作业队伍，调配、安排班组，签订相关合同及责任书。

（3）进行计划、技术、安全交底。

5. 计划准备

（1）根据施工进度计划，细化各分部工程、分项工程及各工种的时间节点和计划要求。

（2）根据分项工程施工进度计划，制订作业计划，下发作业任务书。

（3）准备劳务队伍、作业班组及劳动力考核、计酬等工作。

（四）施工安装

施工单位要根据施工组织设计、施工方案及专项施工方案，进行土建工程施工和设备安装，实施施工质量、施工进度、施工成本控制，做好安全生产管理和环境保护。做好与建设单位、工程监理单位及外部关系的协调工作，加强信息管理、合同管理，协调总分包单位之间的关系，并有效监督管理分包单位施工行为。运用建筑信息模型（BIM）、物联网、人工智能等新技术提高施工管理水平。

按照施工合同要求和相关法规规定，在自检的基础上提请相关单位验收工程质量，按照合同约定进行工程移交。

（五）工程保修

工程在竣工验收移交后，即进入产品保修阶段。施工单位作为建筑产品的生产单位，应派人负责工程回访，听取建设单位和使用单位意见。对工程保修期内建设单位提出的工程质量问题，施工单位应及时做出反应，组织技术人员对有问题的部位进行勘察、调查，分析工程质量问题的原因。对于施工遗留或暴露出来的问题，施工单位应按照施工合同要求和相关规定，组织施工人员进行处理，以达到合同约定的质量要求；对于非施工原因造成的质量问题，施工单位可按建设单位或使用单位的要求尽力协助解决。

三、建筑产品技术特点和经济特点

（一）技术特点

1. 位置固定性

无论何种用途的建筑产品，从工程建设、建成到使用寿命终止，始终与土地相连，其自然地理位置不会改变。建筑产品所具有的位置固定性导致其产品生产的流动性、交易和价格确定的区域性，同时还会对城市规划和建设产生影响。

2. 产品多样性

不同建筑产品的结构、构造、造型、外部装饰、色彩等各不相同，表现出多样性的特点。产品多样性还表现在不同建筑产品的组成部分、内部设施和内部装饰方面。产品多样性导致产品生产的单件性以及交易价格的单独确定。

3. 产品形体庞大

建筑产品体积庞大，占用土地和空间大，加之产品位置固定，对城市空间布局和管理会产生影响，因而需要对产品规划设计进行单独管理。

4. 产品用途局限性

建筑产品建成后，只能在特定地点按特定用途使用，改变用途将导致功能不能很好发挥或者需要付出巨大代价进行改造，因此，前期策划和工程设计对于建筑产品的质量和造价起着关键性作用。

5. 产品寿命期长

建筑产品寿命少则几十年，多则上百年。我国目前很多建筑产品设计的合理使用年限均在 50 年以上。

（二）经济特点

1. 价值巨大

建筑产品价值少则几百万元，多则数百亿元，甚至超过千亿元。建筑产品要占用和消耗巨大的社会资源。

2. 具有资产和资本功能

建筑产品经济属性的核心是具有资产和资本功能。建筑产品在生产完成并移交使用单位后，变成固定资产。资产是建筑产品的实物形态，而资本是建筑产品的价值形态。

第三节　建筑市场及其管理

一、建筑市场构成及交易特征

（一）建筑市场构成

建筑市场构成要素包括：建筑市场客体、建筑市场主体及建筑市场交易规则。

1. 建筑市场客体

建筑市场客体是指市场交易对象，包括各种类型的建筑产品以及建筑产品生产过程某一阶段的产品或服务。除建筑产品外，建筑市场客体主要有工程勘察服务、工程设计服务、工程施工、工程监理服务、工程造价咨询、工程管理服务等。

2. 建筑市场主体

建筑市场主体即建筑市场活动的当事人。主要包括：

（1）业主。业主是指拥有工程建设资金和合法建设手续的当事人，是建筑市场中的需求方。业主在建筑市场中发包工程建设任务，并最终得到建筑产品以达到其投资的目的。业主可以是学校、医院、工厂等需要建筑产品的企事业单位、社会组织、房地产开发企业，或者是政府及由其委托的投资管理部门，也可以是个人。

（2）承包商或咨询单位。承包商或咨询单位是指有一定生产能力、技术装备、流动资金，具有相应资质，能够按照业主要求提供不同形态的建筑产品或服务，并获得工程价款或服务酬金的企业。按照建筑产品生产或提供服务形式的不同，承包商或咨询单位分为：工程勘察单位、工程设计单位、建筑企业，以及工程造价咨询单位、工程监理单位和其他工程管理服务单位（如全过程咨询单位、项目管理单位等）。

承包商一般是指建筑产品的生产商，但在特定背景下，也可能是需求方。例如，总承包商选择分包商时，总承包商就成了需求方。

（3）中间商。中间商是指在建筑市场中既不是买方（需求方）又不是卖方（供给方），但可以为市场需求方或供给方提供某种服务的市场活动当事人，如招标代理机构、监测机构、信息服务提供机构等，中间商的发展程度和水平是市场成熟度的重要标志。

3. 建筑市场交易规则

建筑市场交易规则是维护建筑市场秩序的必要条件和重要手段。建筑市场交易规则一方面源自法律法规，另一方面源自信用机制，二者相互补充，形成一个有机整体。

（二）建筑市场交易特征

狭义的建筑市场是指建筑产品生产和相关服务的交易市场，由于建筑产品位置的固定性，使得建筑市场交易具有以下三个特征。

1. 无形市场和有形市场统一

建筑产品位置固定，不能将产品运至特定的交易场所进行交易，因而建筑市场是一种无形市场。为保证市场交易公平、公正和信息对等，各地建立了如公共资源交易中心之类的有形市场，有形市场提供交易洽商、信息咨询服务，同时使交易行为纳入政府监管。由此可见，建筑市场交易是有形市场和无形市场的统一。

2. 未来预期交易

建筑产品是先订货后生产，开始交易时产品并未形成，交易的实质主要是确定建筑产品的提供者和预期价格。因此，建筑市场交易是一种预期交易。交易双方未来的行为能力、财务状况、诚信等是初始交易时重点考查的内容。

3. 区域性市场

由于建筑产品的位置是固定的，因此，建筑市场交易具有区域性。交易区域性并非指交易双方具有区域限制，而是指交易洽商和达成的条款具有区域性。例如：建设标准、技术限制、设计规范和标准、价格确定等都具有鲜明的区域性特征。

二、建筑市场管理法规体系

市场规则和行为规范是维持市场秩序的重要条件，也是政府监管市场的重要依据。为了规范建筑市场管理，我国始终在不断完善建筑市场管理法规体系。

按照效力和层级划分，建筑市场管理法规体系包括：相关法律、行政法规、部门规章、地方性法规及规章等不同层级。

（一）相关法律

法律由全国人民代表大会及其常务委员会讨论通过，由国家主席签署主席令予以公布。建筑市场管理相关法律主要有：《中华人民共和国建筑法》（以下简称《建筑法》）、《中华人民共和国招标投标法》（以下简称《招标投标法》）及《中华人民共和国民法典（合同编）》（以下简称《民法典（合同编）》等。

1.《建筑法》相关内容

《建筑法》是为了加强对建筑活动的监督管理，维护建筑市场秩序，保证建筑工程质量和安全,促进建筑业健康发展而制定的法律文件。首先从市场准入角度对建筑工程施工许可、从业资格提出了基本要求,其次对建筑工程发包与承包作出了明确规定,最后还对建筑工程监理、建筑安全生产管理、建筑工程质量管理等作出了规定。

2.《招标投标法》相关内容

《招标投标法》遵循公开、公平、公正和诚信的原则,按照招投标交易活动的逻辑顺序,依次对招标、投标、开标、评标和中标各环节应满足的条件、行为规范和要求、责任划分作出了规定,是一部以规范市场交易行为为主要内容的法律。

3.《民法典(合同编)》相关内容

《民法典(合同编)》由第一分编通则、第二分编典型合同和第三分编准合同组成。第一分编通则对合同订立、合同效力、合同履行、合同保全、合同变更和转让、合同权利义务终止、违约责任作出明确规定;第二分编 19 类典型合同中包括建设工程合同。建设工程合同是承包人进行工程建设,发包人支付价款的合同,包括工程勘察、设计、施工合同。建设工程合同应当采用书面形式。建设工程实行监理的,发包人应当与监理人采用书面形式订立委托监理合同;发包人与监理人的权利和义务以及法律责任,应当依照《民法典(合同编)》中委托合同以及其他有关法律、行政法规的规定。

(二)行政法规

行政法规由国务院根据宪法和法律制定,由国务院总理签署国务院令予以公布。建筑市场管理相关行政法规主要有:《中华人民共和国招标投标法实施条例》(以下简称《招标投标法实施条例》)、《建设工程质量管理条例》、《建设工程安全生产管理条例》、《安全生产许可证条例》等。

1.《招标投标法实施条例》相关内容

《招标投标法实施条例》是对《招标投标法》相关要求的细化,特别是对违反公开、公平、公正原则的串通投标、弄虚作假及可能导致废标或者重新招标的情形作出了明确界定,同时还对投诉与处理作出了明确规定。

2.《建设工程质量管理条例》相关内容

《建设工程质量管理条例》明确了建设单位、勘察单位、设计单位、施工单位及工程监理单位的质量责任和义务,列明了强制实施监理的工程范围,还规定了建设工程在正常使用条件下的工程质量最低保修年限。

3.《建设工程安全生产管理条例》相关内容

《建设工程安全生产管理条例》明确了建设单位、勘察单位、设计单位、施工单位、工程监理单位及其他有关单位的安全责任,特别是对于危险性较大的分部分项工程,明确由施工单位编制专项施工方案,经施工单位技术负责人和总监理工程师签字后方可实施。

4.《安全生产许可证条例》相关内容

《安全生产许可证条例》是规范安全生产条件及安全生产监督的法规依据。建筑施工企业属于实行安全生产许可制度生产经营单位。省、自治区、直辖市人民政府建设主管部门负责建筑施工企业安全生产许可证的颁发和管理。安全生产许可条件考核内容涉及安全生产责任制度、安全投入、组织机构和专职安全管理人员、特种作业人员、职业危害防治措施、作业区安全设施、安全生产救援预案等。

(三)部门规章

部门规章由国务院各部门及具有行政管理职能的直属机构根据法律和行政法规制定,由部门首长签署命令予以公布。建筑市场管理相关部门规章主要有企业资质管理和个人职业资格管理两方面。

1. 企业资质管理部门规章

主要有:《建设工程勘察设计资质管理规定》(建设部令第 160 号)、《工程监理企业资质管理规定》(建设部令第 158 号)、《建筑业企业资质管理规定》(住房和城乡建设部令第 22 号)等。

2. 专业人员职业资格管理部门规章

主要有:《勘察设计注册工程师管理规定》(建设部令第 137 号)、《注册监理工程师管理规定》(建设部令第 147 号)、《注册建造师管理规定》(建设部令第 153 号)等。

(四)地方性法规及规章

地方性法规是指省、自治区、直辖市人民代表大会及其常务委员会制定和颁布的在当地行政区域范围内实施的法规文件。地方性法规不得与宪法、法律、行政法规相抵触,且其效力仅限于当地行政区域。

地方规章也被称为地方政府规章,是指地方政府根据法律、行政法规和地方性法规就有关事项作出的规定。地方规章由省长、自治区主席或直辖市市长签署命令予以公布。

省、自治区人民政府所在地的市、经济特区所在地的市和经国务院批准的较大的市,可以制定地方性法规,报省、自治区人民代表大会常务委员会批准后施行;省、自治区人民政府所在地的市、经济特区所在地的市和经国务院批准的较大的市,也可根据法律、行政法规以及本省、自治区、直辖市地方性法规,制定地方政府规章。

三、建筑市场行为规范

(一)发包方行为规范

(1)发包单位及其工作人员在建筑工程发包中不得收受贿赂、回扣或者索取其他好处。

(2)建筑工程实行公开招标的,发包单位应当依照法定程序和方式,发布招标公告,提供载有招标工程的主要技术要求,主要合同条款,评标标准和方法以及开标、评标、定标程序等内容的招标文件。

(3)开标应当在招标文件规定的时间、地点公开进行。开标后应当按照招标文件规定的评标标准和程序对标书进行评价、比较,在具备相应资质条件的投标者中择优选定中标者。

(4)建筑工程实行招标发包的,发包单位应当将建筑工程发包给依法中标的承包单位。建筑工程实行直接发包的,发包单位应当将建筑工程发包给具有相应资质条件的承包单位。

(5)建筑工程的发包单位可以将建筑工程的勘察、设计、施工、设备采购一并发包给一个工程总承包单位,也可将建筑工程勘察、设计、施工、设备采购中的一项或者多项发包给一个工程总承包单位,但不得将应当由一个承包单位完成的建筑工程肢解成若干部分发包给几个承包单位。

(6)按照合同约定,建筑材料、建筑构配件和设备由工程承包单位采购的,发包单位不得指定承包单位购入用于工程的建筑材料、建筑构配件和设备或者指定生产厂、供应商。

(二)承包方行为规范

(1)承包单位及其工作人员不得利用向发包单位及其工作人员行贿、提供回扣或者给予其他好处等不正当手段承揽工程。

（2）承包建筑工程的单位应当持有依法取得的资质证书，并在其资质等级许可的业务范围内承揽工程。

（3）禁止建筑施工企业超越本企业资质等级许可的业务范围，或者以任何形式用其他建筑施工企业的名义承揽工程。禁止建筑施工企业以任何形式允许其他单位或者个人使用本企业的资质证书、营业执照，或以本企业的名义承揽工程。

（4）禁止承包单位将其承包的全部建筑工程转包给他人，禁止承包单位将其承包的全部建筑工程肢解以后以分包的名义分别转包给他人。

（5）建筑工程总承包单位可以将承包工程中的部分工程发包给具有相应资质条件的分包单位；但是，除总承包合同中约定的分包外，必须经建设单位认可。实行施工总承包的建筑工程，其主体结构的施工必须由总承包单位自行完成。

（6）禁止总承包单位将工程分包给不具备相应资质条件的单位，禁止分包单位将其承包的工程再分包。

第四节　建筑市场准入管理

《建筑法》规定："从事建筑活动的建筑施工企业、勘察单位、设计单位和工程监理单位，按照其拥有的注册资本、专业技术人员、技术装备和已完成的建筑工程业绩等资质条件，划分为不同的资质等级，经资质审查合格，取得相应等级的资质证书后，方可在其资质等级许可的范围内从事建筑活动。"《建筑法》也规定："从事建筑活动的专业技术人员，应当依法取得相应的执业资格证书，并在执业资格证书许可的范围内从事建筑活动。"

一、企业资质管理

（一）工程勘察企业资质管理

从事建设工程勘察活动的企业，应当按照其所拥有的资产、专业技术人员、技术装备和勘察业绩等条件申请资质，经审查合格，取得建设工程勘察资质证书后，方可在资质许可范围内从事建设工程勘察活动。

1. 工程勘察资质分类分级

（1）工程勘察资质分类。①工程勘察综合资质，包括全部工程勘察专业资质的工程勘察资质；②工程勘察专业资质，包括岩土工程专业资质、工程测量专业资质和勘探测试专业资质三种。

（2）工程勘察资质分级。工程勘察综合资质不分等级，工程勘察专业资质分甲、乙两个等级。

2. 工程勘察资质标准

工程勘察资质标准包括：企业资历和信誉、技术条件、技术装备及管理水平。

（1）企业资历和信誉。①符合企业法人条件，具有规定年限的工程勘察资历；②实缴注册资本满足规定要求；③社会信誉良好；④项目业绩满足要求。

（2）技术条件。申请综合资质和专业资质的技术条件：①专业配备齐全、合理，主要专业技术人员数量不少于规定人数；②企业主要技术负责人或总工程师的学历、工程勘察经历、业绩以及注册执业资格或专业技术职称满足要求；③注册人员业绩满足要求。

（3）技术装备及管理水平。①有完善的技术装备，满足工程勘察主要技术装备配备规定的要求；②有满足工作需要的固定工作场所及必要的试验场所；③技术、经营、设备物资、人事、财务和档案管理制度满足要求。

3. 工程勘察业务范围

（1）工程勘察综合资质。具有工程勘察综合资质的企业可承担各类建设工程项目的岩土工程勘察、工程测量和勘探测试业务，其规模不受限制。

（2）工程勘察专业资质。①具有工程勘察甲级资质的企业可承担本专业资质范围内各类建设工程项目的工程勘察业务，其规模不受限制；②具有工程勘察乙级资质的企业可承担本专业资质范围内各类建设工程项目乙级及以下规模的工程勘察业务。

（二）工程设计企业资质管理

从事建设工程设计活动的企业，应当按照其拥有的资产、专业技术人员、技术装备和设计业绩等条件申请资质，经审查合格，取得建设工程设计资质证书后，方可在资质许可范围内从事建设工程设计活动。

1. 工程设计资质分类分级

（1）工程设计资质分类。①工程设计综合资质，是指涵盖14个行业的设计资质。②工程设计行业资质，是指涵盖某个行业资质标准中的全部设计类型的设计资质；工程设计行业资质分为建筑、市政、公路、铁路、港口与航道、民航、水利、电力、煤炭、冶金建材、化工石化医药、电子通信广电、机械军工、轻纺农林商物粮14个类型。③工程设计专业和事务所资质，是指某个行业资质标准中的某一个专业的设计资质，如建筑行业建筑工程专业、建筑行业人防工程专业、市政行业给水工程专业、市政行业排水工程专业等设计资质，全部行业包括67个专业设计资质。④工程设计事务所资质，是指按建筑设计、结构设计、机电设计等设立的事务所资质，包括建筑设计、结构设计、机电设计3种事务所资质。

（2）工程设计资质分级。①工程设计综合资质不分等级；②工程设计行业资质除公路行业只设甲级外，其他13个工程设计行业资质分甲、乙两个等级；③工程设计67个专业资质中，市政行业隧道工程专业、市政行业轨道交通工程专业、公路行业特大桥梁专业、公路行业特长隧道专业、铁路行业桥梁专业、铁路行业隧道专业、铁路行业轨道专业、铁路行业电气化专业、铁路行业通信信号专业9个专业设计资质只设甲级，其他专业设计资质包括甲、乙两个等级；④3种事务所资质不分等级。

2. 工程设计资质标准

（1）工程设计综合资质标准。工程设计综合资质标准包括：资历和信誉、技术条件、技术装备及管理水平。

1）资历和信誉。①具有独立企业法人资格；②注册资本满足规定要求；③近3年年平均工程勘察设计营业收入、税金排名满足要求；④具有的甲级资质及业绩数量满足要求。

2）技术条件。①技术力量雄厚，专业配备合理，各层级专业技术人员数量满足要求；②企业主要技术负责人或总工程师的学历、设计经历，主持过大型项目工程设计业绩，注册执业资格或专业技术职称满足要求；③拥有与工程设计有关的专利、专有技术、工艺包（软件包）数量满足要求；④近10年获得奖项满足要求；⑤近10年主编或参编的国家、行业工程建设标准、规范数量满足要求。

3）技术装备及管理水平。①有完善的技术装备及固定工作场所，且主要固定工作场所建筑面积不少于10 000 m^2；②有完善的企业技术、质量、安全和档案管理，通过ISO 9000族标准质量体系认证；③具有与承担建设项目工程总承包或工程项目管理相适应的组织机构或管理体系。

（2）工程设计行业资质标准。工程设计行业资质标准包括：资历和信誉、技术条件、技术装备及管理水平。

1）资历和信誉。①具有独立的企业法人资格；②社会信誉良好，注册资本满足规定要求；③申请甲级资质企业完成的工程设计项目应满足所申请行业主要专业技术人员对工程设计类型业绩考核的要求。

2）技术条件。①专业配备齐全、合理，主要专业技术人员数量不少于所申请行业资质标准中主要专业技术人员规定的人数；②企业主要技术负责人或总工程师应当具备规定的学历、设计经历，且主持过所申请行业项目工程设计业绩数量满足要求，具备注册执业资格或规定的专业技术职称；③在规定的人员中，主导专业的非注册人员作为专业技术负责人主持过所申请行业项目业绩数量满足要求。

3）技术装备及管理水平。①有必要的技术装备及固定的工作场所；②管理组织结构及相关管理制度达到相应等级标准。

（3）工程设计专业资质标准。工程设计专业资质标准包括：资历和信誉、技术条件、技术装备及管理水平。

1）资历和信誉。①具有独立的企业法人资格；②社会信誉良好，注册资本满足规定要求；③申请甲级资质企业完成所申请行业相应专业设计类型业绩数量满足要求。

2）技术条件。①专业配备齐全、合理，主要专业技术人员数量不少于所申请专业资质标准规定的人数；②企业主要技术负责人或总工程师应当具有规定的学历、设计经历，且主持过所申请行业相应专业设计类型的项目业绩数量满足要求，具备注册执业资格或规定的专业技术职称；③在规定的人员中，主导专业的非注册人员作为专业技术负责人主持过所申请行业相应专业设计类型的项目设计业绩数量满足要求。

3）技术装备及管理水平。①有必要的技术装备及固定工作场所；②甲级资质企业管理组织结构、标准体系、质量体系、档案体系健全，乙级资质企业应有较完善的质量管理体系和技术、经营、人事、财务、档案等管理制度。

（4）工程设计事务所资质标准。普通合伙企业形式的设计事务所资质标准：①合伙人出资总额不少于 50 万元人民币；②合伙人中注册职业资格人员数量、从业年限及业绩满足要求且近 3 年无因过错造成一般及以上质量安全责任事故的行为；③有固定的工作场所。有限责任公司（股份有限公司）形式的设计事务所资质标准：①具有独立企业法人资格；②社会信誉良好，净资产不少于 300 万元人民币；③股东中注册职业资格人员数量、从业年限及业绩满足要求且近 3 年无因过错造成一般及以上质量安全责任事故的行为；④有固定的工作场所。

3. 工程设计业务范围

取得设计资质证书的企业可以承担资质证书许可范围内的工程设计业务，承担与资质证书许可范围相应的建设工程总承包，工程项目管理和相关技术、咨询与管理服务等业务。所承担业务的地区不受限制。

（1）工程设计综合资质。具有工程设计综合资质的企业可以承担各行业建设工程项目的设计业务，其规模不受限制；但在承接工程项目设计时，须满足与该工程项目对应的设计类型对人员配置的要求。具有工程设计综合资质的企业还可承担其取得的施工总承包（施工专业承包）一级资质证书许可范围内的工程施工总承包（施工专业承包）业务。

（2）工程设计行业资质。具有工程设计行业甲级资质的企业可承担本行业建设工程项目主体工程及配套工程的设计业务，其规模不受限制；具有工程设计行业乙级资质的企业可承担本行业中、小型建设工程项目的主体工程及配套工程的设计业务。

（3）工程设计专业资质。具有工程设计专业甲级资质的企业可承担本专业建设工程项目主体工程及配套工程的设计业务，其规模不受限制；具有工程设计专业乙级资质的企业可承担本专业中、小型建设工程项目的主体工程及配套工程的设计业务。

（4）工程设计事务所资质。①建筑设计事务所可以承接所有等级的各类建筑工程项目方案设计、初步设计及施工图设计中的建筑专业设计与技术服务；②结构设计事务所可以承接所有等级的各类建筑工程项目方案设计、初步设计及施工图设计中的结构专业（包括轻钢结构）设计与技术服务；③机电设计事务所可以承接所有等级的各类建筑工程（包括建筑智能化设计）方案设计、初步设计及施工图设计中的机电设备专业的设计与技术服务；④取得设计事务所资质的企业可以根据工程的类别和性质作为承包方对建筑工程项目的设计实行总包。承包方应当自行完成建筑工程本专业的设计业务，并在保证整个建筑工程项目完整性的前提下，经发包方同意，将其他部分专业设计业务发包给具有相应资质的分包方。

（三）工程监理企业资质管理

1. 工程监理资质分类分级

（1）工程监理资质分类。工程监理资质分为工程监理综合资质、工程监理专业资质两个类别。①工程监理综合资质是可以承担各类工程项目监理的资质类别；②工程监理专业资质根据专业工程特点分为建筑工程、铁路工程、市政公用工程、电力工程、矿山工程、冶金工程、石油化工工程、通信工程、机电工程、民航工程 10 个类别。

（2）工程监理企业资质分级。工程监理企业综合资质不分等级，工程监理专业资质分为甲、乙两个等级。

2. 工程监理资质标准

（1）工程监理综合资质标准。①具有独立法人资格且具有符合国家有关规定的资产；②企业技术负责人应为注册监理工程师，并具有 15 年以上从事工程建设工作的经历或者具有工程类高级职称；③具有 5 个以上工程类别的专业甲级工程监理资质；④注册监理工程师不少于 60 人，注册造价工程师不少于 5 人，一级注册建造师、一级注册建筑师、一级注册结构工程师或者其他勘察设计注册工程师合计不少于 15 人次；⑤企业具有完善的组织结构和质量管理体系，有健全的技术、档案等管理制度；⑥企业具有必要的工程试验检测设备；⑦申请工程监理资质之日前一年内，企业没有违反法律、法规及规章的行为；⑧申请工程监理资质之日前一年内没有因本企业监理责任造成重大质量事故；⑨申请工程监理资质之日前一年内没有因本企业监理责任发生相应生产安全事故。

（2）工程监理专业资质标准。①具有独立法人资格且注册资本达到规定标准；②企业技术负责人应为注册监理工程师，且从事工程建设工作的年限或者专业技术职务满足要求；③注册监理工程师、注册造价工程师、一级注册建造师、一级注册建筑师、一级注册结构工程师或者其他勘察设计注册工程师合计人次不少于规定指标，并且其中相应专业注册监理工程师、注册造价工程师不少于规定人数；④企业组织管理体系满足要求；⑤有必要的工程试验检测设备。

申请资质升级或延续的企业，还应满足以下条件：①申请工程监理资质之日前一年内没有违反法律法规及规章的行为；②申请工程监理资质之日前一年内没有因本企业监理责任造成重大质量事故；③申请工程监理资质之日前一年内没有因本企业监理责任发生较大以上工程建设重大安全事故或者发生两起以上一般工程建设安全事故。此外，申请甲级资质的企业应在近 2 年内独立监理过 3 个以上相应专业的二级工程项目,符合条件的甲级设计或施工总承包企业申请本专业资质除外。

3. 工程监理业务范围

（1）工程监理综合资质。具有工程监理综合资质的企业可承担所有专业工程类别建设工程项目的工程监理业务,以及建设工程项目管理、技术咨询等相关服务。

（2）工程监理专业资质。具有工程监理专业甲级资质的企业可承担相应专业工程类别建设工程项目的工程监理业务,以及相应类别建设工程项目管理、技术咨询等相关服务。具有工程监理专业乙级资质的企业可承担相应专业工程类别二级及以下建设工程项目的工程监理业务,以及相应类别和级别建设工程项目管理、技术咨询等相关服务。

（四）建筑企业资质管理

1. 建筑企业资质分类分级

（1）建筑企业资质分类。建筑资质分为建筑施工综合资质、建筑施工总承包资质、建筑施工专业承包资质和建筑专业作业资质 4 个类别。

（2）建筑企业资质分级。①建筑施工综合资质不分行业、不分等级;②建筑施工总承包资质分为建筑工程施工总承包、公路工程施工总承包、铁路工程施工总承包等 13 个行业类别,每个行业施工总承包资质分甲、乙两个等级;③建筑施工专业承包资质根据专业工程分为建筑装修装饰工程专业承包、建筑机电工程专业承包、公路工程类专业承包、港口与航道工程类专业承包、通用专业承包、地基基础工程专业承包、起重设备安装工程专业承包、预拌混凝土专业承包、模板脚手架专业承包等 18 个类别,其中通用专业承包、预拌混凝土专业承包、模板脚手架专业承包不分等级,其他专业承包资质分甲、乙两个等级;④建筑专业作业资质不分等级。

2. 建筑企业基本条件

具有法人资格的企业申请建筑企业资质应具备下列基本条件:①具有满足资质标准要求的资产;②具有满足资质标准要求的注册建造师及其他注册人员、工程技术人员、施工现场管理人员和技术工人;③具有满足资质标准要求的工程业绩;④具有必要的技术装备。

3. 建筑企业业务范围

（1）建筑施工总承包工程应由取得建筑施工综合资质或相应施工总承包资质的企业承担。

（2）设有建筑专业承包资质的专业工程单独发包时,应由取得相应专业承包资质的企业承担。取得专业承包资质的企业,可以承接具有施工综合资质或施工总承包资质的企业依法分包的专业工程或建设单位依法发包的专业工程。取得专业承包资质的企业,应对所承接的专业工程全部自行组织施工,劳务作业可以分包,但应分包给具有建筑专业作业资质的企业。

（3）取得建筑专业作业资质的企业,可以承接具有施工综合资质或施工总承包资质或专业承包资质的企业分包的劳务作业。

（4）取得建筑施工总承包资质的企业,可以从事资质证书许可范围内的相应工程总承包、工程项目管理等业务。

二、专业人员职业资格管理

（一）注册建筑师

注册建筑师,是指经考试、特许、考核认定取得中华人民共和国注册建筑师执业资格证书,或者经资格互认方式取得建筑师互认资格证书,并按照规定注册,取得中华人民共和国注册建筑师注册证书和执业印章，从事建筑设计及相关业务活动的专业技术人员。

注册建筑师分为一级注册建筑师和二级注册建筑师。

1. 职业资格考试

国家注册建筑师实行全国统一考试制度。

（1）报考条件。

1）一级注册建筑师。符合下列条件之一的，可以申请参加一级注册建筑师考试：①取得建筑学硕士以上学位或者相近专业工学博士学位，并从事建筑设计或者相关业务 2 年以上的；②取得建筑学学士学位或者相近专业工学硕士学位，并从事建筑设计或者相关业务 3 年以上的；③具有建筑学专业大学本科毕业学历并从事建筑设计或者相关业务 5 年以上的，或者具有建筑学相近专业大学本科毕业学历并从事建筑设计或者相关业务 7 年以上的；④取得高级工程师技术职称并从事建筑设计或者相关业务 3 年以上的，或者取得工程师技术职称并从事建筑设计或者相关业务 5 年以上的；⑤不具有前四项规定的条件，但设计成绩突出，经全国注册建筑师管理委员会认定达到前四项规定的专业水平的。第③项至第⑤项规定的人员应当取得学士学位。

2）二级注册建筑师。符合下列条件之一的，可以申请参加二级注册建筑师考试：①具有建筑学或者相近专业大学本科毕业以上学历，从事建筑设计或者相关业务 2 年以上的；②具有建筑设计技术专业或者相近专业大专毕业以上学历，并从事建筑设计或者相关业务 3 年以上的；③具有建筑设计技术专业 4 年制中专毕业学历，并从事建筑设计或者相关业务 5 年以上的；④具有建筑设计技术相近专业中专毕业学历，并从事建筑设计或者相关业务 7 年以上的；⑤取得助理工程师以上技术职称，并从事建筑设计或者相关业务 3 年以上的。

（2）考试科目。

1）一级注册建筑师考试内容包括：建筑设计前期工作、场地设计、建筑设计与表达、建筑结构、环境控制、建筑设备、建筑材料与构造、建筑经济、施工与设计业务管理、建筑法规等。上述内容分成若干科目进行考试。科目考试合格有效期为 8 年。

2）二级注册建筑师考试内容包括：场地设计、建筑设计与表达、建筑结构、建筑设备、建筑法规、建筑经济与施工等。上述内容分成若干科目进行考试。科目考试合格有效期为 4 年。

经一级注册建筑师考试，在有效期内全部科目考试合格的，由全国注册建筑师管理委员会核发国务院建设主管部门和人事主管部门共同颁发的一级注册建筑师执业资格证书。

经二级注册建筑师考试，在有效期内全部科目考试合格的，由省、自治区、直辖市注册建筑师管理委员会核发国务院建设主管部门和人事主管部门共同颁发的二级注册建筑师执业资格证书。

2. 注册管理

注册建筑师实行注册执业管理制度。取得执业资格证书或者互认资格证书的人员，必须经过注册方可以注册建筑师的名义执业。注册建筑师考试合格，取得相应的注册建筑师资格的，可以申请注册。

申请建筑师初始注册，应当具备以下条件：①依法取得执业资格证书或者互认资格证书；②只受聘于中华人民共和国境内的一个建设工程勘察、设计、施工、监理、招标代理、造价咨询、施工图审查、城乡规划编制等单位；③近 3 年内在中华人民共和国境内从事建筑设计及相关业务 1 年以上；④达到继续教育要求，初始注册者可以自执业资格证书签发之日起 3 年内提出申请，逾期未申请者须符合继续教育的要求后方可申请初始注册；⑤没有不予注册的情形。

注册建筑师每一注册有效期为 2 年。注册建筑师注册有效期满需继续执业的，应在注册有效期届满 30 日前，按照规定的程序申请延续注册。延续注册有效期为 2 年。

3. 执业范围

从事建筑工程设计执业活动的，应当受聘并注册于中华人民共和国境内一个具有工程设计资质的单位。注册建筑师的执业范围具体为：①建筑设计；②建筑设计技术咨询，包括建筑工程技术咨询，建筑工程招标、采购咨询，建筑工程项目管理，建筑工程设计文件及施工图审查，工程质量评估，以及国务院建设主管部门规定的其他建筑技术咨询业务；③建筑物调查与鉴定；④对本人主持设计的项目进行施工指导和监督；⑤国务院建设主管部门规定的其他业务。

一级注册建筑师的执业范围不受工程项目规模和工程复杂程度的限制。二级注册建筑师的执业范围只限于承担工程设计资质标准中，建设项目设计规模划分表中规定的小型规模的项目。

凡属工程设计资质标准中建筑工程建设项目设计规模划分表规定的工程项目，在建筑工程设计的主要文件（图纸）中，须由主持该项设计的注册建筑师签字并加盖其执业印章，方为有效。否则设计审查部门不予审查，建设单位不得报建，施工单位不准施工。

（二）监理工程师

监理工程师，是指通过职业资格考试取得中华人民共和国监理工程师职业资格证书，并经注册后从事建设工程监理与相关业务活动的专业技术人员。

1. 职业资格考试

监理工程师职业资格考试全国统一大纲、统一命题、统一组织。

（1）报考条件。凡遵守中华人民共和国宪法、法律、法规，具有良好的业务素质和道德品行，具备下列条件之一者，可以申请参加监理工程师职业资格考试：①具有各工程大类专业大学专科学历（或高等职业教育），从事工程施工、监理、设计等业务工作满 4 年；②具有工学、管理科学与工程类专业大学本科学历或学位，从事工程施工、监理、设计等业务工作满 3 年；③具有工学、管理科学与工程一级学科硕士学位或专业学位，从事工程施工、监理、设计等业务工作满 2 年；④具有工学、管理科学与工程一级学科博士学位。经批准同意开展试点的地区，申请参加监理工程师职业资格考试的，应当具有大学本科及以上学历或学位。

具备以下条件之一的，参加监理工程师职业资格考试可免考基础科目：①已取得公路水运工程监理工程师资格证书；②已取得水利工程建设监理工程师资格证书。申请免考部分科目的人员在报名时应提供相应材料。

（2）考试科目。监理工程师资格考试原则上每年举行一次，考试设四个科目，即："建设工程监理基本理论和相关法规""建设工程合同管理""建设工程目标控制""建设工程监理案例分析"。其中，"建设工程监理基本理论和相关法规""建设工程合同管理"为基础科目，"建设工程目标控制""建设工程监理案例分析"为专业科目。考试分三个专业类别，分别为土木建筑工程、交通运输工程、水利工程，考生在报名时可根据实际工作需要选择。

监理工程师职业资格考试成绩实行 4 年为一个周期的滚动管理办法，在连续的 4 个考试年度内通过全部考试科目，方可取得监理工程师职业资格证书。

已取得监理工程师一种专业职业资格证书的人员，报名参加其他专业科目考试的，可免考基础科目。

2. 注册管理

国家对监理工程师职业资格实行执业注册管理制度。取得监理工程师职业资格证书且从事工程监理及相关业务活动的人员，经注册方可以监理工程师名义执业。住房和城乡建设部、交通运输部、水利部按专业类别分别负责监理工程师注册及相关工作。

取得资格证书并受聘于一个建设工程勘察、设计、施工、监理、招标代理、造价咨询等单位的人员，可以申请注册。申请初始注册，应当具备以下条件：①经全国注册监理工程师执业资格统一考试合格，取得资格证书；②受聘于一个相关单位；③达到继续教育要求；④没有不予注册的情形。

注册监理工程师每一注册有效期为 3 年。注册有效期满需继续执业的，应当在注册有效期届满 30 日前，按照规定的程序申请延续注册。

3. 执业范围

从事工程监理执业活动的，应当受聘并注册于一个具有工程监理资质的单位。

注册监理工程师可以从事工程监理、工程经济与技术咨询、工程招标与采购咨询、工程项目管理服务以及国务院有关部门规定的其他业务。

工程监理活动中形成的监理文件由注册监理工程师按照规定签字盖章后方可生效。

（三）注册建造师

注册建造师，是指通过考核认定或考试合格取得中华人民共和国建造师资格证书，并按照规定注册，取得中华人民共和国建造师注册证书和执业印章，担任施工单位项目负责人及从事相关活动的专业技术人员。

注册建造师分为一级注册建造师和二级注册建造师。

1. 职业资格考试

（1）报考条件。

1）一级注册建造师。凡遵守国家法律、法规，具备下列条件之一者，可以申请参加一级注册建造师执业资格考试：①取得工程类或工程经济类大学专科学历，从事建设工程项目施工管理工作满 4 年；②取得工学门类、管理科学与工程类专业大学本科学历，从事建设工程项目施工管理工作满 3 年；③取得工学门类、管理科学与工程类专业硕士学位，从事建设工程项目施工管理工作满 2 年；④取得工学门类、管理科学与工程类专业博士学位，从事建设工程项目施工管理工作满 1 年。

2）二级注册建造师。报考条件由各地自行规定。

（2）考试科目。

1）一级注册建造师。资格考试原则上每年举行一次。考试设“建设工程经济”“建设工程法规及相关知识”“建设工程项目管理”和“专业工程管理与实务”4 个科目。其中“专业工程管理与实务”科目分为房屋建筑、公路、铁路、民航机场、港口与航道、水利水电、矿业、市政公用、通信与广电、机电 10 个专业类别。

考试成绩实行 2 年为一个周期的滚动管理办法，参加全部 4 个科目考试的人员必须在连续两个考试年度内通过全部科目。

2）二级注册建造师。资格考试设“建设工程施工管理”“建设工程法规及相关知识”和“专业工程管理与实务”3 个科目。其中“专业工程管理与实务”科目分为建筑工程、公路工程、水利水电工程、市政公用工程、矿业工程和机电工程 6 个专业类别。

2. 注册管理

考试合格取得资格证书的人员，经过注册方能以注册建造师的名义执业。未取得一级注册建造师注册证书和执业印章的，不得担任大中型建设工程项目的施工单位项目负责人，不得以注册建造师的名义从事相关活动。

申请初始注册，应当具备以下条件：①经考核认定或考试合格取得资格证书；②受聘于一个建设工程勘察、设计、施工、监理、招标代理、造价咨询等单位；③达到继续教育要求，初始注册者，可自资格证书签发之日起 3 年内提出申请；④没有不予注册的情形。

注册证书与执业印章有效期为 3 年。注册有效期满需继续执业的，应当在注册有效期届满 30 日前，按照规定的程序申请延续注册。延续注册的，有效期为 3 年。

3. 执业范围

取得资格证书的人员担任施工单位项目负责人的，应当受聘并注册于一个具有施工资质的企业。注册建造师不得同时在两个及两个以上的建设工程项目上担任施工单位项目负责人。

注册建造师可以从事建设工程项目总承包管理或施工管理，建设工程项目管理服务，建设工程技术经济咨询，以及法律、行政法规和国务院建设主管部门规定的其他业务。

建设工程施工活动中形成的有关工程施工管理文件，应当由注册建造师签字并加盖执业印章。施工单位所签署质量合格的文件上，必须有注册建造师的签字和盖章。

第二章　房地产业与房地产市场

房地产业是指以土地和建筑物为经营对象，从事房地产开发、建设、经营、管理及维修、装饰和服务的综合性产业，是一个具有先导性、基础性、带动性和风险性的产业。房地产市场则是指从事房地产买卖、租赁、抵押等交易的活动场所及一切交易途径和形式。

第一节　房地产与房地产业

一、房地产所有权及其特性

(一)房地产分类

房地产是房产与地产的合称。房产是指建筑在土地上的各种房屋，地产则包括土地和地下各种基础设施。房地产不仅是指土地及土地附着物，而且还包括由此而衍生的各种权属关系。房地产可从不同角度进行分类。

1. 按照最终用途划分

按照最终用途，房地产可分为：居住房地产、工业房地产、商业房地产、农业房地产、特殊用途房地产。

2. 按照开发程度划分

按照开发程度，房产可分为：在建工程和现房。其中，现房按新旧程度不同，可分为：新房和旧房。

按照开发程度，地产可分为：①生地，是指不具有城市基础设施的土地；②毛地，是指具有一定的城市基础设施，有待拆迁但尚未拆除房屋及附着物的土地；③熟地，是指具有较完善的城市基础设施且场地平整，能直接在其上建造建筑物的土地。

3. 按照经营使用方式划分

按照经营使用方式，房地产可分为：销售的房地产、营业房地产、自用房地产。

4. 按照开发经营区域性质划分

按照开发经营区域性质，房地产可分为：新区开发、旧区开发。

5. 按照开发规模划分

按照开发规模，房地产可分为：单项开发、成片综合开发。

(二)房地产所有权种类和基本权能

1. 房地产所有权种类

房地产所有权是指房地产所有权人对自己的房地产依法享有占有、使用、收益和处分的权利。房地产所有权人通常又被称为房地产所有人、所有者。

我国现行房地产所有制中，土地只能为国家所有和集体所有，房屋可以为私人所有，其中住宅主要为私人所有。因此，我国土地所有权只有国家所有权和集体所有权两种；房屋所有权则有国家所有权、集体所有权和私人所有权三种。

2. 房地产基本权能

房地产所有权的占有、使用、收益和处分四项内容，在理论上通常被认为是房地产的四项基本权能。

（1）占有。占有是指对房地产的实际掌握和控制。拥有一宗房地产的前提是占有，这是房地产所有权人直接行使所有权的表现。所有权人的占有受到法律保护，不得非法被侵犯。占有通常为所有权人行使，但也可依法或者依所有权人的意志交由非所有权人行使。因此，所有权和占有权既可以分离也可以结合。

（2）使用。使用是指在依法占有房地产的前提下，对房地产进行有效开发和利用的权利。房地产使用权是由房地产所有权派生的一种财产权。在合法占有房地产的前提下，房地产使用者既可以是房地产所有者本身，也可以是房地产所有者以外的其他人。因此，房地产使用权和所有权既可以结合，又可以分离。

（3）收益。收益是指通过对房地产的占有、使用等方式取得经济利益。通过房地产获得收益是拥有房地产的目的之一，如房主出租房屋。房地产所有权人也可将部分收益权通过法律形式转让给非房地产所有权人。例如，房客可利用租来的房屋从事一些收益性经营活动，按照约定进行收益分成。

（4）处分。处分是指对房地产在事实上和法律上的最终处置，包括出租、出卖、赠予等。处分权一般由所有权人行使，但在某些情况下，非所有权人也可以拥有处分权。如房地产所有权人作为债务人以住房作为抵押向债权人借贷，如果到期不能偿还，债权人可以处分房屋并优先受偿。

占有、使用、收益和处分四项基本权能构成了房地产完整的权能结构。如果说所有权是一级权能，占有、使用、收益、处分则是二级权能。二级权能具有相对独立性，它们在一定条件下与一级权能相分离时，一级权能不会因此丧失，其条件是拥有二级权能者对所有权人应尽一定义务或者在一定期限后将分离的二级权能复归于所有权人。

（三）房地产所有权特性

（1）完全性。所有权是一般支配的完全权，是用益物权、担保物权等他物权的源泉。与所有权不同，他物权仅在使用收益方面于一定范围内有支配权。

（2）整体性。整体性或称单一性。房地产所有权对房地产有统一支配权，是整体权利，不能在内容或时间上加以分割。房地产所有权人可以在其房地产上设定他物权，即使其房地产的占有、使用、收益和处分等权能分别归他人享有，但是房地产所有权人的所有权性质仍不受影响。

（3）恒久性。所有权有永久性，其存在没有存续期间，不因时效而消灭。

（4）弹力性。房地产所有权人在其房地产上为他人设定权利，即使所有权的所有已知表征权利均被剥夺，仍然潜在保留其完整性，这种剥夺终止后，所有权可以重新恢复其圆满状态。当房地产被他人非法占有时，房地产所有权人都有权索回。

（5）绝对性。房地产所有权是典型的物权，在权利实现过程中，具有物权的绝对性和排他性。与债权相比，所有权不待他人积极作用而实现。而债权的行使必须以他人积极履行债务为条件。

二、房地产业及房地产企业

（一）房地产业分类及内容

1. 房地产业分类

我国《国民经济行业分类》（GB/T 4754—2017）将房地产业作为一个门类，划分为房地产开发经营、物业管理、房地产中介服务、房地产租赁经营和其他房地产业五类。下面重点介绍前四类。

（1）房地产开发经营。房地产开发经营是指房地产开发企业在城市规划区内国有土地上进行基础设施建设、房屋建设，并转让房地产开发项目或者销售、出租商品房的行为。房地产开发经营的主体是房地产开发企业，也被称为房地产开发商。

（2）物业管理。物业管理是指业主通过选聘物业服务企业，由业主和物业服务企业按照物业服务合同约定，对房屋及配套的设施设备和相关场地进行维修、养护、管理，维护物业管理区域内环境卫生和相关秩序的活动。物业管理可以由物业服务企业作为主体，也可以由业主和物业服务企业共同完成。

（3）房地产中介服务。房地产中介服务是指具有专业执业资格的人员在房地产投资、开发、销售、交易等各个环节中，为当事人提供服务的经营活动，是房地产咨询、房地产评估、房地产经纪等活动的总称。

1）房地产咨询。房地产咨询是指房地产咨询机构从事编制房地产投资可行性报告，为房地产招商、促销与培训等工作提供服务。

2）房地产评估。房地产评估是指房地产专业估价机构接受委托对房地产价格进行的估价、推测与判断。房地产评估是房地产开发经营过程中一项必不可少的基础性工作。

3）房地产经纪。房地产经纪是指房地产经纪人为委托人提供房地产信息和居间代理业务的活动，也就是为房地产交易双方牵线搭桥、提供信息、促成交易。

（4）房地产租赁经营。房地产租赁经营是指房地产租赁经营企业按照双方合同约定将房地产交给承租人使用，按照约定收缴租金并于合同终止时将房地产收回的经营行为。房地产租赁经营的主体是房地产租赁经营企业。

2. 房地产业具体内容

（1）国有土地使用权出让。国有土地使用权出让是指由国家按照土地所有权与土地使用权相分离的原则，以国有土地所有者身份将一定地块的国有土地使用权有期限地让与土地使用者，并向土地使用者收取土地使用金的行为及制度。

（2）房地产开发与再开发。房地产开发与再开发主要包括：征用土地、拆迁安置、委托规划设计、对旧城区的开发与再开发。

（3）房地产经营。房地产经营主要包括：土地使用权转让、出租、抵押及房屋买卖、抵押等经济活动。

（4）房地产中介服务。房地产中介服务主要包括：房地产咨询、房地产评估、房地产代理。

（5）物业管理。物业管理是指依据物业管理委托合同，对房屋公用设备实施的养护、维修，并为使用者提供安全、卫生、优美的环境。

（6）房地产调控与管理。房地产调控与管理是指中央和地方层面通过行政、经济、金融、税收等多种手段稳定房地产市场价格的行为。

（二）房地产企业分类及资质管理

1. 房地产企业分类

房地产企业是指从事土地和房屋开发建设，以及在房地产市场中从事房地产商品交换的经济组织。或者说，房地产企业是在房地产市场上利用各种生产要素生产并销售房地产商品和劳务的经济组织。房地产企业可从不同角度进行分类。

（1）按照企业经营内容划分。房地产企业可分为房地产开发企业、房地产中介服务企业和物业管理企业。

1）房地产开发企业。房地产开发企业是指从事房地产开发和经营的企业，主要业务范围包括城镇土地开发、房屋建造、基础设施建设以及房地产营销等经营活动，这类企业又被称为房地产开发经营企业。

2）房地产中介服务企业。房地产中介服务企业包括：房地产咨询企业、房地产估价企业、房地产经纪企业等。

3）物业管理企业。物业管理企业是指以住宅小区、商业楼宇、大中型企事业单位等的物业管理为核心业务的经营服务型企业。这类企业的业务范围包括：售后或租赁物业的维修保养，住宅小区的清洁绿化、治安保卫、房屋租赁、居室装修、商业服务、搬家服务，以及其他经营服务等。

（2）按照企业所有制性质划分。房地产企业可分为公有制房地产企业、私有制房地产企业和外资房地产企业。

1）公有制房地产企业。按照公有程度不同，公有制房地产企业又可细分为全民所有制企业和集体所有制企业。

2）私有制房地产企业。私有制房地产企业是指个人所有的房地产开发经营企业。

3）外资房地产企业。外资房地产企业包括：中外合资经营企业、中外合作经营企业和外商独资企业。

（3）按照开发经营范围划分。房地产企业可分为房地产综合开发经营企业、房地产专营企业和房地产项目企业。

1）房地产综合开发经营企业。房地产综合开发经营企业是指综合从事房地产开发、经营、管理和服务的企业。

2）房地产专营企业。房地产专营企业是指长期专门从事如房地产开发、租售、中介服务以及物业管理等某种经营业务的企业，还包括专门从事土地和城市基础设施开发的企业、专门从事地上建筑物和构筑物建设的房地产企业。

3）房地产项目企业。房地产项目企业是指针对某一特定房地产开发项目而设立的企业，许多合资经营和合作经营的房地产开发公司即属于这种类型。

（4）按照政府对企业干预程度划分。房地产企业可分为商业性房地产企业和政策性房地产企业。

1）商业性房地产企业。商业性房地产企业是指以市场价格为导向，以追求利润最大化为目标，完全按商业性原则运作的房地产开发经营企业。

2）政策性房地产企业。政策性房地产企业是指接受政府委托，从事某些房地产开发经营任务，不完全按照商业性原则运作的房地产开发经营企业，如专门进行棚户区改造等政策性项目的房地产开发经营企业。

2. 房地产企业资质管理

（1）房地产开发企业资质管理。根据《房地产开发企业资质管理规定》（建设部令第77号）及《住房和城乡建设部关于修改〈房地产开发企业资质管理规定〉等部门规章的决定》（住房和城乡建设部令第24号），房地产开发企业资质等级分为一、二、三、四级。新设立房地产开发企业且符合条件的，可获得暂定资质证书。暂定资质证书有效期为1年。房地产开发主管部门可以视企业经营情况延长暂定资质证书有效期，但延长期限不得超过2年。

不同资质等级房地产开发企业应具备的条件为：①从事房地产开发经营年限满足要求；②累计竣工房屋建筑面积或者累计完成与此相当的房地产开发投资额满足要求（四级企业无

此要求）；③建筑工程质量合格率达100%；④上一年房屋建筑施工面积或者完成与此相当的房地产开发投资额满足要求（三级、四级企业无此要求）；⑤有职称的建筑、结构、财务、房地产及有关经济类的专业管理人员数量，持有资格证书的专职会计人员数量满足要求；⑥工程技术、财务、统计等业务负责人职称满足要求；⑦具有完善的质量保证体系（四级企业无此要求），商品住宅销售中实行了住宅质量保证书和住宅使用说明书制度；⑧未发生过重大工程质量事故。

（2）房地产估价机构资质管理。根据《房地产估价机构管理办法》（建设部令第142号）及《住房和城乡建设部关于修改〈房地产估价机构管理办法〉的决定》（住房和城乡建设部令第14号），房地产估价机构资质等级分为一、二、三级。企业应当由自然人出资，以有限责任公司或者合伙企业形式设立。新设立房地产估价机构资质等级应当核定为三级资质，设1年暂定期。

不同资质等级房地产估价机构应具备的条件是：①机构名称有房地产估价或者房地产评估字样；②从事房地产估价活动年限满足要求（三级无此要求）；③专职注册房地产估价师数量满足要求；④近年完成估价标的物建筑面积或者土地面积满足要求；⑤法定代表人或者执行合伙人资格满足要求；⑥企业股东或者合伙人资格满足要求；⑦有限责任公司的股份或者合伙企业的出资额中专职注册房地产估价师的股份或者出资额满足要求；⑧有固定的经营服务场所；⑨估价质量管理、估价档案管理、财务管理等各项企业内部管理制度健全；⑩随机抽查的1份房地产估价报告符合《房地产估价规范》要求；⑪在申请核定资质等级之日前3年内无禁止性行为。

三、房地产业与建筑业的关系

（一）房地产业与建筑业的区别

1. 产业性质不同

建筑业是国民经济中直接从事建筑安装工程的勘察、设计、施工及对原有建筑物、构筑物进行维修活动的物质生产部门，属于第二产业。房地产业是从事房地产投资、开发、经营、管理和服务的产业，主要在流通领域活动，属于第三产业。因此，二者在经营内容、经营方式和产业归属等方面都有明显区别。

2. 产品属性不同

建筑业产品是建筑物或构筑物，具有物质属性。房地产业产品既体现物质属性又体现法律属性，有法律依据的房地产产权落脚点在房地产权属。

（二）房地产业与建筑业的联系

房地产业与建筑业二者之间存在着密切联系。由于二者实施对象和经营对象都是房地产，即不动产，因此在日常经济活动中，房地产开发企业和建筑企业通常作为开发建设合同中的甲方（业主、建设单位）和乙方（承包商、施工单位），形成发包方和承包方关系。这是房地产业与建筑业二者之间最普遍、最典型的关系。

在现实中，房地产开发企业和建筑企业相互交叉经营的现象也较为普遍。具体表现为：①房地产开发企业兼营建筑业，由自营建筑企业开发建设自己经营的房地产，即房地产业中又有建筑业，兼营第二、第三产业；②建筑企业直接开发经营房地产，即自己生产自己销售经营，建筑业中又有房地产业，也是兼营第二、第三产业。

此外，在现代市场经济下，房地产业景气与否往往影响甚至在一定程度上决定着建筑业的兴衰。

第二节　房地产市场

一、房地产市场分类

房地产市场可以从不同角度进行分类，主要有以下五种。

（一）按照区域范围划分

按照区域范围划分，房地产市场可分为：全国房地产市场、地区房地产市场和城市房地产市场。城市房地产市场还可进一步细分为：市区房地产市场、郊区房地产市场等。房地产市场具有明显的区域特征，区域范围越小，越能反映房地产市场的具体特点。

（二）按照功能划分

按照功能划分，房地产市场可分为：住宅房地产市场和非住宅房地产市场。住宅房地产市场可进一步分为：普通住宅市场、高档公寓市场、别墅市场等。非住宅房地产市场可进一步分为：商业房地产市场、写字楼市场、工业房地产市场和土地市场等。

（三）按照交易方式划分

按照交易方式划分，房地产市场可分为：房地产买卖市场、租赁市场、抵押市场等。由于房地产价值高、寿命长，因此其租赁交易发生的次数往往比买卖交易还要多，特别是写字楼租赁市场。

（四）按照流转次数划分

按照流转次数划分，房地产市场可分为：一级市场、二级市场和三级市场。房地产一级市场又称土地一级市场，是土地使用权出让市场；房地产二级市场包括：土地使用权转让及新建商品房等房地产首次交易市场；房地产三级市场是各类房地产投入使用后的再次交易市场。此外，相关分类还有：土地增量市场、土地存量市场以及新房市场、二手房市场等。

（五）按照目标市场划分

根据房地产建造标准或价格水平，可细分为：低档、中低档、中档、中高档和高档市场，如高档住宅市场、普通住宅市场、甲级写字楼市场等；也可以按照目标市场的群体特征细分为：青年公寓市场、养老公寓市场等。

上述五种划分方法相互独立，但可根据研究或投资决策需要，将五种划分方法叠加在一起，得到更细的子市场。例如：上海市甲级写字楼出租市场、深圳市高档别墅市场、北京市西城区二手房市场等。

二、房地产市场供求

房地产市场的供求关系是在商品经济条件下，房地产供给与需求之间相互联系、相互制约的关系，是生产与消费关系在市场中的反映，它受到多种因素的影响，同时也引导着资金和其他房地产开发要素的流向。

（一）房地产市场需求

房地产市场需求是房地产商品生产的出发点，是房地产供给的基本依据。市场需求规模、水平、速度和结构，将推动房地产供给的变化，并影响房地产的交易价格、资金周转和市场要素发生变化。房地产市场需求是房地产市场运行的原动力，没有房地产市场需求，就没有房地产市场的价格、供应乃至整个市场。房地产市场需求还是检验房地产经济体制完善程度的重要指标，没有良好的市场环境和制度设计，需求难以得到满足。

1. 房地产市场需求特点

房地产具有不可移动、价值高等特性，这决定了房地产市场需求也具有区别于其他产品市场需求的显著特点。

（1）区域性。房地产市场需求的区域性是由其位置的不可移动性决定的。一个地区的房地产市场需求大部分来自当地居民。特别是对于流动人口规模小、投资价值低的城市，区域性特征更为明显。在同一城市内，由于地段不同，房地产市场需求同样具有区域性。在城市核心区位，即使价格高，房地产市场需求也十分旺盛；在偏远地区，即使价格较低，其需求仍然较少。

（2）连续性。居民个体对房地产的需求具有普遍性和不可替代性，这催生了房地产市场整体需求的连续性。从整个社会发展角度看，只要社会不断发展，房地产市场需求就不可能停止。当然，由于战争、经济危机等特殊因素影响，房地产市场的需求可能会有所间断，但这是一个在长期连续性基础上的间断，不具有广泛代表性。

（3）层次性。按照马斯洛需求层次理论，人的需求具有层次性，居民对房地产的需求符合马斯洛需求层次理论。随着社会经济水平和居民收入水平的提高，居民对房地产需求的层次性也越来越明显：低收入家庭仍以满足基本居住需求为目标，偏好使用方便、价格低廉的住宅；高收入家庭不仅要满足基本生活需求，还追求环境美观、舒适度，偏好别墅类高档住宅。

2. 房地产市场需求影响因素

房地产市场需求由多种因素决定，在市场经济条件下，基本因素有以下六种。

（1）房地产价格。与其他商品一样，一般情况下价格与需求量存在反向变动关系，即在其他条件不变的情况下，房地产价格越高，居民对房地产的需求量就越低。因此，房地产价格的高低对房地产市场需求具有重要的调节作用。但由于房地产是基于土地开发的特殊稀缺商品，其价格和需求具有一定的复杂性，因此在投机性需求占据房地产市场主导地位时，房地产市场需求与价格之间反而呈现出一种正向变动关系，即在预期价格上升的情况下，出现“买涨不买跌”的现象。

（2）居民收入水平。居民对房地产的需求是有支付能力支持的需求。房地产作为一种高价格耐用商品，需要居民支付的资金数额巨大，更需要消费者具有良好的资金存量和稳健的现金流。在房地产价格既定的前提下，居民收入水平对房地产消费具有决定性作用，呈现出正向变动关系，即当居民收入增加时，会增加对房地产的需求量。

（3）居民消费偏好。居民对不同商品的需求程度存在差异，形成居民消费偏好。居民消费偏好支配着在使用价值类似的替代品之间进行选择。当居民对房地产商品的偏好程度增强时，房地产需求量就会增加；同理，当居民对某一类房地产偏好增强时，这类房地产需求量也会增加。如城市居民对居住空间的偏好程度越来越高时，同等价位郊区大户型住房需求量就会增加，而市区小户型需求量相应就会下降。

（4）居民对未来的预期。居民消费行为不仅受现实情况的影响，还会受其对未来预期的影响。当居民预期未来房地产价格会上涨（特别是预计会高于通货膨胀速度）时，就会产生“今天不买，明天会更贵”的判断，从而会提前购买房地产，拉高现实需求；反之，当预期价格会下降或增长缓慢时，就会持币观望、推迟购买时间，房地产现实需求就会减少。

（5）替代品价格水平。当房地产自身价格保持不变，但与其相关的商品价格出现变化时，房地产市场需求也可能出现变化。例如，考虑到房地产一般具有资产保值升值属性，当其他投资产品的投资价值出现明显上升时，由投资属性带来的房地产需求就会下降，继而导致房地产市场总需求下降。当然，某类房地产价格水平的变化，也可能会导致其他类型房地产需求的变化。

(6)其他因素。还有一些因素也会影响房地产需求,如人口规模和结构、政治与社会稳定程度、国际环境等。城市人口规模对城市房地产需求的影响是直接的,当城市迁入大量新增人口或人口自然增长率明显上升时,房地产需求量会被快速拉升。同时,人口结构变化也会间接导致房地产需求变化,如城市人口总规模不变,但老年人等独居人口比例增加时,也会相应地增加对成套住房的需求。此外,社会治安状况和国际大环境好时,房地产需求量往往也更大。

(二)房地产市场供给

1. 房地产市场供给特点

与其他商品市场供给相比,房地产市场供给具有一定的特殊性。

(1)土地和房地产供给具有刚性。土地兼备自然和经济属性,对应自然供给和经济供给。自然供给以土地物理供给的潜在规模为最大储备量。经济供给是经过人类开发后,可直接用于生产、生活等的土地供给。土地自然供给是经济供给的基础,人类的开发能力和开发水平离不开这一基础。随着技术进步,可利用土地范围会越来越广,原来不能被利用的土地逐渐被有效利用起来,但考虑到使用效率和居住品质等因素,土地及其能够承载的房地产始终是有限的,其供给具有刚性。

(2)房地产一级市场具有高度垄断性。我国土地实行社会主义公有制,土地所有权不能买卖,在市场上转让的是土地使用权。代表国家利益的各级政府是城市土地使用权市场的唯一供给主体,垄断了一级市场上的土地供应。同时,由于在房地产二级市场设有诸多交易壁垒,每个城市房地产开发企业的数量有限,因此也具有一定垄断性。

(3)房地产供给具有一定滞后性。房地产供给的短期价格弹性并不充分,其原因在于房地产供给需要一定周期。在不考虑库存的情况下,短期内房地产的价格上升会提高供给者的供给意愿,但这种意愿难以在较短时间内实现,导致房地产的供给水平不会迅速增长。一般情况下,房地产供给量取决于前一时期的价格水平和预期。

(4)房地产供给的投资风险较大。开发房地产不仅需要投入大量资金,而且建设周期较长,因而具有投资风险大的特征。在开发投资阶段,房地产市场可能出现较大变化,若经济由繁荣走向萧条,需求疲软,价格下降,将会给房地产开发企业带来巨大的经营压力。尽管房地产开发企业尽力预测未来市场形势,但不可避免地会承受市场下行风险的结果,也正是由于这种风险,将会导致整个房地产市场供给存在结构性不均衡。

2. 房地产市场供给影响因素

房地产市场供给同样由多种因素决定,在市场经济条件下,基本因素有以下四种。

(1)房地产价格。在市场经济中,供给会随商品价格水平的变动而变动。当房地产价格低于某一特定水平时,不会有房地产供给。一般来说,房地产供给量与房地产价格之间存在正向变化关系,即房地产供给量随房地产价格的上升而增加,随房地产价格的下降而减少。

(2)房地产开发成本。房地产开发成本的高低,决定着房地产开发企业的利润水平。在房地产开发过程中,房地产开发企业会投入大量资金、劳动力、技术和其他生产要素,这些生产要素的价格变化直接影响开发成本。房地产开发成本上升时,在房价不变或增幅低于成本增幅时,房地产开发企业利润就会出现下降,若其他因素保持不变,房地产开发企业将会减少下一周期房地产供应。

(3)房地产开发企业对未来的预期。房地产开发企业的理性预期包括对国民经济发展、通货膨胀率、房地产价格和房地产需求的预期,以及对国家房地产信贷政策、税收政策和产业政策的预期等,其核心是房地产开发企业对盈利水平即投资回报率的预期。如果房地产开发企业对未来盈利水平的预期保持乐观态度，认为房地产的投资回报率会上升，就会增加房地产未来供给，同时会把正在开发的房地产留着不卖、“捂盘惜售”，从而减少房地产的现时供给；反之，就会减少房地产未来供给。

（4）其他因素。其他因素包括可供应土地规模、资金供应量、国家相关政策等。房地产商品的供给在很大程度上由土地供应决定。特别是考虑到我国实行严格的耕地保护和建设用地管控制度，各地每年新增建设用地指标“自上而下”确定，因此，可供应土地规模决定着房地产供给的上限。此外，资金和房地产相关政策也会通过影响房地产开发企业的开发积极性和能力，进而影响房地产供应规模。

（三）房地产市场供求平衡

研究房地产市场，单独分析需求和供给难以掌握房地产市场整体的各种状态。考虑房地产需求与供给之间的相互交叉、非独立的共同作用关系，是房地产市场最重要的分析视角。

房地产市场供求平衡，即供给与需求的平衡状态，是指房地产商品的供给价格与需求价格一致，且供给数量与需求数量一致时的房地产经济运行状态。在这种运行状态下，房地产开发企业愿意供给的房地产商品总量与购买者愿意购买的房地产商品总量正好相等，既不存在房地产商品短缺现象，也不存在房地产商品过剩现象。

房地产均衡价格是房地产市场中需求和供给这两种相反力量共同作用的结果，它是在房地产市场供求力量的自我调节下形成的。当房地产价格偏离均衡价格时，房地产市场会出现房地产需求量和房地产供给量不相等的非均衡状态。一般来说，在市场机制作用下，这种供求不相等的非均衡状态会逐步消失，实际的房地产价格会自动恢复到均衡时的房地产价格水平。

当房地产价格高于均衡价格时，由于利润高，房地产开发商愿意多开发房地产，会出现房地产供给量大于房地产需求量的过剩现象。这样，一方面会使房地产需求者降低房地产需求价格来得到需要的房地产商品，另一方面又会使房地产供给者在下一轮生产周期中降低房地产价格下降的速度，房地产需求量逐步增加，而利润的下降则会使房地产供给量逐步减少，从而实现房地产市场的供求平衡。

理解房地产市场的均衡状态需要注意以下三个问题。

（1）一般来说，由于房地产市场供应受可开发土地面积、城市规划、建设用地供应计划等各类要素的综合约束，因此房地产供给的弹性小；而在没有严格管制政策的情形下，房地产需求弹性大，通常只接受货币和财税政策的调节。

（2）均衡状态的构成要素不仅包括供给价格与需求价格相一致，还包括供给数量与需求数量相一致，二者缺一不可，而这两个因素之间又是相互联系和相互影响的。供给数量与需求数量相一致，在微观层面上表示某特定市场房地产商品的供求数量相当，在宏观层面上则表示一个地区房地产总供给数量与总需求数量相一致。

（3）在理论上，能够保持房地产价格稳定的均衡点只有一个，但在实际房地产市场中除价格以外的其他因素实际上也是处在不断变化之中，一直影响着房地产市场供求关系的变化，从而导致房地产市场均衡的变化。房地产市场的供求关系也与其他商品一样，均衡只是暂时的，不均衡却是普遍的。

（四）房地产市场供求不平衡

房地产市场供求不平衡是指房地产供给与需求的失衡状态，即房地产商品的供给价格与需求价格、供给数量与需求数量之间，要么存在一对不一致的情况，要么两对都不一致。房地产市场供求不平衡存在三种情形：一是房地产开发企业愿意供给的房地产商品总量少于消费者愿意购买的数量,即供不应求的现象;二是房地产开发企业愿意供给的房地产商品总量多于消费者愿意购买的数量,即供过于求的现象;三是房地产开发企业愿意供给的房地产商品总量与消费者愿意购买的数量相等,但供给结构与需求结构失衡。

1. 总量供不应求的状态

在总量供不应求的状态下,房地产市场处于卖方市场,基本特征是商品房供应紧张,导致价格上升,消费者急于求购,处于被动地位,而房地产开发企业处于主动地位,产生惜售行为,甚至抬价出售。造成总量供不应求状态的主要原因可能是商品房开发供应能力的不足,或者房地产市场需求集中释放。当一个国家或地区处在快速城镇化阶段、人口增加较快时,需求上升的速度比较快,可能会出现供不应求的现象。此外,房地产供应体制不合理也可能会导致供不应求的现象出现。

2. 总量供过于求的状态

在总量供过于求的状态下,房地产市场处于买方市场,基本特征是消费者处于主动地位,有较多的可挑选余地;商品房供过于求,引起房价下行,房地产开发企业利润空间下降,实力较弱的房地产开发企业甚至破产倒闭。在市场经济体制下,当房地产开发企业盲目扩大投资,宏观政策又缺乏有力调节时,容易出现供过于求的状态。部分国家已进入城镇化中后期,人口增长缓慢,甚至出现人口缩减现象,这时房地产的供给可能存在过剩倾向,需求不振,房价不涨甚至微跌。

3. 结构性供求失衡的状态

根据商品特征,房地产可分为住宅、工业、商业等类型。结构性供求失衡一般是由于供应方的投资决策失误造成的,如有的城市出现房地产开发高档办公写字楼过多、住宅比例太小,或者住房开发中高档住宅太多、普通住宅太少等现象。这种情况下,虽然总量上没有产生供过于求,但由于供求结构失衡,仍有一部分供给表现为过剩,另一部分供给表现为严重不足,因此也会影响到房地产市场的供求平衡。

三、房地产市场波动

市场经济下,商品价格和交易情况随时间而变化。没有只涨不跌的市场,也没有只跌不涨的市场。长期来看,绝对稳定的房地产市场基本不存在,在一定程度上,房地产市场会一直处于波动之中。

(一)房地产市场周期循环

传统的房地产周期理论认为,在市场供求平衡的前提下,房地产市场会正常运作,这种平衡会持续一定时间;在此期间,投入房地产市场的资金利润率保持不变,投资者具有自我调节的投资量。房地产市场的发展呈现出一种自我修正的周期性,而且不同周期之间的时间差异和投资回报差异十分微弱。在每一个运作周期中,房地产市场均经过复苏、繁荣、衰退、萧条等过程。当然,这种周期波动不是严格的数学意义上的周期变化,而是大体上每隔几年出现市场行情的上涨和下跌交替变化现象,即经过一段时间的上涨之后出现下跌,下跌到一定程度后又出现上涨。一个完整的房地产市场周期一般会经历以下四个阶段。

(1)复苏阶段。该阶段始于房地产市场周期的谷底,由于前一时期新开发建设的房地产数量过多或需求的负增长,导致市场上供过于求,房地产空置率达到最高点。在这个阶段,需求温和增加,而且初期主要是自用性需求恢复性增长,因此,多发生在经济复苏等时期。由于需求增加,库存逐渐被消化,市场的供过于求慢慢转向供求平衡,价格也逐渐趋稳回升。随着价格回升,房地产的投资投机需求开始出现,因此,该阶段自用性需求与投资投机需求并存。

复苏阶段主要特征还包括：成交量和成交价均从底部回升，量先于价启动；初期房屋空置率高于正常水平，之后随着需求的不断增加，空置率逐渐下降，后期空置率削减至正常水平。

（2）繁荣阶段。该阶段需求继续增长，但增长势头逐渐减弱，并形成对额外房屋的需求，该阶段后期出现需求减少的势头。由于大部分自用性需求已在复苏阶段释放，因而投资投机的需求占比逐渐攀升。繁荣阶段的市场表现主要为：初期成交量和成交价均放大，成交量在达到峰值后回落，价格涨势逐渐趋稳，房价上升速度快于房租，大批房地产开发项目开工，房屋空置率继续下降，到该阶段后期开始反弹。

（3）衰退阶段。该阶段始于供求转折点，房屋空置率低于合理水平，初期市场情况较好。由于房屋供给速度快于需求增长速度，房屋空置率回升并逐渐接近合理空置率水平。在房价上升至峰值后，期望通过买进卖出获得价差的投机性需求减弱，通过租金收回投资收益也不一定划算，因此出现投资投机需求减少，再加上供给增速仍处在较高水平，大量开工的房地产开发项目陆续完成并投放市场，开始出现供过于求的情形，房价开始下降。该阶段新房、二手房销售逐渐陷入困境，投机投资者纷纷设法脱手所持有的房产，房价比房租下降速度更快，房屋空置率上升。

（4）萧条阶段。该阶段始于市场运行平衡点水平并向下运动，此时供给高增长，需求低增长或负增长。市场处于萧条时期时间的长短，取决于市场供给超过市场需求数量的大小。该阶段房地产的流动性很低甚至不存在流动，存量房地产交易很少或有价无市，市场随着新开工项目的停止和在建项目的陆续竣工而后达到谷底。

（二）房地产市场泡沫

房地产市场泡沫是由于房地产投机引起的房地产市场价格与使用价值严重背离，价格脱离了实际使用者的支撑而出现持续上涨的过程。初期的价格上升使人们产生价格还会进一步上涨的预期，由于不断有新买者进入并通过买进卖出获得利差，使人们对商品本身的使用及其盈利能力的判断产生偏差。一般认为，房地产市场泡沫是一种价格现象，是房地产行业内外因素，特别是投机性因素作用的结果。随着价格的持续上升，最终发生预期逆转和价格暴跌，即泡沫破裂。

1. 房地产市场泡沫的成因

房地产市场泡沫形成的原因有多种，归结起来主要有以下三个方面。

（1）资源稀缺性。这是房地产市场泡沫形成的基础。房地产与人们生活息息相关，住有所居是每个公民最基本的要求，人们对居住条件的需求没有止境，而且土地的稀缺性使人们对房地产价格上升产生乐观预期。特别是当经济发展处在上升期时，国家的投资重点往往会集中在基础设施建设和房屋建设上，加上土地资源的供给十分有限，造成许多非房地产企业和私人投资者大量投资房地产，以期获得良好收益。人们对经济前景看好，也期待用房地产抵押贷款炒作房地产。

（2）投机需求膨胀。这是房地产市场泡沫形成的直接诱因。房地产市场泡沫的形成与房地产的投机需求及资源的稀缺性有关，还有一定的客观条件和环境因素影响。在这些因素的作用下，房地产价格开始大幅上升，一些人在较短时间内发财致富，使人们认为在房地产市场容易获利，加上“从众心理”和“羊群效应”，他们纷纷融入房地产市场，以致发展到疯狂抢购、追涨，形成“越买越涨、越涨越买”的循环。

（3）过于宽松的货币政策。这是房地产市场泡沫形成的直接助燃剂。由于价值量大，房地产市场泡沫能够形成的一个重要条件是市场上有没有大量的资金作支撑。因此，资金支持是房地产市场泡沫形成的必要条件,没有银行等金融机构的配合,房地产市场泡沫便难以出现。考虑到房地产容易查封、保管和变卖,银行认为房地产抵押贷款风险小,在利益驱动下乐于向房地产投资者发放贷款。此外,银行还可能会高估房地产抵押物,从而加强借款人的融资能力,加剧房价上升。

2. 房地产市场泡沫与过度开发的关系

过度开发是市场需求增长慢于新增供给增长速度时,导致出现空置率上升、物业价格和租金下降的现象。房地产市场泡沫与过度开发具有重叠关系。当房地产市场处在上升期时,投机性需求逐渐增加,房地产开发企业有可能会做出非理性扩张预期,不断催生房地产市场泡沫。这一过程中,既存在房地产市场泡沫的形成,也同样伴随着过度开发。

但房地产市场泡沫与过度开发也有明显区别。首先,过度开发和泡沫是两个不同层面的市场指标,前者反映市场供求关系,后者反映市场价格和实际价值之间的关系。其次,过度开发和泡沫中的市场参与动机不同,过度开发是投资者基于土地开发利用的目的而增加投资的行为,以获得中长期收益为目的;泡沫中的市场参与者则更关注短期资本收益,主要表现为增加当期购买,以待价格更高时抛售。最后,二者的严重程度和危害性不同,房地产市场泡沫的严重程度更高,危害更大,一旦形成往往难以在短时间内自我调整至平衡状态。

3. 房地产市场泡沫的测度

考察房地产市场是否存在泡沫有多个视角。简单的衡量指标有房价租金比、房价收入比、实际价格与理论价格比等。从房价租金比角度看,在房租由市场决定的情况下,房价与月租金之间存在一个相对合理的倍数。如果房价租金比高于这个合理倍数时,则说明可能存在泡沫。由于房地产市场泡沫问题具有一定的复杂性,很难用单一指标来衡量房地产市场是否存在价格泡沫,因此,国际上通常用综合上述指标构建的房地产泡沫指数来反映房地产市场价格泡沫程度,以减少主观因素对研究结论的影响。

从入住率看,造成房地产市场价格泡沫的主要原因是部分购房者的动机不是为了使用,而是等待价格上升后转手,因此,不论房屋购买后是自用还是出租,只要有人使用,房价泡沫的危险性就不大。相反,如果没有人使用,就存在房地产市场价格泡沫破裂的风险。泡沫破裂是经过虚假的高需求后,供给突然出现过剩,供求关系突然逆转,房价大幅度下跌的现象。在房地产市场泡沫破裂前房地产看似供不应求,但一旦破裂就会表露出供过于求。具体来看,初期的供不应求假象造成需求放大、价格上升,部分消费者从中盈利,越来越多的人认为价格还要上涨,于是开始出现脱离需求的消费行为,继而助推价格上涨和供给增加。这些需求是不可持续的。虽然泡沫形成时期供给的增加速度跟不上需求的增加速度,但在泡沫破裂时,供给实际上已经远大于合理需求,因此,房地产市场泡沫实际上是实实在在的供过于求。

第三节　土地基本制度

一、土地所有制及征收制度

(一)土地所有制

土地所有制是我国土地制度的基础和核心,也是我国社会主义制度的重要制度基础。《中华人民共和国土地管理法》(以下简称《土地管理法》)规定:“中华人民共和国实行土地的社会主义公有制,即全民所有制和劳动群众集体所有制。”因此,我国土地所有制形式有两种:一种是全民所有制,另一种是劳动群众集体所有制。

1. 土地的全民所有制

土地的全民所有制采用国家所有制形式，这种所有制的土地一般被称为国家所有土地，简称“国有土地”。《土地管理法》规定：“全民所有，即国家所有土地的所有权由国务院代表国家行使。”

城市市区的土地属于国家所有。《土地管理法实施条例》在宪法及《土地管理法》的基础上进一步明确，国有土地包括：城市市区的土地；农村和城市郊区中已经依法没收、征收、征购为国有的土地；国家依法征收的土地；依法不属于集体所有的林地、草地、荒地、滩涂及其他土地；农村集体经济组织全部成员转为城镇居民的，原属于其成员集体所有的土地；因国家组织移民、自然灾害等原因，农民成建制地集体迁移后不再使用的原属于迁移农民集体所有的土地。

2. 土地的劳动群众集体所有制

土地的劳动群众集体所有制采用农民集体所有的形式，这种所有制的土地被称为农民集体所有土地，简称“集体土地”。《民法典》规定，对于集体所有的土地，依照下列规定行使所有权：①属于村农民集体所有的，由村集体经济组织或者村民委员会依法代表集体行使所有权；②分别属于村内两个以上农民集体所有的，由村内各该集体经济组织或者村民小组依法代表集体行使所有权；③属于乡镇农民集体所有的，由乡镇集体经济组织代表集体行使所有权。

农村和城市郊区的土地也有部分属于国家。我国宪法规定，农村和城市郊区的土地，除由法律规定属于国家所有的以外，属于集体所有；宅基地和自留地、自留山，也属于集体所有。

（二）土地征收制度

土地征收是国家为了公共利益需要，依照法律规定的权限和程序取得集体所有土地的行为。土地征收的主体是国家，通常是政府代表国家以行政手段取得集体所有土地。土地征收是物权变动的一种极为特殊的情形，是国家取得所有权的一种方式。

1. 土地征收的限制条件

《土地管理法》规定：“国家为了公共利益的需要，可以依法对土地实行征收或者征用并给予补偿。”土地征收作为一种被法律许可的强制行为，有着严格的限制条件：①以满足公共利益需求为目的，禁止以商业用途为目的的征收；②必须严格依照法律规定的权限和程序进行征收；③政府以征收的执行人身份出现，以被征收土地的价值对被征收人的损失予以公平、合理补偿。

2. 可以征收土地的情形

2019 年修正的《土地管理法》明确界定了可以征收土地的情形。为了公共利益需要，有下列情形之一，确需征收农民集体所有的土地的，可以依法实施征收：①军事和外交需要用地的；②由政府组织实施的能源、交通、水利、通信、邮政等基础设施建设需要用地的；③由政府组织实施的科技、教育、文化、卫生、体育、生态环境和资源保护、防灾减灾、文物保护、社区综合服务、社会福利、市政公用、优抚安置、英烈保护等公共事业需要用地的；④由政府组织实施的扶贫搬迁、保障性安居工程建设需要用地的；⑤在土地利用总体规划确定的城镇建设用地范围内，经省级以上人民政府批准，由县级以上地方人民政府组织实施的成片开发建设需要用地的；⑥法律规定为公共利益需要可以征收农民集体所有的土地的其他情形。

2019 年修正的《土地管理法》还首次明确了土地征收补偿的基本原则是保障被征地农民原有生活水平不降低，长远生计有保障。征收土地补偿费以区片综合地价取代原来的土地年产值倍数法。此外，在原有土地补偿费、安置补偿费、地上附着物补偿费这三项基础上又增加了农村村民住宅补偿费和社会保障费。

二、土地管理制度

我国土地管理制度包括：土地用途管制、耕地保护、土地储备、土地调查等制度。这里仅介绍与房地产有直接关系的土地用途管制制度和土地储备制度。

（一）土地用途管制制度

《土地管理法》确立了土地用途管制制度，实现了我国土地管理方式的根本转变，加强对农用地特别是耕地的保护，有利于促进土地集约利用。

1. 土地用途管制基本内容

2019年修正的《土地管理法》明确规定："国家实行土地用途管制制度。国家编制土地利用总体规划，规定土地用途，将土地分为农用地、建设用地和未利用地。严格限制农用地转为建设用地，控制建设用地总量，对耕地实行特殊保护。""使用土地的单位和个人必须严格按照土地利用总体规划确定的用途使用土地。"

2. 农用地转用

土地用途管制的一项重要目标是防止随意改变农用地用途。2019年修正的《土地管理法》规定："建设占用土地，涉及农用地转为建设用地的，应当办理农用地转用审批手续。"同时规定，征收下列土地的，由国务院批准：①永久基本农田；②永久基本农田以外的耕地超过三十五公顷的；③其他土地超过七十公顷的。由此可见，农用地特别是永久基本农田的征收，是严格审批的重点关注对象。

（二）土地储备制度

土地储备是政府依法通过收购、收回、征收等方式储备国有建设用地，并组织实施征地、拆迁和市政基础设施建设，达到土地供应条件的行为。

原国土资源部、财政部、中国人民银行联合印发《土地储备管理办法》（国土资发〔2007〕277号，2018年1月修订），明确了土地储备制度，并提出土地储备实行名录制管理。

1. 土地储备对象

可纳入土地储备对象的有：①国有土地使用者未按照土地使用权出让合同支付土地使用权出让金，应依法收回的土地；②国有土地使用年限届满，被依法收回的土地；③被依法没收使用权的国有土地；④因用地单位搬迁、解散、撤销、破产等原因调整出的国有土地，或经核准报废的交通设施、矿场用地；⑤交易价格偏低，政府应优先购买的土地；⑥依法分批次征收或农村集体经济组织全部成员转为城镇居民，原属于其成员集体所有的土地；⑦以出让方式取得土地使用权后，不能按合同的期限开发或无力继续开发且又不具备转让条件的土地；⑧其他需要进行储备的国有土地。

2. 储备土地的开发利用与供应

土地储备机构应对储备土地进行必要的前期开发，使之具备供应条件；应采取必要的措施予以保护管理，防止侵害储备土地权利行为的发生。在储备土地供应前，土地储备机构可将储备土地通过出租、临时使用等方式加以利用。设立抵押权的储备土地临时利用，应征得抵押权人同意。储备土地的临时利用一般不超过2年，且不得影响土地供应。

储备土地完成前期开发整理后，纳入当地市、县土地供应计划，由市、县人民政府自然资源管理部门统一组织供地。依法办理农用地转用、土地征收后的土地，纳入储备满2年未供应的，在下达下一年度农用地转用计划时扣减相应指标。

三、国有建设用地使用制度

我国国有土地供应实行无偿划拨和有偿使用两种方式。除国家核准的划拨土地外，其他国有土地使用均应以有偿使用方式取得。国有土地有偿使用方式包括：国有建设用地使用权出让、转让及出租等。

（一）国有建设用地使用权划拨

国有建设用地使用权划拨是指经县级以上人民政府依法批准，在土地使用者缴纳补偿、安置等费用后将该土地交付使用，或者将土地使用权无偿交付给土地使用者使用的行为。

一般而言，划拨土地所指的无偿，是不需要向政府缴纳土地出让金的。以划拨方式取得的国有土地使用权，除法律、行政法规另有规定外，没有使用期限的限制，土地使用权不得转让、出租、抵押。无偿取得划拨土地使用权的土地使用者，因迁移、解散、撤销、破产或者其他原因而停止使用土地的，市、县人民政府要无偿收回其划拨土地使用权。

根据《中华人民共和国城市房地产管理法》（以下简称《城市房地产管理法》），下列建设用地的土地使用权，确属必需的，可以由县级以上人民政府依法批准划拨：①国家机关用地和军事用地；②城市基础设施用地和公益事业用地；③国家重点扶持的能源、交通、水利等项目用地；④法律、行政法规规定的其他用地。此外，公共租赁住房等所需建设用地也可采用行政划拨方式供应。

（二）国有建设用地使用权出让

国有建设用地使用权出让是指国家将国有土地使用权在一定年限内出让给土地使用者，由土地使用者向国家支付土地使用权出让金的行为。土地使用权出让，必须符合土地利用总体规划、城市规划和年度建设用地计划。通过土地使用权出让方式取得的土地是有期限的。《城镇国有土地使用权出让和转让暂行条例》规定，土地使用权出让最高年限按不同用途分别确定。居住用地最高年限是70年，工业用地是50年，教育、科技、文化、卫生、体育用地是50年，商业、旅游、娱乐用地是40年，综合或者其他用地是50年。

根据《城市房地产管理法》，土地使用权出让可采取四种方式，即：协议出让、招标出让、拍卖出让、挂牌出让。

1. 协议出让

协议出让国有土地使用权，是指国家以协议方式将国有土地使用权在一定年限内出让给土地使用者，由土地使用者向国家支付土地使用权出让金的行为。以协议方式出让国有土地使用权的出让金不得低于国家规定的最低价。协议出让最低价不得低于新增建设用地的土地有偿使用费、征地（拆迁）补偿费及按照国家规定应当缴纳的有关税费之和。有基准地价的地区，协议出让最低价不得低于出让地块所在级别基准地价的70%。

2. 招标出让

招标出让国有土地使用权，是指市、县自然资源管理部门发布招标公告或者发出投标邀请书，邀请特定或者不特定的法人、自然人和其他组织参加国有土地使用权投标，根据投标结果确定土地使用者的行为。在选择土地使用权受让人时不仅要考虑报价高低，还要考虑开发企业的信誉、资信状况、以往开发经验，最终择优选择土地开发人。

招标出让国有土地使用权按照价高者得的原则确定中标人的，开标时由招标主持人直接宣布报价最高且不低于底价者为中标人。有两个或两个以上投标人报价相同且同为最高报价的，可以由相同报价的申请人在限定时间内再行报价，或者采取现场竞价方式确定中标人。

3. 拍卖出让

拍卖出让国有土地使用权，是指市、县自然资源管理部门发布拍卖公告，由竞买人在指定时间、地点进行公开竞价，根据出价结果确定土地使用者的行为。通过拍卖确定土地使用权受让人是按照“出价最高者得”的原则确定受让人的一种竞争方式。

市、县自然资源管理部门应当根据经批准的拍卖出让方案，组织编制国有土地使用权拍卖出让文件，然后发布国有土地使用权拍卖出让公告，并按照出让公告规定的时间、地点组织拍卖活动。最高应价或报价低于底价的，拍卖主持人宣布拍卖终止。确定竞得人后，拍卖人与竞得人当场签订《成交确认书》。《成交确认书》应包括：拍卖人与竞得人的名称，出让标的，成交的时间、地点、价款，以及双方签订《国有土地使用权出让合同》的时间、地点等内容。

4. 挂牌出让

挂牌出让国有土地使用权，是指市、县自然资源管理部门发布挂牌公告，按公告规定的期限将拟出让宗地的交易条件在指定的土地交易场所挂牌公布，接受竞买人报价申请并更新挂牌价格，根据挂牌期限截止时的出价结果或现场竞价结果确定土地使用者的行为。市、县自然资源管理部门应当根据经批准的挂牌出让方案，组织编制国有土地使用权挂牌出让文件，发布国有土地使用权挂牌出让公告，并应按出让公告规定的时间、地点组织挂牌活动。

确定竞得人后，挂牌人与竞得人当场签订《成交确认书》。《成交确认书》应包括：挂牌人与竞得人的名称，出让标的，成交的时间、地点、价款，以及双方签订《国有土地使用权出让合同》的时间、地点等内容。

（三）国有建设用地使用权转让和出租

1. 国有建设用地使用权转让

国有建设用地使用权转让，是指已经获得土地使用权的土地使用人将土地使用权再转让的行为，包括出售、交换和赠予。未按土地使用权出让合同规定的期限和条件投资开发、利用土地的，土地使用权不得转让。土地使用权转让需要签订转让合同。

土地使用权转让时，土地使用权出让合同和登记文件中所载明的权利、义务，以及其地上建筑物、其他附着物所有权，随之转让。地上建筑物、其他附着物的所有人或者共有人，享有该建筑物、附着物使用范围内的土地使用权，土地使用者转让地上建筑物、其他附着物所有权时，其使用范围内的土地使用权随之转让，但地上建筑物、其他附着物作为动产转让的除外。土地使用权和地上建筑物、其他附着物所有权转让，应当按照规定办理过户登记。土地使用权和地上建筑物、其他附着物所有权分割转让的，应当经市、县人民政府土地管理部门和房产管理部门批准，并依照规定办理过户登记。

土地使用者通过转让方式取得的土地使用权，其使用年限为土地使用权出让合同规定的使用年限减去原土地使用者已使用年限后的剩余年限。

土地使用权转让后，需要改变土地使用权出让合同规定的土地用途的，应当征得出让方同意并经城市规划部门批准，依照有关规定重新签订土地使用权出让合同，调整土地使用权出让金，并办理登记。

2. 国有建设用地使用权出租

国有建设用地使用权出租，是指土地使用者作为出租人将土地使用权随同地上建筑物、其他附着物租赁给承租人使用，由承租人向出租人支付租金的行为。政府可以直接出租国有土地，也可由已取得土地使用权的使用者将土地使用权租赁给其他使用者。国有建设用地使用权出租是国有土地有偿使用的一种形式，是出让方式的补充。出租的主体是土地所有权人或取得土地使用权的使用人。未按出让合同规定的期限和条件投资开发、利用土地的，土地使用权不得出租。

土地使用权出租后，出租人必须继续履行土地使用权出让合同。以划拨方式取得的土地使用权不得擅自出租，需要出租的，必须持有国有土地使用证及地上建筑物、其他附着物产权证明等合法证件，向所在地的市、县人民政府土地行政主管部门提出书面申请，经批准后方可出租。承租人在租赁期限内有权使用土地，但无权处分，处分权仍归土地出租人享有。

第四节　房屋基本制度

一、国有土地上房屋征收与补偿制度

城市房屋征收补偿是国家为公共利益需要征收公民房屋后，对被征收房屋的所有人所造成损失给予的公平补偿。《国有土地上房屋征收与补偿条例》明确规定，国有土地上房屋征收是“为了保障国家安全、促进国民经济和社会发展等公共利益的需要”。

（一）国有土地上房屋征收主体

征收主体主要分为决定主体和实施主体。在实际工作中，实施主体还可委托实施单位负责具体实施。具体而言，市、县级人民政府负责作出征收决定和行政补偿；市、县级人民政府确定的房屋征收部门负责征收工作的实施；而房屋征收部门可将房屋征收工作委托给实施单位负责具体征收工作。同时，明确禁止使用非法手段强制被征收人进行搬迁。

（二）国有土地上房屋征收补偿内容和方式

1. 房屋征收补偿内容

《国有土地上房屋征收与补偿条例》规定，作出房屋征收决定的市、县级人民政府对被征收人给予的补偿包括三大项：一是被征收房屋价值的补偿；二是因征收房屋造成的搬迁、临时安置补偿；三是因征收房屋造成的停产停业损失补偿。

（1）被征收房屋价值的补偿。补偿不得低于房屋征收决定公告之日被征收房屋类似房地产的市场价格。

（2）因征收房屋造成的搬迁、临时安置补偿。因征收房屋造成搬迁的，房屋征收部门应向被征收人支付搬迁费。选择房屋产权调换的，产权调换房屋交付前，房屋征收部门应向被征收人支付临时安置费或者提供周转用房。

（3）因征收房屋造成的停产停业损失补偿。补偿应根据房屋被征收前的效益、停产停业期限等因素确定，具体办法由省、自治区、直辖市人民政府制定。

此外，市、县级人民政府应制定补助和奖励办法，对被征收人给予补助和奖励。征收个人住宅、被征收人符合住房保障条件的，作出房屋征收决定的市、县级人民政府还应优先给予住房保障。具体办法由省、自治区、直辖市人民政府制定。

2. 房屋征收补偿方式

房屋征收补偿方式有货币补偿和房屋产权调换两种，由被征收人选择，其中符合条件的可以选择保障性住房。

（1）货币补偿。市、县级人民政府作出房屋征收决定前，征收补偿费用就应当足额到位、专户存储、专款专用，实施房屋征收应当先补偿、后搬迁。

（2）房屋产权调换。被征收人选择房屋产权调换的，市、县级人民政府应当提供用于产权调换的房屋，并与被征收人计算、结清被征收房屋价值与用于产权调换房屋价值的差价。因旧城区改建征收个人住宅，被征收人选择在改建地段进行房屋产权调换的，作出房屋征收决定的

市、县级人民政府应提供改建地段或者就近地段的房屋。

3. 被征收房屋价值评估

根据《国有土地上房屋征收评估办法》(建房〔2011〕77号),被征收房屋的价值,由具有相应资质的房屋价格评估机构按照《国有土地上房屋征收评估办法》确定。房地产价格评估机构由被征收人在规定时间内协商选定;协商不成的,通过多数决定、随机选定等方式确定。

房地产价格评估机构应当独立、客观、公正地开展房屋征收评估、鉴定工作,并对出具的评估、鉴定意见负责,任何单位和个人不得干预。对评估确定的被征收房屋价值有异议的,可以向房地产价格评估机构申请复核评估。对复核结果有异议的,可以向房地产价格评估专家委员会申请鉴定。

4. 房屋征收补偿协议

房屋征收部门与被征收人应就补偿方式、补偿金额和支付期限、用于产权调换房屋的地点和面积、搬迁费、临时安置费或者周转用房、停产停业损失、搬迁期限、过渡方式和过渡期限等事项,订立补偿协议。

房屋征收部门与被征收人在征收补偿方案确定的签约期限内无法达成补偿协议,或者被征收房屋所有权人不明确的,由房屋征收部门报请作出房屋征收决定的市、县级人民政府按照征收补偿方案作出补偿决定,并在房屋征收范围内予以公告。

补偿协议订立后,一方当事人不履行补偿协议约定义务的,另一方当事人可以依法提起诉讼。被征收人对补偿决定不服的,可以依法申请行政复议,也可以依法提起行政诉讼。

5. 房屋征收补偿情况公布和审计

房屋征收部门应依法建立房屋征收补偿档案,并将分户补偿情况在房屋征收范围内向被征收人公布。审计机关应加强对征收补偿费用管理和使用情况的监督,并公布审计结果。

二、城镇住房供应体系

我国原有的住房制度是随着计划经济体制的确立而逐步形成的。在计划经济时期,国家和企事业单位是住房建设投资主体,建设用地由国家无偿划拨使用,建设资金来源于国家财政和企业福利基金。住房分配的依据是职工的工龄、厂龄、家庭人口结构、职务、学历等。公有住房不准进入市场买卖流通,使用者只支付较少租金,因此房地产业基本处于停滞状态。

1978年至1998年,我国城镇住房制度处于试点改革阶段。1998年以来,国家推行住房全面市场化改革,为实现住有所居的目标,逐渐建立了适应市场经济体制要求的城镇住房供应体系。总的发展方向是坚持“房子是用来住的、不是用来炒的”定位,以满足新市民住房需求为主要出发点,以建立购租并举的住房制度为主要方向,以市场为主满足多层次需求,以政府为主提供基本保障,通过推进住房供给侧结构性改革,加快解决住房困难家庭的基本住房问题。

(一)多层次商品住房供应体系已初步形成

我国自1998年以来的住房制度改革,明确了居住房产权私有化和获得渠道市场化,基本形成了适应社会各阶层住房需求的、多层次的商品住房市场供应体系。

1. 商品住房

商品住房包括新建商品房和二手交易住房。2006年,建设部等九部委要求新审批、新开工总面积中,套型建筑面积90 m^2以下住房(含经济适用住房)面积所占比重必须达到70%以上。新建商品房主要以中低价位、中小套型普通商品住宅为主,满足中低收入者普通居民住房需求。同时,建设部分别墅、高档公寓等,满足中高收入者多样化住房需求。

随着住房市场快速发展，住房存量持续增加，二手房市场交易不断扩大，北京、上海等城市二手房交易成为市场交易的主要部分，超过新建商品房。二手房既包括新建商品房的再次买卖，也包括可以入市的房改住房等。房改住房是机关、企事业单位等分配给职工，房改后由职工购买的住房。房改住房包括以标准价和成本价购买的公房，房改住房在符合规定的条件下，也可在市场上进行交易。

2. 租赁住房

针对我国住房租赁市场存在租赁房源供给不充分、市场不规范、制度不完善等问题，国务院办公厅于 2016 年 6 月发布《关于加快培育和发展住房租赁市场的若干意见》（国办发〔2016〕39 号），明确提出："以建立购租并举的住房制度为主要方向，健全以市场配置为主、政府提供基本保障的住房租赁体系。支持住房租赁消费，促进住房租赁市场健康发展。" 2017 年 7 月，住房和城乡建设部等部委印发《关于在人口净流入的大中城市加快发展住房租赁市场的通知》，并选取广州、深圳、南京、杭州、厦门、武汉、成都、沈阳、合肥、郑州、佛山、肇庆 12 个城市作为首批开展住房租赁试点地区。

（二）多层次住房保障体系已初步完善

我国在促进住房市场发展，发挥市场机制在住房资源配置作用的同时，为了解决中低收入家庭住房困难问题，自 1998 年开始逐步建立和完善住房保障制度。目前，多层次住房保障体系已得到初步完善。

1. 廉租住房

现行制度下，廉租住房制度是解决城镇低收入住房困难家庭住房问题的主渠道。廉租住房制度实行实物配租和货币补贴相结合。实物配租是指县级以上地方人民政府向申请廉租住房保障的城市低收入住房困难家庭提供住房，并按照规定标准收取租金。廉租住房房源可通过政府新建、改建和购置筹集，套型建筑面积控制在 50 m^2 以内，新建廉租住房由政府投资，实行土地划拨、税费减免和信贷支持，以低廉租金面向城镇低收入住房困难家庭供应。货币补贴是指县级以上地方人民政府向符合条件的城市低收入住房困难家庭发放租赁住房补贴，由其自行承租住房。

2. 公共租赁住房

公共租赁住房的保障对象包括三类：城镇户籍中低收入无房家庭、新就业无房职工和稳定就业的外来务工人员。公共租赁住房是从东部沿海地区发展起来，逐步推广到内地城镇的一项新制度，适应了城镇化快速推进和城镇住房矛盾发展变化的需要。公共租赁住房建设起步虽然较晚，但发展迅速。近年来，公共租赁住房年开工量逐步增加并超过廉租住房年开工量，公共租赁住房逐步发展成为住房保障供应体系的主体。

3. 棚户区改造住房

棚户区改造住房是保障性安居工程建设的重要组成部分，也是重大民生工程和发展工程。棚户区分为城市及国有工矿（含煤矿）区、林区、垦区棚户区等类型。棚户区房屋建筑密度大、结构简陋、安全隐患多、使用功能不完善、基础设施不配套。棚户区居民多为低收入群体，很多还是国有企业老职工，曾为新中国完整独立工业体系建设和国民经济发展作出过重要贡献。棚户区住房改造制度主要是针对工矿（含煤矿）区、林区、垦区等住房困难家庭。

4. 经济适用房

经济适用房是指政府提供政策优惠，限定建设标准、供应对象和销售价格，具有保障性质的政策性商品住房。其保障性主要体现在：①销售对象严格限定为城镇中低收入者。②销售价格相对于普通商品住房有较大幅度降低。经济适用房制度是从计划经济向市场经济转轨时期的产物,曾为满足普通民众住房需求发挥了重要作用,后期由于自身制度设计缺陷等原因,受到各方面的质疑,甚至被要求淡出保障性住房体系。

《国务院关于解决城市低收入家庭住房困难的若干意见》(国发〔2007〕24号)发布后,经济适用房供应对象明确为城市低收入住房困难家庭,对建设标准、产权关系、上市交易作了严格限制,并与廉租住房保障对象衔接。政策调整后,经济适用房的保障性定位更加清晰。

5. 共有产权住房

发展共有产权住房,是深化住房供给侧结构性改革的重要举措,是完善住房供应结构、支持无房家庭解决住房刚需问题的长期制度安排。《2014年国务院政府工作报告》中首次明确提出共有产权住房。2014年4月初,北京、上海、深圳、成都、黄石、淮安6个城市被住房和城乡建设部明确列为全国共有产权住房试点城市。共有产权住房面向符合规定条件的住房困难群体供应,优先供应无房家庭,具体供应对象范围由当地人民政府确定。北京市《共有产权住房管理暂行办法》明确的保障对象是城镇户籍无房家庭及符合条件的新市民。上海市保障对象是城镇中低收入住房困难家庭。共有产权住房管理制度的核心,是建立完善的共有产权住房管理机制,包括配售定价、产权划分、使用管理、产权转让等规则,要确保共有产权住房"是用来住的、不是用来炒的"。同时,要明确相关主体在共有产权住房使用、维护等方面的权利和义务。

三、城镇个人住房消费制度

(一)个人住房贷款

1. 个人住房贷款种类

(1)根据贷款用途不同,个人住房贷款可分为个人购房贷款、个人自建住房贷款、个人大修住房贷款、个人租房贷款等。其中,个人购房贷款是最主要、最常见的贷款形式。根据购房类型不同,个人购房贷款又可分为个人购买新建商品住房贷款、个人购买二手住房贷款、个人购买经济适用住房贷款等。

(2)根据贷款资金来源不同,个人住房贷款可分为住房公积金贷款、商业性贷款和组合贷款。住房公积金贷款是用住房公积金发放的贷款,带有互助性质,其贷款利率比商业性贷款利率低。商业性贷款是贷款人以营利为目的的贷款。组合贷款是指借款人所需资金先尽量申请住房公积金贷款,不足部分申请商业性贷款,即贷款金额由住房公积金贷款和商业性贷款两部分组成。

(3)根据差别化住房信贷政策,个人住房贷款可分为首套住房贷款和非首套住房贷款。首套住房贷款的最低首付款比例较低,并享有贷款利率优惠政策。

(4)根据贷款偿还方式不同,个人住房贷款可分为一次性还本付息贷款和分期还款贷款。一次性还本付息贷款是指到期后一次性还清全部本金和利息的贷款,贷款期限在1年及以下的贷款通常采取这种还款方式。分期还款贷款要求分期(通常分月)偿还本金和利息,贷款期限在1年以上的贷款通常采用这种还款方式。个人购房贷款一般采取分期还款方式。分期还款方式又有等额本息还款、等额本金还款等多种方式。等额本息还款方式是指每期还款额都相同的还款方式。等额本金还款方式是指每期偿还的本金都相同的还款方式,它是将贷款金额(本金)在整个贷款期限内均分(等额本金),再加上期剩余本金的当期利息,形成一个当期还款额。

2. 个人住房贷款首付款及贷款金额计算

（1）首付款计算。个人住房贷款需要计算的首付款通常有两种：①购房人最少需要支付的首付款（简称最少首付款）；②购房人最多能够支付的首付款（简称最多首付款）。

1）最少首付款的计算。计算最少首付款，需要已知拟购住房总价和购房人最低首付款比例。其计算公式为：

$$最少首付款 = 住房总价 \times 最低首付款比例 = 住房面积 \times 单价 \times 最低首付款比例 \quad (2\text{–}1)$$

【例 2–1】 某套住房建筑面积为 125 m^2，单价为 8 000 元 /m^2，购房人最低首付比例为 30%。请计算该购房人最少首付款额度。

【解】

$$最少首付款 = 住房面积 \times 单价 \times 最低首付款比例 = 125 \times 0.8 \times 30\% = 30（万元）$$

2）最多首付款的计算。购房人打算购房后，通常会准备购房资金。考虑到购房时需要缴纳有关税费，购房预算资金不能全部用于首付款，需要从中预留一部分用于缴纳有关税费。因此，最多首付款等于购房预算资金减去购房税费预留款。

（2）贷款金额计算。

1）贷款金额的计算。购房总价款通常由两部分组成：一是首付款，二是贷款金额。贷款金额的计算公式为：

$$贷款金额 = 住房总价 - 首付款 \quad (2\text{–}2)$$

2）最少贷款金额的计算。计算公式为：

$$最少贷款金额 = 住房总价 - 最多首付款 \quad (2\text{–}3)$$

【例 2–2】 某套住房总价为 100 万元，购房人最多可支付的首付款为 40 万元。请计算该购房人的最少贷款金额。

【解】

$$最少贷款金额 = 住房总价 - 最多首付款 = 100 - 40 = 60（万元）$$

3）最多贷款金额的计算。最多贷款金额有两种：①购房人需要贷款额；②贷款机构最多借贷额。购房人需要的最多贷款金额计算公式为：

$$最多贷款金额 = 住房总价 - 最少首付款 = 住房总价 \times（1 - 最低首付款比例） \quad (2\text{–}4)$$

【例 2–3】 某套住房总价为 100 万元，购房人最低首付款比例为 30%。请计算该购房人最多贷款金额。

【解】

$$最多贷款金额 = 住房总价 - 最少首付款 = 100 - 100 \times 30\% = 70（万元）$$

（二）住房公积金贷款

住房公积金是指根据政府专门规定或法规要求，在职职工及其聘用单位各自按照规定比例缴存的归职工个人所有的具有保障性和互助性的一种长期住房储蓄金。我国住房公积金制度规定，国家机关、国有企业、城镇集体企业、外商投资企业、城镇私营企业及其他城镇企业、事业单位、民办非企业单位、社会团体等单位及其职工一律要每月按职工工资收入的一定比例提取公积金，并存入职工个人专门账户，归职工个人所有。在缴存期内职工可用住房公积金购买、建造住房，用于维修自己的住房，也可用于按照规定支付房租。住房公积金的本息结余，在职工离退休、彻底脱离单位（企业）、出国定居和死亡后等情况下可一次性支取。

1. 个人住房公积金贷款条件及适用范围

个人住房公积金贷款，也称委托行住房公积金贷款，是指贷款银行受住房公积金管理机构委托，以住房公积金为资金来源，向缴存住房公积金的职工发放的，定向用于购买、建造、翻建、大修自有住房的专项住房消费贷款。

（1）申请条件。申请个人住房公积金贷款应具备的基本条件有：①具有城镇常住户口或有效居留身份；②按时足额缴存住房公积金且具有个人住房公积金存款账户；③有稳定经济收入，信用良好，有偿还贷款本息的能力；④有合法有效的购买、大修住房的合同、协议及贷款银行要求提供的其他证明文件；⑤有当地住房公积金管理部门规定的最低额度以上的自筹资金。

（2）适用范围。个人住房公积金贷款的适用范围：①购买自住住房；②购买公有住房、集资建房或合作建房、经济适用房、商品住房、上市出售的已购公有住房和经济适用住房；③建造、翻建、大修自住房。

2. 个人住房公积金贷款特点

（1）互助性。个人住房公积金贷款的资金来源为单位和个人共同缴存的住房公积金。

（2）普遍性。只要是具有完全民事行为能力、正常缴存住房公积金的职工，都可以申请住房公积金贷款。

（3）利率低。个人住房公积金贷款利率低于同期商业性个人住房贷款利率。

（4）期限长。目前个人住房公积金贷款的最长期限为 30 年（贷款年限不得超过法定离退休年龄后 5 年）。

3. 个人住房公积金贷款与商业性个人住房贷款的区别

（1）贷款主体不同。个人住房公积金贷款主体是住房公积金管理机构。职工申请个人住房公积金贷款的，需要向住房公积金管理机构提出贷款申请，再由住房公积金管理机构委托受托银行发放个人住房公积金贷款。商业性个人住房贷款主体是各商业银行，借款人需直接向借贷的商业银行提出贷款申请，由银行对借款人的条件进行审核。

（2）贷款对象不同。商业性个人住房贷款的对象是经资信考察合格，具有还款能力的自然人。个人住房公积金贷款的对象除具备商业性个人住房贷款所要求的条件外，还必须是正常足额缴存公积金满一定年限的在职职工，或者是已缴存住房公积金的单位离退休职工。

（3）贷款资金来源不同。商业性个人住房贷款的资金来源是各商业银行的自营资金（居民或单位存款）。个人住房公积金贷款的资金来源是职工个人及其所在单位缴存的住房公积金。

（4）贷款利率不同。个人住房公积金贷款实行低存低贷原则。职工和单位缴存和申请住房公积金贷款时，实行低利率，其存贷利率比普通商业银行存贷利率低。

（5）贷款风险承担主体不同。商业性个人住房贷款风险由发放贷款的商业银行承担，个人住房公积金贷款风险由发放贷款的住房公积金管理机构承担。

（三）住房补贴

住房补贴是指国家行政机关、事业单位对无住房职工或住房面积未达到规定标准的职工发放的现金补贴。住房补贴标准由各地政府根据当地经济适用住房的平均价格、当地的平均工资及职工应享有的住房面积等具体因素而定。

1. 住房补贴资金来源

住房补贴资金来源主要有三类：一是国家下拨的建房资金；二是单位售房资金；三是单位多种渠道筹集的资金。

2. 住房补贴发放形式

发放住房补贴的基本形式有三种：一次性补贴、基本补贴加一次性补贴和按月补贴。

（1）一次性补贴。主要针对无房的老职工，在职工购房时一次性发放。

（2）基本补贴加一次性补贴。按一般职工住房面积标准，逐步发放基本补贴，各级干部与一般职工因住房补贴面积标准之差形成的差额，在购房时一次性发放。

（3）按月补贴。主要针对新职工，在住房补贴发放年限内，按月计发。

住房补贴由各地根据情况制定。一般对老职工和新职工采取不同的住房补贴发放方式。针对停止住房实物分配前参加工作的无房老职工及住房面积未达标的老职工，住房补贴分为一次性购房补贴、工龄补贴、按月补贴及租金补贴等，但各地补贴方式和补贴金额不一。有的地方按差额面积给予一次性住房补贴，有的地方既发放一次性补贴，也逐月发给补贴，还有的地方只按月发放补贴。

针对停止住房实物分配后的新职工，各地在住房补贴标准、发放方式等方面也有不同。有的地区按标准工资或工资总额的一定比例，按月发放住房补贴；有的地区按职级逐月发放定额补贴；有的地区按住房面积标准一次性发放定额补贴；有的地区通过提高住房公积金缴存比例来发放住房补贴。其中，多数城市仍然沿用停止住房实物分配初期的经济适用房价格测算的标准发放住房补贴，只有少数地区参照普通商品房价格进行了重新测算。

第三章　工程建设管理基本制度

项目法人责任制、工程监理制、招标投标制、合同管理制是我国工程建设管理的四项基本制度。这四项基本制度相互联系、密不可分，项目法人责任制是核心，工程监理制、招标投标制、合同管理制是实行项目法人责任制的重要基础。

第一节　项目法人责任制

为了建立投资约束机制，规范建设单位行为，国家要求政府投资的经营性项目实行项目法人责任制，由项目法人对项目的策划、资金筹措、建设实施、生产经营、债务偿还和资产的保值增值实行全过程负责。项目法人责任制的核心内容是明确由项目法人承担投资风险，项目法人要对工程建设及建成后的生产经营实行一条龙管理和全面负责。

一、项目法人设立及资本金制度

（一）项目法人设立

对于政府投资的经营性项目，在项目建议书被批准后，应由项目投资方派代表组成项目法人筹备组，具体负责项目法人筹建工作。有关单位在申报项目可行性研究报告时，须同时提出项目法人组建方案，否则，可行性研究报告不予审批。项目可行性研究报告被批准后，正式成立项目法人，确保资本金按时到位，并及时办理公司设立登记。项目公司可以是有限责任公司（包括国有独资公司），也可以是股份有限公司。

1. 有限责任公司

有限责任公司由 50 个以下股东出资设立，注册资本为在公司登记机关登记的全体股东认缴的出资额。股东以其认缴的出资额为限对公司承担责任，公司以其全部财产对公司的债务承担责任。有限责任公司的股东之间可以相互转让其全部或者部分股权。

有限责任公司股东会由全体股东组成。有限责任公司可设董事会，但股东人数较少或者规模较小的有限责任公司，可以设一名执行董事，不设董事会。

2. 国有独资公司

国有独资公司是指国家单独出资、由国务院或者地方人民政府授权本级人民政府国有资产监督管理机构履行出资人职责的有限责任公司。

国有独资公司不设股东会，由国有资产监督管理机构行使股东会职权。国有资产监督管理机构可以授权公司董事会行使股东会的部分职权，决定公司的重大事项，但公司的合并、分立、解散、增加或者减少注册资本和发行公司债券，必须由国有资产监督管理机构决定。

国有独资公司设董事会，董事会成员由国有资产监督管理机构委派。

3. 股份有限公司

股份有限公司的设立，可以采取发起设立或者募集设立的方式。设立股份有限公司，应当有 2 人以上 200 人以下为发起人，其中须有半数以上的发起人在中国境内有住所。

股份有限公司采取发起设立方式设立的，注册资本为在公司登记机关登记的全体发起人认购的股本总额。在发起人认购的股份缴足前，不得向他人募集股份。股份有限公司采取募集方式设立的，注册资本为在公司登记机关登记的实收股本总额。股份有限公司的股东以其认购的股份为限对公司承担责任，公司以其全部财产对公司的债务承担责任。

股份有限公司股东大会由全体股东组成，须按公司法要求设董事会。

（二）资本金制度

投资项目资本金是指在项目总投资中由投资者认缴的出资额。对投资项目而言，资本金是非债务性资金，同时也是债务融资的基础，项目法人不承担这部分资金的任何利息和债务。投资者可按其出资比例依法享有所有者权益，也可转让其出资，但不得以任何方式抽回。

为了建立投资风险约束机制，有效控制投资规模，国务院早在 1996 年就要求各种经营性固定资产投资项目试行资本金制度。

1. 项目资本金来源

项目资本金可用货币出资，也可用实物、工业产权、非专利技术、土地使用权作价出资。除国家对采用高新技术成果有特别规定之外，以工业产权、非专利技术作价出资的比例不得超过投资项目资本金总额的 20%。

投资者以货币方式认缴资本金的，其资金来源有以下四个方面。

（1）各级人民政府财政预算内资金、国家批准的各种专项建设基金、经营性基本建设基金回收的本息、土地批租收入、国有企业产权转让收入、地方人民政府按国家有关规定收取的各种规费及其他预算外资金。

（2）国家授权的投资机构及企业法人的所有者权益（包括资本金、资本公积金、盈余公积金和未分配利润、股票上市收益等）、企业折旧资金及投资者按照国家规定从资金市场上筹措的资金。

（3）社会个人合法所有的资金。

（4）国家规定的其他可用作投资项目资本金的资金。

2. 项目资本金比例

国务院自 1996 年明确固定资产投资项目资本金最低比例后，于 2009 年和 2015 年两次调整了固定资产投资项目资本金最低比例。为了更好地发挥投资项目资本金制度的作用，做到有保有控、区别对待，促进有效投资和风险防范紧密结合、协同推进，2019 年发布的《国务院关于加强固定资产投资项目资本金管理的通知》（国发〔2019〕26 号）中适当调整了基础设施项目最低资本金比例。目前，各类投资项目最低资本金比例见表 3-1。其中，公路（含政府收费公路）、铁路、城建、物流、生态环保、社会民生等领域的补短板基础设施项目，在投资回报机制明确、收益可靠、风险可控的前提下，可以适当降低项目最低资本金比例，但下调不得超过 5 个百分点。

表 3-1　各类投资项目最低资本金比例

序号	投资项目		最低资本金比例
1	城市和交通基础设施项目	城市轨道交通项目	20%
		港口、沿海及内河航运、机场项目	
		铁路、公路项目	
		机场项目	25%
2	房地产开发项目	保障性住房和普通商品住房项目	20%
		其他项目	25%

续表

序号	投资项目		最低资本金比例
3	产能过剩行业项目	钢铁、电解铝项目	40%
		水泥项目	35%
		煤炭、电石、铁合金、烧碱、焦炭、黄磷、多晶硅项目	30%
4	其他工业项目	玉米深加工项目	20%
		化肥（钾肥除外）项目	25%
		电力等其他项目	20%

作为计算资本金基数的总投资，是指投资项目固定资产投资与铺底流动资金之和，具体核定时以经批准的动态概算为依据。

国家鼓励依法依规筹措重大投资项目资本金。对基础设施领域和国家鼓励发展的行业，鼓励项目法人和项目投资方通过发行权益型、股权类金融工具，多渠道规范筹措投资项目资本金。通过发行金融工具等方式筹措的各类资金，按照国家统一的会计制度应当分类为权益工具的，可以认定为投资项目资本金，但不得超过资本金总额的50%。存在下列情形之一的，不得认定为投资项目资本金：①存在本息回购承诺、兜底保障等收益附加条件；②当期债务性资金偿还前，可以分红或取得收益；③在清算时受偿顺序优先于其他债务性资金。

地方各级政府及其有关部门可统筹使用本级预算资金、上级补助资金等各类财政资金筹集项目资本金，可按有关规定将政府专项债券作为符合条件的重大项目资本金。

二、项目法人职权

（一）项目董事会职权

项目董事会职权有：负责筹措建设资金；审核、上报项目初步设计和概算文件；审核、上报年度投资计划并落实年度资金；提出项目开工报告；研究解决建设过程中出现的重大问题；负责提出项目竣工验收申请报告；审定偿还债务计划和生产经营方针，并负责按时偿还债务；聘任或解聘项目总经理，并根据总经理的提名，聘任或解聘其他高级管理人员。

（二）项目总经理职权

项目总经理职权有：组织编制项目初步设计文件，对项目工艺流程、设备选型、建设标准、总图布置提出意见，提交董事会审查；组织工程设计、施工监理、施工队伍和设备材料采购的招标工作，编制和确定招标方案、标底和评标标准，评选和确定投标、中标单位；编制并组织实施项目年度投资计划、用款计划、建设进度计划；编制项目财务预算、决算；编制并组织实施归还贷款和其他债务计划；组织工程建设实施，负责控制工程投资、工期和质量；在项目建设过程中，在批准的概算范围内对单项工程的设计进行局部调整（凡引起生产性质、能力、产品品种和标准变化的设计调整以及概算调整，须经董事会决定并报原审批单位批准）；根据董事会授权处理项目实施中的重大紧急事件，并及时向董事会报告；负责生产准备工作和培训有关人员；负责组织项目试生产和单项工程预验收；拟订生产经营计划、企业内部机构设置、劳动定员定额方案及工资福利方案；组织项目后评价，提出项目后评价报告；按时向有关部门报送项目建设、生产信息和统计资料；提请董事会聘任或解聘项目高级管理人员。

第二节　工程监理制

《建筑法》规定，“国家推行建筑工程监理制度”。工程监理制度是我国参照国际惯例并结合中国国情建立的一项具有浓厚中国特色的工程建设管理基本制度。

一、工程监理的含义及性质

（一）工程监理的含义

工程监理是指工程监理单位受建设单位委托，根据法律法规、工程建设标准、勘察设计文件及合同，对工程施工质量、造价、进度进行控制，对合同、信息进行管理，对工程建设相关方关系进行协调，并履行建设工程安全生产管理法定职责的服务活动。也就是通常所说的“三控两管一协调”加“履行建设工程安全生产管理的法定职责”。

工程监理的行为主体是工程监理单位，既不同于政府主管部门的监督管理，也不同于总承包单位对分包单位的监督管理。工程监理的实施需要建设单位的委托和授权，只有在建设单位委托的前提下，工程监理单位才能根据相关法律法规、工程建设标准、勘察设计文件及合同实施监理。这里的合同是指工程承包合同、材料设备采购合同及工程监理合同等。

工程监理制度的实行，将原来工程施工阶段只有建设单位和承包单位的“二元”主体态势转变为建设单位、工程监理单位和承包单位三方协同工作的“三元”主体态势。

（二）工程监理的性质

工程监理的性质可概括为服务性、科学性、独立性和公平性。

1. 服务性

工程监理单位既不直接进行工程设计，也不直接进行工程施工；既不向建设单位承包工程造价，也不参与施工单位利益分成。在工程建设中，监理人员利用自己的知识、技能和经验、信息及必要的试验和检测手段，为建设单位提供管理和技术服务。

工程监理单位的服务对象是建设单位，既不能完全取代建设单位的管理活动，也不具有工程建设重大问题的决策权，只能在建设单位授权的范围内采用规划、控制、协调等方法，控制工程施工质量、造价和进度，协助建设单位在计划目标内完成工程建设任务。

2. 科学性

工程监理单位以协助建设单位实现其投资目的为己任，力求在计划目标内建成工程。由于工程规模日趋庞大，环境日益复杂，功能标准要求越来越高，新技术、新工艺、新材料、新设备不断涌现，参与工程建设的单位越来越多，工程风险日渐增加，工程监理单位只有采用科学的思想、理论、方法和手段，才能驾驭工程建设。

为体现工程监理的科学性，工程监理单位应当由组织管理能力强、工程建设经验丰富的人员担任领导；应当由足够数量、有丰富管理经验和较强应变能力的监理工程师组成骨干队伍；要有一套健全的管理制度；要掌握先进的管理理论、方法和手段；要积累足够的技术、经济资料和相关数据；要有科学的工作态度和严谨的工作作风，能够创造性地开展监理工作。

3. 独立性

工程监理单位应当根据建设单位的委托，客观、公平地执行监理任务。尽管工程监理单位是在建设单位委托授权的前提下实施监理，但其与建设单位之间的关系是基于工程监理合同而建立的，同时工程监理单位也不得与施工单位、材料设备供应单位有隶属关系和其他利害关系。

工程监理单位应当严格按照相关法律法规、工程建设标准、勘察设计文件、工程监理合同及其他建设工程合同等实施监理。在实施工程监理的过程中，必须建立自己的组织，按照自己的工作计划、程序、流程、方法和手段，根据自己的判断，独立地开展工作。

4. 公平性

公平性是社会公认的职业道德准则，同时也是工程监理行业能够长期生存和发展的基石。在实施工程监理过程中，工程监理单位应当排除各种干扰，客观、公平地对待建设单位和施工单位。特别是当建设单位与施工单位发生利益冲突或矛盾时，工程监理单位应当以事实为依据，以法律和相关合同为准绳，在维护建设单位合法权益的同时，也不能损害施工单位的合法权益。例如，在调解建设单位与施工单位之间的争议，处理费用索赔和工程延期，进行工程款支付控制及竣工结算时，应当客观、公平地对待建设单位和施工单位。

二、工程监理的范围及主要工作内容

（一）工程监理的范围

《建设工程质量管理条例》及相关文件明确规定，下列建设工程必须实行监理。

1. 国家重点建设工程

国家重点建设工程是指对国民经济和社会发展有重大影响的骨干项目，包括以下五类项目。

（1）基础设施、基础产业和支柱产业中的大型项目。

（2）高科技并能带动行业技术进步的项目。

（3）跨地区并对全国经济发展或者区域经济发展有重大影响的项目。

（4）对社会发展有重大影响的项目。

（5）其他骨干项目。

2. 大中型公用事业工程

大中型公用事业工程是指项目总投资额在 3 000 万元以上的工程，包括以下五类工程项目。

（1）供水、供电、供气、供热等市政工程项目。

（2）科技、教育、文化等项目。

（3）体育、旅游、商业等项目。

（4）卫生、社会福利等项目。

（5）其他公用事业项目。

3. 成片开发建设的住宅小区工程

成片开发建设的住宅小区工程是指建筑面积在 50 000 m^2 以上的住宅建设工程。50 000 m^2 以下的住宅建设工程也可以实行监理，具体范围和规模标准由省、自治区、直辖市人民政府建设行政主管部门规定。

为了保证住宅质量，高层住宅及地基、结构复杂的多层住宅应当实行监理。

4. 利用外国政府或者国际组织贷款、援助资金的工程

利用外国政府或者国际组织贷款、援助资金的工程包括以下三类项目。

（1）使用世界银行、亚洲开发银行等国际组织贷款资金的项目。

（2）使用国外政府及其机构贷款资金的项目。

（3）使用国际组织或者国外政府援助资金的项目。

5. 国家规定必须实行监理的其他工程

国家规定必须实行监理的其他工程项目有以下两种类型。

（1）项目总投资额在 3 000 万元以上，关系社会公共利益、公众安全的七类基础设施项目。

1）煤炭、石油、化工、天然气、电力、新能源等项目。

2）铁路、公路、管道、水运、民航及其他交通运输业等项目。

3）邮政、电信枢纽、通信、信息网络等项目。

4）防洪、灌溉、排涝、发电、引（供）水、滩涂治理、水资源保护、水土保持等水利建设项目。

5）道路、桥梁、地铁和轻轨交通、污水排放及处理、垃圾处理、地下管道、公共停车场等城市基础设施项目。

6）生态环境保护项目。

7）其他基础设施项目。

（2）学校、影剧院、体育场馆项目。

（二）工程监理的主要工作内容

工程监理主要是通过目标控制、合同管理、信息管理、组织协调和安全生产管理等手段，控制建设工程质量、造价和进度目标，并履行建设工程安全生产管理的法定职责。

1. 目标控制

任何工程都有质量、造价、进度三大目标，这三大目标构成了建设工程目标系统。工程监理单位受建设单位委托，控制工程项目三大目标，需要综合考虑这三大目标之间的相互关系，在分析论证基础上明确工程项目质量、造价、进度总目标；然后从不同角度将工程项目总目标分解成若干分目标、子目标及可执行目标，从而形成“自上而下层层展开、自下而上层层保证”的目标体系，并从组织、技术、经济、合同等多方面采取有效措施控制三大目标。

（1）工程项目目标控制任务。

1）工程质量控制的主要任务是通过对施工投入、施工和安装过程、施工产出品（分项工程、分部工程、单位工程、单项工程等）进行全过程控制，以及对施工单位及其人员资格、材料和设备、施工机械和机具、施工方案和方法、施工环境等实施全面控制，以期按标准实现预定施工质量目标。

2）工程造价控制的主要任务是通过工程计量、工程付款控制、工程变更费用控制、预防并处理好费用索赔、挖掘降低工程造价潜力等方式，使工程实际费用支出不超过计划投资额。

3）工程进度控制的主要任务是通过完善建设工程控制性进度计划、审查施工单位提交的进度计划、做好施工进度动态控制工作、协调各相关单位之间的关系、预防并处理好逾期索赔等方式，力求在实际施工进度中满足计划施工进度的要求。

需要说明的是，工程监理要达到的目的是“力求”实现项目目标。工程监理单位和监理工程师“将不是、也不能成为任何承包单位的工程承保人或保证人”。在市场经济条件下，工程勘察、设计、施工及材料设备供应单位作为建筑产品或服务的卖方，应当根据合同按规定的质量、费用和时间要求完成约定的工程勘察、设计、施工及材料设备供应任务。否则，将承担合同责任。违法违规的，将承担法律责任。工程监理单位作为建设单位委托的专业化单位，没有义务替其他工程参建各方承担责任。谁设计谁负责，谁施工谁负责，谁供应材料和设备谁负责。

当然，如果工程监理单位、监理工程师没有履行法律法规及工程监理合同中规定的监理职责和义务，将会承担相应的监理责任。

（2）工程项目目标控制措施。

1）组织措施。组织措施是实施其他各类措施的前提和保障，包括：建立健全实施动态控制的组织机构、规章制度和人员队伍，明确各级目标控制人员的任务和职责分工，改善工程项目目标控制的工作流程；建立工程项目目标控制工作考评机制，加强各单位（部门）之间的沟通协作；加强动态控制过程中的激励措施，调动和发挥员工实现工程项目目标的积极性和创造性等。

2）技术措施。为了工程项目目标实施得到有效控制，需要对多个建设方案、施工方案等进行可行性技术分析。因此，需要对各种技术数据进行审核、比较，对施工组织设计、施工方案等进行审查、论证等。此外，在整个建设工程项目实施过程中，需要采用工程网络计划技术、信息化技术等实施动态控制。

3）经济措施。控制工程项目造价目标，离不开经济措施。经济措施不仅包括审核工程量、工程款支付申请及工程结算报告，而且还包括编制和实施资金使用计划、对工程变更方案进行技术经济分析等。并且通过进行投资偏差分析和未完成工程投资预测，可以发现一些可能引起未完成工程投资增加的潜在问题，便于以主动控制为出发点，采取有效措施加以预防。

4）合同措施。加强合同管理是控制工程项目目标的重要措施，工程项目总目标及分目标将反映在建设单位与工程参建各方主体所签订的合同中。由此可见，通过选择合理的发承包模式与合同计价方式，选定满意的施工单位及材料设备供应单位，拟订完善的合同条款，并动态跟踪合同执行情况及处理好工程索赔等，是控制好工程项目目标的重要合同措施。

2. 合同管理

合同管理是在市场经济体制下组织工程项目实施的基本手段，也是项目监理机构控制工程质量、造价、进度三大目标的重要手段。完整的合同管理应当包括：招标策划与实施、合同计价方式及合同文本的选择、合同谈判及合同条件的确定、合同协议书的签署、合同的履行检查、合同的变更、违约及纠纷处理和合同订立和履行的总结评价等。根据《建设工程监理规范》（GB/T 50319—2013），项目监理机构在工程暂停及复工处理、工程变更处理、工程索赔处理及施工合同争议处理与解除等方面的职责如下。

（1）工程暂停及复工处理。项目监理机构发现下列五种情况之一时，总监理工程师应及时签发工程暂停令。

1）建设单位要求暂停施工且工程需要暂停施工的。

2）施工单位未经批准擅自施工或拒绝项目监理机构管理的。

3）施工单位未按审查通过的工程设计文件施工的。

4）施工单位违反工程建设强制性标准的。

5）施工存在重大质量、安全事故隐患或发生质量、安全事故的。

总监理工程师在签发工程暂停令时，可根据停工原因的影响范围和影响程度，确定停工范围。总监理工程师签发工程暂停令，应事先征得建设单位同意，在紧急情况下未能事先报告时，应在事后及时向建设单位作出书面报告。

当暂停施工原因消失、具备复工条件时，施工单位提出复工申请的，项目监理机构应审查施工单位报送的工程复工报审表及有关材料，符合要求后，总监理工程师应及时签署审查意见，并应报建设单位批准后签发工程复工令；施工单位未提出复工申请的，总监理工程师应根据工程实际情况指令施工单位恢复施工。

（2）工程变更处理。项目监理机构可按下列四项程序处理施工单位提出的工程变更。

1）总监理工程师组织专业监理工程师审查施工单位提出的工程变更申请，提出审查意见。对涉及工程设计文件修改的工程变更，应由建设单位转交原设计单位修改工程设计文件。必要时，项目监理机构应建议建设单位组织设计、施工等单位召开论证工程设计文件修改方案的专题会议。

2）总监理工程师组织专业监理工程师对工程变更费用及工期影响作出评估。

3）总监理工程师组织建设单位、施工单位等共同协商确定工程变更费用及工期变化，会签工程变更单。

4）项目监理机构根据批准的工程变更文件监督施工单位实施工程变更。项目监理机构可对建设单位要求的工程变更提出评估意见，并应督促施工单位按会签后的工程变更单组织施工。

（3）工程索赔处理。工程索赔包括：费用索赔处理和工程延期审批。项目监理机构应及时收集、整理有关工程费用、施工进度的原始资料，为处理工程索赔提供依据。项目监理机构应以法律法规、勘察设计文件、施工合同文件、工程建设标准、索赔事件的证据等为依据处理工程索赔。

1）费用索赔处理。项目监理机构应按《建设工程监理规范》规定的费用索赔处理程序和施工合同约定的时效期限处理施工单位提出的费用索赔。当施工单位的费用索赔要求与工程延期要求相关联时，项目监理机构可提出费用索赔和工程延期的综合处理意见，并应与建设单位和施工单位协商。

因施工单位原因造成建设单位损失，建设单位提出索赔时，项目监理机构应与建设单位和施工单位协商处理。

2）工程延期审批。项目监理机构应按《建设工程监理规范》规定的工程延期审批程序和施工合同约定的时效期限审批施工单位提出的工程延期申请。施工单位因工程延期提出费用索赔时，项目监理机构可按施工合同约定进行处理。

（4）施工合同争议处理与解除。

1）施工合同争议处理。项目监理机构应按《建设工程监理规范》规定的程序处理施工合同争议。在处理施工合同争议过程中，对未达到施工合同约定的暂停履行合同条件的，应要求施工合同双方继续履行合同。在施工合同争议的仲裁或诉讼过程中，项目监理机构应按仲裁机构或法院要求提供与争议有关的证据。

2）施工合同解除。①因建设单位原因导致施工合同解除时，项目监理机构应按施工合同约定，与建设单位和施工单位协商确定施工单位应得款项，并签发工程款支付证书。②因施工单位原因导致施工合同解除时，项目监理机构应按施工合同约定，确定施工单位应得款项或偿还建设单位的款项，与建设单位和施工单位协商后，书面提交施工单位应得款项或偿还建设单位款项的证明。③因非建设单位、施工单位原因导致施工合同解除时，项目监理机构应按施工合同约定处理合同解除后的有关事宜。

3. 信息管理

信息管理是工程监理的重要手段之一，及时掌握准确、完整的信息，可以使监理工程师

"心中有数",更加卓有成效地完成工程监理工作。信息管理工作的好坏,将直接影响工程监理工作的成败。

信息管理贯穿于工程建设全过程,其基本环节包括:信息收集、传递、加工、整理、分发、检索和存储等。随着工程建设规模的不断扩大,信息量的增加也是非常惊人的。依靠传统的手工处理方式已难以适应工程建设管理需求。信息管理平台已成为建设工程管理的基本手段。工程监理单位及项目监理机构应开发和应用信息管理平台实施建设工程信息管理,特别是以建筑信息模型(Building Information Modeling, BIM)技术为代表的信息技术的迅猛发展和广泛应用,为实现工程监理信息化、数字化提供了强大的技术支撑。

4. 组织协调

工程项目目标的实现,需要监理工程师有扎实的专业知识和对工程监理程序的有效执行。此外,还需要监理工程师有较强的组织协调能力。通过组织协调,能够使建设单位及工程参建各方有机配合、协同一致,促进工程项目目标的实现。

从系统工程角度看,监理工程师组织协调内容可分为系统内部(项目监理机构)协调和系统外部协调两大类,系统外部协调又分为系统近外层协调和系统远外层协调。近外层和远外层的主要区别是:建设单位与近外层关联单位之间有合同关系,与远外层关联单位之间没有合同关系。

监理工程师可采用以下方法进行组织协调:

(1)会议协调法。会议协调法是工程监理中最常用的一种协调方法,包括第一次工地会议、监理例会、专题会议等。

(2)交谈协调法。在工程监理实践中,并不是所有问题都需要开会来解决的,有时可采用"交谈"的方法进行协调。交谈包括面对面交谈、电话和微信等形式。

(3)书面协调法。当会议或者交谈不方便或不需要时,或者需要精确地表达自己的意见时,就会采用书面协调法。书面协调法一般常用于以下三个方面:①不需要双方直接交流的书面报告、报表、指令和通知等;②需要以书面形式向各方提供详细信息和情况通报的报告、信函和备忘录等;③事后对会议记录、交谈内容或口头指令的书面确认。

总之,组织协调是一门管理艺术和技巧,监理工程师尤其是总监理工程师需要掌握领导科学、心理学、行为科学等方面的知识和技能,例如:激励、交际、表扬和批评艺术,开会艺术,谈话艺术,谈判技巧等。只有这样,监理工程师才能进行高效的组织协调。

5. 安全生产管理

《建设工程监理规范》明确规定,项目监理机构应根据法律法规、工程建设强制性标准,履行建设工程安全生产管理的监理职责,并应将安全生产管理的监理工作内容、方法和措施纳入监理规划及监理实施细则。项目监理机构在建设工程安全生产管理方面的主要工作内容有以下四个方面。

(1)审查施工单位安全生产管理体系。项目监理机构应审查施工单位现场安全生产规章制度的建立和实施情况;审查施工单位安全生产许可证的符合性和有效性;审查施工单位项目经理、专职安全生产管理人员和特种作业人员的资格;核查施工机械和设施的安全许可验收手续。

施工单位在使用施工起重机械和整体提升脚手架、模板等自升式架设设施前,应当组织有关单位进行验收,也可以委托具有相应资质的检验检测机构进行验收;使用承租的机械设备和施工机具及配件的,由施工总承包单位、分包单位、出租单位和安装单位共同进行验收,验收合格方可使用。

（2）审查专项施工方案。项目监理机构应审查施工单位报审的专项施工方案，符合要求的，应由总监理工程师签字确认后报建设单位。超过一定规模的危险性较大的分部分项工程的专项施工方案，应检查施工单位组织专家进行论证、审查的情况，以及是否附具安全验算结果。

（3）监督专项施工方案实施。项目监理机构应要求施工单位按已批准的专项施工方案组织施工。专项施工方案需要调整时，施工单位应按程序重新提交项目监理机构审查。

项目监理机构应巡视检查危险性较大的分部分项工程专项施工方案实施情况。发现未按专项施工方案实施时，应签发监理通知单，要求施工单位按专项施工方案实施。

（4）处理安全事故隐患。项目监理机构在实施监理过程中，发现工程存在安全事故隐患时，应签发监理通知单，要求施工单位整改；情况严重时，应签发工程暂停令，并应及时报告建设单位。施工单位拒不整改或不停止施工时，项目监理机构应及时向有关主管部门报送监理报告。

紧急情况下，项目监理机构可通过电话、传真或者电子邮件向有关主管部门及时报告，事后应向有关部门报送监理报告。

第三节　招标投标制

招标投标是在市场经济条件下进行工程发包与承包、材料设备买卖及咨询服务采购与提供所采用的一种交易方式。通常情况下，招标方通过发布招标公告或发出投标邀请函方式提出招标采购条件，投标方通过递交投标文件参加投标竞标。招标方通过组织专家进行评标，从中择优选定中标者，并与中标者签订合同。招标投标的最终结果通常是签订合同，从而在招标方与投标方之间建立合同关系。

一、工程招标范围及方式

（一）工程招标范围

1.《招标投标法》规定的招标范围

《招标投标法》明确规定，下列三类工程项目的勘察、设计、施工、监理以及与工程建设有关的重要设备、材料等的采购，必须进行招标。

（1）大型基础设施、公用事业等关系社会公共利益、公众安全的项目。

（2）全部或者部分使用国有资金投资或者国家融资的项目。

（3）使用国际组织或者外国政府投资贷款、援助资金的项目。

2. 必须招标的工程范围

国家发展改革委相关文件明确了必须招标的工程范围。

（1）必须招标的工程项目。根据《必须招标的工程项目规定》（国家发展改革委令第 16 号），下列两类工程必须招标。

1）全部或者部分使用国有资金投资或者国家融资的项目。包括：

①使用预算资金 200 万元人民币以上，并且该资金占投资额 10% 以上的项目。这里的“预算资金”，是指《预算法》规定的预算资金，包括一般公共预算资金、政府性基金预算资金、国有资本经营预算资金、社会保险基金预算资金。

②使用国有企业事业单位资金，且该资金占控股或者主导地位的项目。这里的“占控股

或者主导地位”，参照《公司法》关于控股股东和实际控制人的理解执行，即“其出资额占有限责任公司资本总额 50% 以上或者其持有的股份占股份有限公司股本总额 50% 以上的股东；出资额或者持有股份的比例虽然不足 50%，但依其出资额或者持有的股份所享有的表决权已足以对股东会、股东大会的决议产生重大影响的股东”；国有企业事业单位通过投资关系、协议或者其他安排，能够实际支配项目建设的，也属于占控股或者主导地位。

2）使用国际组织或者外国政府贷款、援助资金的项目。包括：

①使用世界银行、亚洲开发银行等国际组织贷款、援助资金的项目；

②使用外国政府及其机构贷款、援助资金的项目。

（2）必须招标的基础设施和公用事业项目。根据《必须招标的基础设施和公用事业项目范围规定》（发改法规规〔2018〕843 号），不属于《必须招标的工程项目规定》情形的大型基础设施、公用事业等关系社会公共利益、公众安全的项目，必须招标的具体范围包括：

1）煤炭、石油、天然气、电力、新能源等能源基础设施项目；

2）铁路、公路、管道、水运，以及公共航空和 A1 级通用机场等交通运输基础设施项目；

3）电信枢纽、通信信息网络等通信基础设施项目；

4）防洪、灌溉、排涝、引（供）水等水利基础设施项目；

5）城市轨道交通等城建项目。

（3）必须招标的单项合同估算价标准。根据《必须招标的工程项目规定》，对于上述规定范围内的项目，其勘察、设计、施工、监理以及与工程建设有关的重要设备、材料等的采购达到下列标准之一的，必须进行招标：

1）施工单项合同估算价在 400 万元人民币以上；

2）重要设备、材料等货物的采购，单项合同估算价在 200 万元人民币以上；

3）勘察、设计、监理等服务的采购，单项合同估算价在 100 万元人民币以上。

同一项目中可以合并进行的勘察、设计、施工、监理以及与工程建设有关的重要设备、材料等的采购，合同估算价合计达到上述规定标准的，必须进行招标。

（4）必须招标的工程总承包项目。发包人依法对工程以及与工程建设有关的货物、服务全部或者部分实行总承包发包的，总承包中施工、货物、服务等各部分的估算价中，只要有一项达到相应标准，即：施工部分估算价达到 400 万元以上，或者货物部分达到 200 万元以上，或者服务部分达到 100 万元以上，则整个总承包发包应当招标。

3. 可以不进行招标的情形

《招标投标法》规定，涉及国家安全、国家秘密、抢险救灾或者属于利用扶贫资金实行以工代赈、需要使用农民工等特殊情况，不适宜进行招标的项目，按照国家有关规定可以不进行招标。

《招标投标法实施条例》进一步明确，有下列五种情形之一的，可以不进行招标。

（1）需要采用不可替代的专利或者专有技术。

（2）采购人依法能够自行建设、生产或者提供。

（3）已通过招标方式选定的特许经营项目投资人依法能够自行建设、生产或者提供。

（4）需要向原中标人采购工程、货物或者服务，否则将影响施工或者功能配套要求。

（5）国家规定的其他特殊情形。

（二）工程招标方式

根据《招标投标法》规定，工程招标有公开招标和邀请招标两种方式。

1. 公开招标

公开招标又称无限竞争性招标，是指招标单位以招标公告方式邀请非特定法人或者其他组织投标。即招标单位按照法定程序，在国内外公开出版的报刊或通过广播、电视、网络等公共媒体发布招标公告，凡有兴趣并符合招标公告要求的承包单位、供应单位或咨询单位，不受地域、行业和数量的限制均可以申请投标，经过资格审查合格后，按规定时间参加投标竞标。

公开招标的优点是：招标单位可在较大范围内选择承包单位、供应单位或咨询单位，投标竞争激烈，择优率更高，有利于招标单位将工程项目交给可靠的承包单位、供应单位或咨询单位实施，并获得有竞争性的商业报价。同时，也可在较大程度上避免招标活动中的贿标行为。公开招标的缺点是：准备招标、投标对申请者进行资格预审以及评标的工作量大，招标、投标时间长、费用高。此外，参加竞争的投标者越多，每个参加者中标的机会就越小，风险就越大，损失的费用也就越多，而这种费用的损失必然反映在标价上，最终会由招标单位来承担。

2. 邀请招标

邀请招标又称有限竞争性招标，是指招标单位以投标邀请书的形式邀请特定的法人或者其他组织投标。招标单位向预先确定的若干家承包单位、供应单位或咨询单位发出投标邀请函，并就招标工程的内容、工作范围和实施条件等作出简要说明。被邀请单位同意参加投标后，从招标单位获取招标文件，并在规定时间内投标报价。

采用邀请招标方式时，邀请对象应以 5 ～ 10 家为宜，但不应少于 3 家，否则就失去了竞争意义。与公开招标相比，邀请招标的优点是不发招标公告，不进行资格预审，可简化招标程序，节约招标费用，缩短招标时间。而且，由于招标单位对投标单位以往的业绩和履约能力比较了解，从而可减少合同履行过程中承包单位、供应单位或咨询单位违约的风险。邀请招标虽然不履行资格预审程序，但为了体现公平竞争和便于招标单位对各投标单位的综合能力进行比较，仍要求投标单位按招标文件有关要求，在投标书中报送有关资格审查材料，在评标时以资格后审的形式作为评审内容之一。

邀请招标的缺点是：由于投标竞争的激烈程度相对较差，有可能会提高中标的合同价；也有可能会排除某些在技术上或报价上有竞争力的承包单位、供应单位或咨询单位参与投标。与公开招标相比，邀请招标耗时短、花费少，对于采购标的较小的招标来说，采用邀请招标比较有利。此外，有些工程项目专业性强，有资格承接的潜在投标单位较少，或者需要在短时间内完成投标任务等，也不宜采用公开招标方式，而应采用邀请招标方式。因此，《招标投标法》规定，国有资金占控股或者主导地位的依法必须进行招标的项目，应当公开招标；但有下列两种情形之一的，可以采用邀请招标。

（1）技术复杂、有特殊要求或者受自然环境限制，只有少量潜在投标人可供选择。

（2）采用公开招标方式的费用占项目合同金额的比例过大。

二、工程招标投标程序

公开招标与邀请招标的程序有一定的差异，主要体现在两方面：一是使承包单位获得招标信息的方式不同；二是对投标单位资格审查的方式不同。但两种招标方式均要通过招标准备、招标过程、决标成交三个阶段。工程施工招标投标程序及各阶段工作内容见表 3–2。

表 3-2　　工程施工招标投标程序及各阶段工作内容

阶段	主要工作步骤	主要工作内容	
		招标人	投标人
招标准备	申请批准、核准招标	将施工招标范围、招标方式、招标组织形式报项目审批、核准部门审批、核准	①进行市场调研 ②组成投标小组 ③收集招标信息 ④准备投标资料
	组建招标机构	自行建立招标组织或委托招标代理机构	
	策划招标方案	划分施工标段、选择合同类型	
	招标公告或投标邀请	发布招标公告或发出投标邀请函	
	编制标底或招标控制价	编制标底或招标控制价，必要时报有关部门审批	
	准备招标文件	编制资格预审文件和招标文件	
招标过程	发售资格预审文件	发售资格预审文件	①索购资格预审文件 ②填报资格预审材料
	进行资格预审	①分析资格预审材料 ②确定合格投标单位名单 ③发出资格预审结果通知	接收资格预审结果通知
	发售招标文件	发售招标文件	①购买招标文件 ②分析招标文件
	组织踏勘现场和标前会议	组织踏勘现场和标前会议，进行招标文件的澄清和补遗	参加踏勘现场和标前会议，对招标文件提出质疑
	递交和接收投标文件	接收投标文件（包括投标保函）	①编制投标文件 ②递交投标文件（包括投标保函）
决标成交	开标	组织开标会议	参加开标会议
	评标	①初步评审投标文件 ②详细评审投标文件 ③必要时组织投标单位答辩 ④编写评标报告	①按要求进行答辩 ②按要求提供证明材料
	授标	①发出中标通知书（退回未中标者投标保函） ②组织合同谈判 ③签订合同	①接收中标通知书 ②参加合同谈判 ③提交履约保函 ④签订合同

第四节　合同管理制

建设工程是一个极为复杂的社会生产过程，由于现代社会化大生产和专业化分工，许多单位参与到工程建设中，而各类合同则是维系这些参与单位之间关系的纽带。

一、建设工程合同的类型

在建设工程合同体系中，建设单位和承包单位是两个最主要的节点。以建设单位和承包单位为中心的合同有多种类型。

1. 建设单位的主要合同关系

建设单位为了实现工程项目总目标，可以通过签订合同将工程项目策划决策与实施过程中有关活动委托给相应专业单位，如勘察设计单位、承包单位、材料设备供应单位、工程咨询监理及项目管理单位等。

（1）工程勘察设计合同。工程勘察设计合同是指建设单位与工程勘察设计单位为完成工程勘察设计任务，明确双方义务和责任的协议。

（2）工程承包合同。工程项目发承包模式不同，决定了工程承包合同有不同的类别。建设单位通常签订的工程承包合同有以下两类。

1）工程总承包合同。工程总承包合同是指建设单位将工程项目设计、材料设备采购、施工任务全部发包给一家承包单位而签订的协议。工程总承包合同有 DB（Design–Build）合同和 EPC（Engineering–Procurement–Construction）合同两种代表性合同。

2）工程施工合同。工程施工合同是指建设单位将工程项目施工任务发包给一家或多家承包单位而签订的协议。根据承包工作范围不同，工程施工合同又可分为施工总承包合同和专业工程承包合同。①施工总承包合同。施工总承包合同是指建设单位将工程项目施工任务全部发包给一家承包单位而签订的协议。②专业工程承包合同。专业工程承包合同是指建设单位将工程项目中各单项工程或单位工程（如土建工程施工与机电设备安装）及专业性较强的特殊工程（如桩基础工程、管道工程等）分别发包给不同承包单位而签订的协议。

（3）材料设备采购合同。对于建设单位负责采购的材料设备，建设单位需要与材料设备供应单位签订采购合同。

（4）工程咨询监理或项目管理合同。建设单位委托相关单位进行工程项目可行性研究、技术咨询、造价咨询、招标代理、项目管理、工程监理等，需要与相关单位签订工程咨询监理或项目管理合同。

（5）贷款合同。贷款合同是指建设单位与金融机构签订的贷款协议。

（6）其他合同。如建设单位与保险公司签订的工程保险合同等。

建设单位的主要合同关系如图 3–1 所示。

2. 承包单位的主要合同关系

承包单位作为工程承包合同的履行者，也可通过签订合同将工程承包合同中所确定的工程设计、施工、材料设备采购等部分任务委托给其他相关单位来完成。

（1）工程分包合同。工程分包合同是指承包单位为将工程承包合同中某些专业工程施工交由另一承包单位（分包单位）完成而与其签订的合同。分包单位仅对承包单位负责，与建设单位没有合同关系。

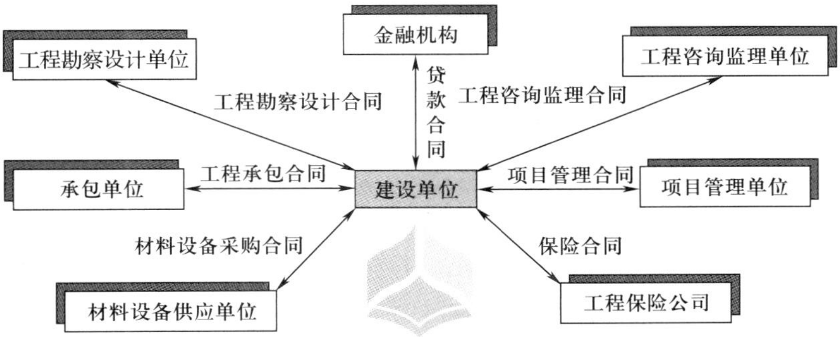

图 3-1　建设单位的主要合同关系

（2）劳务分包合同。劳务分包合同是指承包单位与劳务供应单位签订的合同。

（3）材料设备采购合同。承包单位为获得工程所必需的材料设备，与材料设备供应单位签订的采购合同。

（4）运输合同。运输合同是指承包单位为解决所采购材料设备的运输问题而与运输单位签订的合同。

（5）加工合同。承包单位将建筑构配件、特殊构件的加工任务委托给加工单位时，需要与其签订加工合同。

（6）租赁合同。承包单位在工程施工中所使用的机具设备等需从租赁单位获得时，需要与租赁单位签订租赁合同。

（7）保险合同。承包单位按照法律法规及工程承包合同要求进行投保时，需要与工程保险公司签订保险合同。

承包单位的主要合同关系如图 3-2 所示。

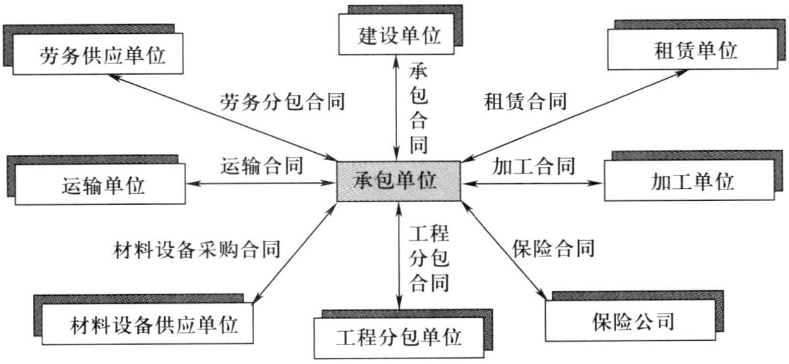

图 3-2　承包单位的主要合同关系

二、工程勘察设计合同的主要内容

工程勘察设计合同应采用书面形式约定合同双方义务和违约责任，且通常会参照国家推荐使用的示范文本。根据工程勘察设计合同，勘察人、设计人应分别完成建设单位委托的工程勘察、设计任务；建设单位作为发包人，应为勘察人、设计人提供相关资料和必要的工作条件，并支付相应报酬。

（一）工程勘察合同的主要内容

1. 工程勘察合同的组成

根据住房和城乡建设部等发布的《建设工程勘察合同（示范文本）》（GF-2016-0203），工程勘察合同由合同协议书、通用合同条款和专用合同条款三部分组成。

（1）合同协议书。合同协议书主要内容包括：工程概况、勘察范围和阶段、技术要求及工作量、合同工期、质量标准、合同价款、合同文件构成、承诺、词语定义、签订时间、签订地点、合同生效和合同份数等内容。

（2）通用合同条款。通用合同条款包括：一般约定、发包人、勘察人、工期、成果资料、后期服务、合同价款与支付、变更与调整、知识产权、不可抗力、合同生效与终止、合同解除、责任与保险、违约、索赔、争议解决及补充条款等共计 17 条。

（3）专用合同条款。专用合同条款是对通用合同条款细化、完善、补充、修改或另行约定的条款。

组成合同的各项文件应能相互解释，互为说明。除专用合同条款另有约定外，合同文件的优先解释顺序如下：①合同协议书；②专用合同条款及其附件；③通用合同条款；④中标通知书（如果有）；⑤投标文件及其附件（如果有）；⑥技术标准和要求；⑦图纸；⑧其他合同文件。上述合同文件包括合同当事人就该项合同文件所作出的补充和修改，属于同一类内容的文件，应以最新签署的为准。

2. 工程勘察合同双方的义务和责任

（1）发包人义务。发包人应负责提供资料或文件、技术要求、期限，以及合同中规定的共同协作应承担的有关准备工作和其他服务项目。

1）应以书面形式向勘察人明确勘察任务及技术要求，提供工程勘察作业所需的批准及许可文件，提供开展工程勘察工作所需要的图纸及技术资料，包括总平面图、地形图、已有水准点和坐标控制点等。若上述资料是由勘察人负责收集的，则发包人应承担相应费用。

2）应为勘察人提供具备条件的作业场地及进场通道（包括土地征用、障碍物清除、场地平整、提供水电接口和青苗赔偿等），并承担相应费用。

3）应为勘察人提供作业场地内地下埋藏物（包括地下管线、地下构筑物等）的资料、图纸，没有资料、图纸的地区，发包人应委托专业机构查清地下埋藏物。若因发包人未提供上述资料、图纸，或提供的资料、图纸不实，致使勘察人在工程勘察工作过程中发生人身伤害或造成经济损失的，由发包人承担赔偿责任。

4）应按照法律法规规定为勘察人安全生产提供条件并支付安全生产防护费用，发包人不得要求勘察人违反安全生产管理规定进行作业。若勘察现场需要看守，特别是在有毒、有害等危险现场作业的，发包人应派人负责安全保卫工作，同时，按照国家有关规定，对从事危险作业的现场人员提供保健防护措施，并承担相应费用。发包人对安全文明施工有特殊要求的，应在专用合同条款中另行约定。

5）应对勘察人满足质量标准的已完成工作，按照合同约定及时支付相应的工程勘察合同价款及费用。

（2）勘察人义务。勘察人应履行合同约定的勘察义务，具体包括以下四个方面。

1）应按勘察任务书和技术要求并依据有关技术标准进行工程勘察工作。开展工程勘察活动时，应遵守有关职业健康及安全生产方面的各项法律法规，采取安全防护措施，确保人员、设备和设施安全。

2）应建立质量保证体系，按合同约定的时间提交质量合格的成果资料，并对其质量负责。在提交成果资料后，应为发包人继续提供后期服务。

3）应在勘察方案中列明环境保护的具体措施，并在合同履行期间采取合理措施保护作业现场环境。在工程勘察期间发现地下文物时，应及时向发包人和文物主管部门报告并妥善保护。

4）在燃气管道、热力管道、动力设备、输水管道、输电线路、临街交通要道及地下通道（地下隧道）附近等风险性较大的地点，以及在易燃易爆地段及放射、有毒环境中进行工程勘察作业时，应编制安全防护方案并制定应急预案。

（3）违约责任。合同双方应为各自的违约行为承担相应责任。

1）发包人违约。发包人在合同履行中发生下列情形之一的，属发包人违约：①未按合同约定支付勘察费用；②因自身原因造成勘察停止；③无法履行或停止履行合同；④不履行合同约定的其他义务。

合同生效后，发包人无故要求终止或解除合同，勘察人未开始勘察工作的，不退还发包人已付的定金或发包人按照专用合同条款约定向勘察人支付的违约金。勘察人已开始勘察工作的，若完成计划工作量不足 50% 的，发包人应支付勘察人合同价款的 50%；完成计划工作量超过 50% 的，发包人应支付勘察人合同价款的 100%。发包人发生其他违约情形时，发包人应承担由此增加的费用和工期延误损失，并给予勘察人合理赔偿，双方可在专用合同条款内约定发包人赔偿勘察人损失的计算方法或者发包人应支付违约金的数额或计算方法。

2）勘察人违约。勘察人在合同履行中发生下列情形之一的，属勘察人违约：①勘察文件不符合法律及合同约定；②转包、违法分包或者未经发包人同意擅自分包勘察任务；③未按合同计划完成勘察，从而造成工程损失；④无法履行或停止履行合同；⑤不履行合同约定的其他义务。

合同生效后，勘察人因自身原因要求终止或解除合同的，应双倍返还发包人已支付的定金，或按照专用合同条款约定的向发包人支付违约金。因勘察人原因造成工期延误的，应按专用合同条款约定向发包人支付违约金。因勘察人原因造成成果资料质量未达到合同约定的质量标准，勘察人应负责无偿给予补充完善，使其达到质量合格。因勘察人原因导致工程质量安全事故或其他事故时，勘察人除负责采取补救措施外，应通过所投工程勘察责任保险向发包人承担赔偿责任，或根据直接经济损失程度按专用合同条款约定向发包人支付赔偿金。勘察人发生其他违约情形时，勘察人应承担违约责任并赔偿因其违约给发包人造成的损失，双方可在专用合同条款内约定勘察人赔偿发包人损失的计算方法和赔偿金额。

（二）工程设计合同的主要内容

1. 工程设计合同的组成

根据住房和城乡建设部等发布的《建设工程设计合同示范文本（专业建设工程）》（GF-2015-0210）和《建设工程设计合同示范文本（房屋建筑工程）》（GF-2015-0209），工程设计合同由合同协议书、通用合同条款和专用合同条款三部分组成。

（1）合同协议书。合同协议书主要内容包括：工程概况，工程设计范围、阶段与服务内容，工程设计周期，合同价格形式与签约合同价，发包人代表与设计人项目负责人，合同文件构成，承诺，词语定义，签订地点，补充协议，合同生效和合同份数等内容。

（2）通用合同条款。通用合同条款具体包括：一般约定、发包人、设计人、工程设计资料、工程设计要求、工程设计进度与周期、工程设计文件交付、工程设计文件审查、施工现场配合服务、合同价款与支付、工程设计变更与索赔、专业责任与保险、知识产权、违约责任、不可抗力、合同解除和争议解决共计 17 条。

（3）专用合同条款。专用合同条款是对通用合同条款细化、完善、补充、修改或另行约定的条款。

组成合同的各项文件应能相互解释，互为说明。除专用合同条款另有约定外，解释合同文件的优先顺序如下：①合同协议书；②专用合同条款及其附件；③通用合同条款；④中标通知书（如果有）；⑤投标函及其附录（如果有）；⑥发包人要求；⑦技术标准；⑧发包人提供的上一阶段图纸（如果有）；⑨其他合同文件。上述各项合同文件包括合同当事人就该项合同文件所作出的补充和修改，属于同一类内容的文件，应以最新签署的为准。

2. 工程设计合同双方的义务和责任

（1）发包人义务。

1）委托初步设计的，在初步设计前，发包人在规定的日期内应向承包人提供经过批准的设计任务书（或可行性研究报告），选择建设地址的报告，原料（或经过批准的资源收支）、燃料、供水、供电、运输等方面的协议文件和能满足初步设计要求的勘察资料，以及需要经过科研取得的技术资料等。超过规定期限时，设计人有权重新确定提交设计文件的时间。

2）委托施工图设计的，在施工图设计前，发包人应在规定日期内提供经过批准的初步设计文件和能满足施工图设计要求的勘察资料、施工条件，以及有关设备的技术资料等。

3）发包人变更委托设计项目、规模、条件，或因提交的资料错误，或对所提交的资料作出较大修改，以致造成设计人的设计文件需要返工时，双方除需另行协商签订补充协议（或另订合同）、重新明确有关条款外，发包人还应按设计人所耗工作量向设计人增付设计费。

4）发包人应保护设计人的投标书、设计方案、文件、资料图纸、数据、计算软件和专利技术。未经设计人同意，发包人对设计人交付的设计资料及文件不得擅自修改、复制，或向第三人转让，或用于本合同以外的项目。如发生以上情况，发包人应负法律责任，设计人有权向发包人提出索赔。

（2）设计人义务。

1）设计人应根据已批准的设计任务书（或可行性研究报告）或之前阶段设计的批准文件，以及有关设计的经济技术文件、设计标准、技术规范、规程、定额等提出勘察技术要求，并进行设计，按合同规定的进度和质量提交设计文件（包括概预算文件、材料设备清单等），并对其负责。

2）初步设计经上级主管部门审查后，在原定任务书范围内的必须修改，由设计人负责。如果原定任务书因有重大变更而重做或修改设计时，须具有审批机关或设计任务书批准机关的议定书，经双方协商后另签订合同。

3）设计人应配合所承担设计任务的建设项目施工，施工前进行设计技术交底，解决工程施工过程中有关设计的问题，负责设计变更和修改预算，参加试车考核及工程竣工验收。对于复杂工程应派现场设计代表，参加隐蔽工程验收。

4）设计人交付设计文件后，按规定参加有关上级的设计审查，并根据审查结论负责对不超出原定范围的内容做必要调整补充。设计人按合同规定时限交付设计文件一年内项目开始施工的，设计人负责向发包人及施工单位进行设计交底、处理有关设计问题和参加竣工验收。若在一年内项目尚未开始施工的，设计人仍需负责上述工作，可按所需工作量向发包人适当收取咨询服务费，收费额由双方商定。

（3）违约责任。合同双方应为各自违约行为承担相应责任。

1）发包人违约。发包人在合同履行中发生下列情形之一的，属发包人违约：①未按合同约定支付设计费用；②因自身原因造成设计停止；③无法履行或停止履行合同；④不履行合同约定的其他义务。

合同生效后，发包人因非设计人原因要求终止或解除合同，设计人未开始设计工作的，不退还发包人已付的定金或发包人按照专用合同条款的约定向设计人支付违约金。已开始设计工作的，发包人应按照设计人已完成的实际工作量计算设计费：完成工作量不足一半时，按该阶段设计费的一半支付设计费；完成工作量超过一半时，按该阶段设计费的全部支付设计费。发包人未按合同约定的金额和期限向设计人支付设计费的，应按专用合同条款约定向设计人支付违约金。逾期超过15日时，设计人有权书面通知发包人中止设计工作。自中止设计工作之日起15日内发包人支付相应费用的，设计人应及时根据发包人要求恢复设计工作；自中止设计工作之日起超过15日后发包人支付相应费用的，设计人有权确定重新恢复设计工作的时间，且设计周期相应延长。发包人的上级或设计审批部门对设计文件不进行审批或本合同工程停建、缓建，发包人应在事件发生之日起15日内按合同约定向设计人结算并支付设计费。发包人擅自将设计人的设计文件用于本工程以外的其他工程或交第三方使用时，应承担相应法律责任，并应赔偿设计人因此遭受的损失。

2）设计人违约。设计人在合同履行中发生下列情形之一的，属设计人违约：①设计文件不符合法律及合同约定；②转包、违法分包或者未经发包人同意擅自分包设计任务；③未按合同计划完成设计，从而造成工程损失；④无法履行或停止履行合同；⑤不履行合同约定的其他义务。

合同生效后，设计人因自身原因要求终止或解除合同的，应按发包人已支付的定金金额双倍返还给发包人或按照专用合同条款的约定向发包人支付违约金。由于设计人原因，未按合同约定的时间交付工程设计文件的，应按专用合同条款的约定向发包人支付违约金，前述违约金经双方确认后可在发包人应付设计费中扣减。设计人对工程设计文件出现的遗漏或错误负责修改或补充。由于设计人原因产生的设计问题造成工程质量事故或其他事故时，设计人除负责采取补救措施外，应当通过所投的建设工程设计责任保险向发包人承担赔偿责任或者根据直接经济损失程度按专用合同条款约定向发包人支付赔偿金。设计人未经发包人同意擅自对工程设计进行分包的，发包人有权要求设计人解除未经发包人同意的设计分包合同，设计人应当按照专用合同条款的约定承担违约责任。

三、工程施工合同的主要内容

（一）工程施工合同的组成

根据住房和城乡建设部等发布的《建设工程施工合同（示范文本）》（GF-2017-0201），工程施工合同由合同协议书、通用合同条款和专用合同条款三部分组成。

1. 合同协议书

合同协议书主要内容包括：工程概况、合同工期、质量标准、签约合同价和合同价格形式、项目经理、合同文件构成、承诺及合同生效条件等重要内容。

2. 通用合同条款

通用合同条款包括：一般约定、发包人、承包人、监理人、工程质量、安全文明施工与环境保护、工期和进度、材料与设备、试验与检验、变更、价格调整、合同价格、计量与支付、验收和工程试车、竣工结算、缺陷责任与保修、违约、不可抗力、保险、索赔和争议解决共计20条。

3. 专用合同条款

专用合同条款是对通用合同条款细化、完善、补充、修改或另行约定的条款。

组成合同的各项文件应能互相解释，互为说明。除专用合同条款另有约定外，解释合同文件的优先顺序如下：①合同协议书；②中标通知书（如果有）；③投标函及其附录（如果有）；

④专用合同条款及其附件;⑤通用合同条款;⑥技术标准和要求;⑦图纸;⑧已标价工程量清单或预算书;⑨其他合同文件。上述各项合同文件包括合同当事人就该项合同文件所作出的补充和修改,属于同一类内容的文件,应以最新签署的为准。

在合同订立及履行过程中形成的与合同有关的文件均构成合同文件组成部分,并根据其性质确定优先解释顺序。

(二)工程施工合同双方的义务和责任

1. 发包人义务

发包人需要履行的一般义务包括以下八个方面。

(1)应遵守法律,并办理法律规定由其办理的许可、批准或备案。因发包人原因未能及时办理相关许可、批准或备案的,由发包人承担由此增加的费用和(或)延误的工期,并支付承包人合理的利润。

(2)应在专用合同条款中明确其派驻施工现场的发包人代表的姓名、职务、联系方式及授权范围等事项。发包人代表在发包人授权的范围内,负责处理合同履行过程中与发包人有关的具体事宜。不属于法定必须监理的工程,监理人的职权可以由发包人代表或发包人指定的其他人员行使。

(3)除专用合同条款另有约定外,发包人最迟应于开工日期7日前向承包人移交施工现场。

(4)除专用合同条款另有约定外,发包人应负责提供施工所需要的条件。

(5)应在移交施工现场前向承包人提供施工现场及工程施工所必需的毗邻区域内供水、排水、供电、供气、供热、通信、广播电视等地下管线资料,气象和水文观测资料,地质勘察资料,相邻建筑物、构筑物和地下工程等有关基础资料,并对所提供资料的真实性、准确性和完整性负责。

(6)除专用合同条款另有约定外,发包人应在收到承包人要求提供资金来源证明的书面通知后28日内,向承包人提供能够按照合同约定支付合同价款的相应资金来源证明。

(7)应按合同约定向承包人及时支付合同价款。

(8)应按合同约定及时组织竣工验收。

2. 承包人义务

承包人需要履行的一般义务包括以下十个方面。

(1)办理法律规定应由承包人办理的许可和批准,并将办理结果书面报送发包人留存。

(2)按法律规定和合同约定完成工程,并在保修期内承担保修义务。

(3)按法律规定和合同约定采取施工安全和环境保护措施,办理工伤保险,确保工程及人员、材料、设备和设施的安全。

(4)按合同约定的工作内容和施工进度要求,编制施工组织设计和施工措施计划,并对所有施工作业和施工方法的完备性和安全可靠性负责。

(5)在进行合同约定的各项工作时,不得侵害发包人与他人使用公用道路、水源、市政管网等公共设施的权利,避免对邻近的公共设施产生干扰。

(6)按施工合同约定负责施工场地及其周边环境与生态的保护工作。

(7)按合同约定采取施工安全措施,确保工程及其人员、材料、设备和设施的安全,防止因工程施工造成的人身伤害和财产损失。

(8)将发包人按合同约定支付的各项价款专用于合同工程,且应及时支付其雇用人员工资,并及时向分包人支付合同价款。

(9)按照法律规定和合同约定编制竣工资料,完成竣工资料立卷及归档,并按专用合同条款约定的竣工资料的套数、内容、时间等要求移交发包人。

(10)履行合同约定的其他义务。

3. 违约情形和责任

(1)发包人违约。发包人在合同履行中发生下列情形之一的,属发包人违约。

1)因发包人原因未能在计划开工日期前7日内下达开工通知的。

2)因发包人原因未能按合同约定支付合同价款的。

3)发包人违反合同约定,自行实施被取消的工作或转由他人实施的。

4)发包人提供的材料及工程设备的规格、数量或质量不符合合同约定,或因发包人原因导致交货日期延误或交货地点变更等情况的。

5)因发包人违反合同约定造成暂停施工的。

6)发包人无正当理由没有在约定期限内发出复工指示,导致承包人无法复工的。

7)发包人明确表示或者以其行为表明不履行合同主要义务的。

8)发包人未能按照合同约定履行其他义务的。

发包人发生除上述第7)条以外的违约情况时,承包人可向发包人发出通知,要求发包人采取有效措施纠正违约行为。发包人收到承包人通知后28日内仍不纠正违约行为的,承包人有权暂停相应部位工程施工,并通知监理人。

(2)承包人违约。承包人在合同履行中发生下列情形之一的,属承包人违约。

1)承包人违反合同约定进行转包或违法分包的。

2)承包人违反合同约定采购和使用不合格的材料与工程设备的。

3)因承包人原因导致工程质量不符合合同要求的。

4)承包人违反合同约定,未经批准,擅自将已按照合同约定进入施工现场的材料或设备撤离施工现场的。

5)承包人未能按施工进度计划及时完成合同约定的工作,造成工期延误的。

6)承包人在缺陷责任期及保修期内,未能在合理期限对工程缺陷进行修复,或拒绝按发包人要求进行修复的。

7)承包人明确表示或者以其行为表明不履行合同主要义务的。

8)承包人未能按照合同约定履行其他义务的。

承包人发生除上述第7)条以外的其他违约情况时,监理人可向承包人发出整改通知,要求其在指定的期限内改正。

第四章　建设工程投资决策分析与审批

投资决策分析与审批是建设工程项目前期工作的核心，关系到投资项目建设的成败。尽管不同的投资项目决策者可能面对不同的项目内容和目标，但其工作过程和主要内容基本相同。

第一节　工程项目可行性研究

一、可行性研究的阶段和内容

工程项目可行性研究是指在投资决策之前，运用多种科学手段（包括技术科学、社会学、经济学等），对拟建工程进行全面的技术经济分析和论证，从而判断其是否可行的一种科学方法。作为建设工程项目前期工作的重要内容，可行性研究的基本任务是通过广泛调查研究，综合论证工程项目技术的先进性和适用性、经济的合理性和盈利性，以及建设的可能性和可行性，为投资决策提供科学依据。

（一）可行性研究的特点和阶段

1. 可行性研究的特点

（1）预见性。可行性研究不仅应分析研究历史和现状资料，更要预测和估算未来的市场需求、投资效益或效果。

（2）客观性。可行性研究必须在调查研究的基础上，客观地进行分析和论证，坚持实事求是。

（3）可靠性。可行性研究应认真研究、合理确定项目建设方案，并开展深入细致的技术经济分析，比选可靠的项目或方案、否定不可行的项目或方案，以避免投资失误。

（4）科学性。可行性研究应采用科学的技术手段、评价方法和指标体系，进行必要、充分的预测、分析和估算，为项目投资决策提供科学依据。

（5）合规性。可行性研究必须符合相关法律、法规和政策要求，特别应注意与各级政府关于环境保护等相关要求保持一致。

2. 可行性研究的阶段

工程项目可行性研究可分为投资机会研究、初步可行性研究、详细可行性研究和项目评估决策四个阶段。

（1）投资机会研究阶段。投资机会研究是指提出项目投资方向建议，即通过对某地区政治和经济发展环境、产业政策、资源条件、市场趋势和盈利可能性进行分析，寻找最有利的投资机会。

投资机会研究可分为一般投资机会研究和具体项目投资机会研究。前者包括地区研究、分部门研究、以资源为基础的研究等。后者则是要鉴别和确定拟建项目的投资机会，目的是将项目初期设想转变为概略投资建议。

通过投资机会研究，形成项目建议书，作为进一步开展可行性研究的依据。投资机会研究的目的在于明确投资方向，相对比较粗略，能够初步反映投资建设效果即可。该阶段投资估算误差较大，一般应控制在 ±30% 以内。

（2）初步可行性研究阶段。初步可行性研究也称预可行性研究或前可行性研究，是指在投资机会研究的基础上，对项目建设的可能性和可行性进行更深入的分析论证。初步可行性研究的重点工作是：分析投资机会研究结论，判断项目是否值得投资；确定的项目要领是否准确，是否需进行详细可行性研究；对于影响项目建设实施的一些关键问题进行专题研究；初选和审定项目实施方案等。

初步可行性研究是介于投资机会研究和详细可行性研究之间的工作，研究结果要形成初步可行性研究报告，投资估算误差比投资机会研究阶段误差要小，一般应控制在 ±20% 以内。

由于大型项目可行性研究需耗费较多的人力和资金，如果通过初步可行性研究即否定拟建项目，则可及时终止可行性研究工作，避免人力和时间的浪费。

（3）详细可行性研究阶段。详细可行性研究即通常所说的可行性研究，也称最终可行性研究。它是投资项目前期研究和评价的重要阶段，是投资项目决策的基础。这一阶段的主要工作是从技术、财务和社会经济等方面深入详细地分析项目建设的必要性、可能性和经济合理性，对拟建项目提出"可行"或者"不可行"的结论性意见，并最终形成可行性研究报告。详细可行性研究的投资估算误差应更小，一般应控制在 ±10% 以内。

（4）项目评估决策阶段。严格地说，对于拟建项目评估和决策属于可行性研究的后续工作，是指在详细可行性研究的基础上，由决策机构对工程项目组织评估，评估通过的可行性研究报告可作为项目投资和建设实施（工程设计、施工）的依据。根据《国家发展改革委投资咨询评估管理办法》（发改投资规〔2018〕1604 号）的规定，对于国家发展改革委审批或核报国务院审批的政府投资项目，应当坚持"先评估、后决策"的原则，可行性研究报告经相关工程咨询单位咨询评估后，在充分考虑咨询评估意见的基础上才能作出决策决定。

项目评估的主要任务是对项目可行性研究报告提出评价意见，主要包括：全面审核可行性研究报告中反映的各种情况是否确实；分析可行性研究报告中各项指标的计算是否正确，包括各种参数、基础数据的选择；从企业、国家和社会等方面综合分析和判断项目经济效益、社会效益和环境效益；分析和判断可行性研究报告的可靠性、真实性和客观性，并撰写项目评估报告。

可行性研究阶段及相关要求详见表 4–1。

表 4–1　可行性研究阶段及相关要求

工作阶段	投资机会研究	初步可行性研究	详细可行性研究	项目评估决策
研究性质	项目设想	项目初选	项目准备	项目评估
研究要求	编制项目建议书	编制初步可行性研究报告	编制可行性研究报告	提出项目评估报告
投资估算误差	±30% 以内	±20% 以内	±10% 以内	—
研究费用占总投资比例	0.2% ~ 1%	0.25% ~ 1.5%	大项目 0.2% ~ 1.0% 小项目 1.0% ~ 3.0%	—

（二）可行性研究的依据和作用

1. 可行性研究的依据

（1）经批准的项目建议书或同等效力文件等。

（2）国家及地方经济和社会发展规划、资源报告、国土开发整治规划、区域规划、工业基地规划、江河流域规划、交通网络规划等。

（3）国家和地方相关法律、法规、政策。

（4）项目拟建地自然、地理、气象、地质、水文、经济、社会等基础资料。

（5）国家、地区和行业有关工程技术方面的标准、规范、指标、要求等。

（6）项目合作、合资各方签订的协议书或意向书。

（7）市场调研、竞争力分析、场址比选、风险分析等相关专题研究报告。

2. 可行性研究的作用

（1）作为工程项目建设立项的依据。在我国现行建设管理体制下，可行性研究报告是项目立项的基础性文件，可行性研究结论是政府有关部门进行项目批准立项的主要依据，也是企业内部投资决策依据。可以说，可行性研究是决定投资项目命运的关键阶段。

（2）作为筹集项目建设资金的依据。业主向金融机构贷款或者投资人筹集项目建设资金时，需提供可行性研究报告。金融机构或投资人通过对项目可行性研究报告的评估，分析拟建项目产品的市场竞争力、拟采用技术的可靠性，充分估计项目的盈利能力、偿债能力等投资收益和风险，确有把握后才可发放贷款或予以投资。

（3）作为编制工程设计文件的依据。按建设程序规定，一般只有在完成项目可行性研究后，才能进行初步设计。初步设计应在已批准的可行性研究报告的基础上进行，不得随意变更。

（4）作为向当地政府和生态环境部门申请建设许可的依据。生态环境部门对项目环境影响的评审意见，以及政府其他部门对项目可能涉及的土地占用、道路占用及安全设施等的审批，均需要依据项目可行性研究报告中的方案和数据作出。

此外，当拟建项目需补充工程建设基础资料，与有关协作单位签订合同或协议，制订拟采用的新技术和新设备的研制计划及开展项目后评价时，均需以可行性研究报告作为基础依据。

（三）可行性研究的主要内容

1. 经济评价

经济评价是指在完成项目方案的基础上，采用科学的分析方法，对拟建项目的财务可行性和经济合理性进行科学的分析论证，作出全面、正确的经济评价结论，为投资者提供科学的决策依据。经济评价是可行性研究的重要内容和有机组成部分，包括：财务评价（也称财务分析）和国民经济评价（也称经济分析）。

（1）财务评价。财务评价是指在国家现行财税制度和价格体系下，从项目角度出发，计算项目范围内的财务效益和费用，分析项目的盈利能力、清偿能力和财务生存能力，对项目财务可行性进行的评价。对于非经营性项目，侧重考查项目的财务生存能力。

财务评价的主要工作内容如下。

1）选取财务评价的基础数据与参数。财务评价的基础数据与参数主要包括：主要投入品和产品的财务价格、税率、利率、汇率、计算期，固定资产折旧率，无形资产和其他资产摊销年限，生产负荷及基准收益率等基础数据和参数。

2）估算项目的财务效益和费用。估算项目的财务效益和费用主要包括：销售（营业）收入、项目总投资、经营成本、总成本费用、税费等。

3）编制财务分析基本报表。财务分析基本报表主要包括：项目投资现金流量表、项目资本金现金流量表、投资各方现金流量表、利润与利润分配表、财务计划现金流量表、资产负债表、借款还本付息计划表。

4）根据财务分析基本报表，计算财务评价指标，进行项目的盈利能力分析、偿债能力分析、财务生存能力分析。

反映财务盈利能力的主要动态指标包括：项目投资财务内部收益率、财务净现值、项目资本金财务内部收益率、投资各方财务内部收益率等。反映财务盈利能力的主要静态指标包括：项目息税前利润、投资回收期、利润总额、税后利润、总投资收益率、项目资本金净利润率等。其中，财务内部收益率是项目财务盈利能力分析的主要指标，其他指标可根据项目特点选择。当财务内部收益率大于或等于所设定的判别基准 i_c 时，项目方案在财务上可考虑接受。

反映偿债能力的主要指标有利息备付率、偿债备付率和资产负债率等，用来分析可用于还本付息的资金保障程度。

分析财务生存能力时，主要是通过分析项目累计盈余资金是否出现负值，来判断项目是否有足够的净现金流量来维持运转，特别是在项目投产初期。对于非经营项目，可通过财务生存能力分析来确定需要政府补助维持项目运营的费用。

5）不确定性分析。不确定性分析主要包括：敏感性分析和盈亏平衡分析。①敏感性分析。敏感性分析是指通过预测分析投资方案主要因素发生变化对经济评价指标产生的影响，从中找出敏感性因素，并确定其敏感程度。敏感性分析可分为单因素敏感性分析和多因素敏感性分析。前者是分析某一不确定因素单独变化时对经济指标产生的影响，后者是分析几个不确定性因素同时发生变化时对经济指标产生的影响。财务评价中的敏感性分析，通常会选择项目投资财务内部收益率指标；而国民经济评价中的敏感性分析，则往往会选择经济净现值或经济内部收益率指标。②盈亏平衡分析。盈亏平衡分析是指在一定的运营管理条件下，根据达到设计生产能力时的成本费用和收入数据，通过求取盈亏平衡点，研究分析成本费用与收入平衡关系的一种方法。随着某些因素的变化，项目的盈利和亏损出现的转折点，即为盈亏平衡点。在这一点上，销售收入等于总成本费用。盈亏平衡分析只用于财务分析，可分为线性盈亏平衡分析和非线性盈亏平衡分析两类。一般情况下，主要进行线性盈亏平衡分析。用产量和生产能力利用率表示的盈亏平衡点越低，表明项目适应市场需求变化的能力就越强。用产品售价表示的盈亏平衡点越低，则表明项目适应市场价格下降的能力就越大。

（2）国民经济评价。国民经济评价是指在合理配置社会资源的前提下，从国家经济整体利益角度出发，计算项目对国民经济的贡献，分析项目的经济效率、效果和对社会的影响，对项目在宏观经济上的合理性进行的评价。国民经济评价能够正确反映项目对社会福利的净贡献，是政府审批或核准项目的重要依据。企业自主决策的项目一般不要求进行国民经济评价。

1）国民经济评价中的基本概念。①影子价格。影子价格并非现行的市场价格和计划价格，而是反映投入物与产出物真实经济价值的价格，是反映市场供求状况和资源稀缺程度、使资源得到合理配置的价格，用来从全社会角度衡量商品或生产要素投入或产出的成本与效益。进行项目国民经济评价时，要以政府发展政策确定的社会目标为依据确定影子价格。②影子汇率。影子汇率是指单位外汇的经济价值，区别于外汇的财务价格和市场价格。在项目国民经济评价中使用影子汇率，是为了正确计算外汇的真实经济价值。影子汇率代表外汇的影子价格，由国家统一测定发布，并定期进行调整。影子汇率的发布有两种形式：一种是直接发布影子汇率；另一种是将影子汇率与国家外汇牌价挂钩，发布影子汇率换算系数。实践中大多数计算采用以外汇牌价乘以影子汇率换算系数得到影子汇率的方法。影子汇率换算系数是影子汇率与国家外汇牌价的比值，可以直观反映外汇影子价格相对于官方汇率的溢价比例，反映国家外汇牌价对于外汇经济价值的低估比率。影子汇率的取值对于项目决策有着重要影响。

2）国民经济评价的主要工作内容。国民经济评价需进行经济费用效益分析或者费用效果分析。对于效益和费用可以货币化的项目，应进行经济费用效益分析；对于效益难以货币化的项目，或货币化的效果不是项目目标的主体时，应进行费用效果分析；对于效益和费用均难以量化的项目，应进行经济费用效益定性分析。对于投资巨大、工期超长、实施前后对所在区域或国家的经济、社会、生态及环境等产生较大影响的特大型建设项目，还应进行区域经济或宏观经济影响分析。①项目经济效益和经济费用的识别。应符合下列要求：a. 遵循有无对比的原则；b. 对项目所涉及的所有成员及群体的费用和效益进行全面分析；c. 正确识别正面和负面外部效果，防止误算、漏算或重复计算；d. 合理确定效益和费用的空间范围和时间跨度；e. 正确识别和调整转移支付，根据不同情况区别对待。②经济费用效益分析。识别并估算费用和效益流量后，编制经济费用效益分析报表，从资源合理配置角度，分析项目投资的经济效率和对社会福利所做出的贡献，评价项目的经济合理性。进行经济费用效益分析时，一般选用经济净现值、经济内部收益率和经济效益费用比作为评价指标，选择社会折现率作为经济分析的重要参数。当项目计算期内的经济净现值等于或大于 0，或经济内部收益率等于或者大于社会折现率，或经济效益费用比大于 1 时，表明项目资源配置的经济效率达到可被接受的水平。③费用效果分析。通过比较项目预期的效果与所支付的费用，判断项目的费用有效性或经济合理性。费用效果分析应遵循多方案比选的原则，所分析的项目应满足以下条件：a. 备选方案不少于两个，且为互斥方案或可转化为互斥型的方案；b. 备选方案应具有共同的目标；c. 备选方案的费用应能货币化，且资金用量不应突破资金限制；d. 效果应采用同一非货币计量单位衡量；e. 备选方案应具有可比的寿命期。费用效果分析可采用最小费用法、最大效果法、增量分析法，以效果费用比为基本指标进行相关分析。采用最小费用法时，在效果相同的条件下，应选取费用最小的备选方案；采用最大效果法时，在费用相同的条件下，应选取效果最大的备选方案；采用增量分析法时，当效果与费用均不固定，且分别具有较大幅度的差别时，应比较两个备选方案之间的费用差额和效果差额，分析获得增量效果所付出的增量费用是否值得。

（3）国民经济评价与财务评价的关系。

1）国民经济评价与财务评价的联系。国民经济评价是从国家整体角度考察项目效益和费用，采用的是影子价格、影子汇率和社会折现率等，计算项目给国民经济带来的净效益，评价项目经济上的合理性。国民经济评价可以在财务评价的基础上进行，也可以直接进行。

在财务评价基础上进行国民经济评价时，首先剔除在财务评价中已计算为效益或费用的转移支付，增加财务评价中未反映的间接效益和间接费用，并以此为基础计算项目的国民经济评价指标。直接进行国民经济评价的项目时，首先应识别和计算项目的直接效益、间接效益、直接费用和间接费用，并在此基础上计算项目的国民经济评价指标。

2）国民经济评价与财务评价的区别。①评价角度不同。财务评价是从财务角度考察货币收支、盈利状况及借款偿还能力，以确定投资行为的财务可行性；国民经济评价是从国家整体角度考察项目需要付出的代价和对国家的贡献，即国民经济效益，用以确定投资行为的宏观可行性。②效益和费用含义及划分范围不同。财务评价是根据项目的实际收支确定项目的效益和费用，税金、利息等均计为费用；国民经济评价着眼于项目对社会提供的有用产品、服务及项目所耗费的全社会的有用资源来考察项目的效益和费用，税金、国内贷款利息和补贴等不计为项目的效益和费用。财务评价只计算项目直接发生的效益与费用；国民经济评价对项目引起的间接效益与费用，即外部效果，也要进行计算和分析。③评价采用的价格不同。财务评价对投入物和产出物采用现行价格；国民经济评价采用根据机会成本和供求关系确定的影子价格。④主要参数不同。财务评价采用的是官方汇率，并以因行业而异的基准收益率作为折现率；国民经济评价采用影子汇率和社会折现率。

总的来看，财务评价和国民经济评价是从两个不同角度对项目投资效益进行分析评价，二者相辅相成、缺一不可。对于财务评价结论和国民经济评价结论都可行的建设项目，可予以通过，反之应予以否定；对于关系公共利益、国家安全和市场不能有效配置资源的经济和社会发展项目，国民经济评价结论可行，但财务评价结论不可行的，应重新考虑方案，必要时可提出经济优惠措施建议，使项目具有财务生存能力。

（4）经济评价内容与方法的选择。项目类型、项目性质、项目目标和行业特点等因素会影响经济评价内容、方法及评价参数的选择。对于一般项目，财务评价结果将对其决策、实施和运营产生重大影响，财务评价必不可少。由于这类项目产出品的市场价格基本上能够反映其真实价值，当财务评价结果能够满足需要时，可以不进行经济费用效益分析。对于那些关系国家安全、国土开发、市场不能有效配置资源等具有较明显外部效果的项目（一般为政府审批或核准项目），需要从国家经济整体利益的角度来考察项目。对于特别重大的项目，除进行财务评价与经济费用效益分析外，还应专门进行项目对区域经济或宏观经济影响的研究与分析。

2. 社会评价

社会评价旨在分析拟建项目对当地社会的影响和当地社会条件对项目的适应性和可接受程度，评价项目的社会可行性。进行工程项目社会评价，有利于国民经济发展目标与社会发展目标协调一致，有利于项目与所在地区利益协调一致。

（1）社会评价的适用范围。社会评价适用于社会因素较为复杂、社会影响较为久远、社会效益较为显著、社会矛盾较为突出、社会风险较大的投资项目。主要包括：需要大量移民搬迁或者占用农田较多的水利枢纽项目、交通运输项目、矿产和油气田开发项目，扶贫项目，农村区域开发项目，以及文化教育、卫生等公益性项目。

（2）社会评价的主要内容。

1）社会影响分析。社会影响分析旨在分析预测项目可能产生的正面影响（通常称为社会效益）和负面影响。具体包括：项目对所在地区居民收入、生活水平和生活质量、就业等产生的影响，项目对所在地区不同利益群体的影响，项目对所在地区文化、教育、卫生的影响，项目对当地基础设施、社会服务容量和城镇化进程等的影响，项目对所在地区少数民族风俗习惯和宗教信仰的影响等。

2）互适性分析。互适性分析主要是分析预测项目能否为当地的社会环境、人文条件所接纳，以及当地政府、居民支持项目存在与发展的程度，考察项目与当地社会环境的相互适应关系。具体包括：分析预测不同利益攸关群体、项目所在地区各类组织对项目建设和运营的态度及参与程度，分析预测项目所在地区现有技术、文化状况能否适应项目的建设和发展。

3）社会风险分析。项目的社会风险分析是对可能影响项目的各种社会因素进行识别和排序，选择影响面大、持续时间长并容易导致较大矛盾的社会因素进行预测，分析可能出现这种风险的社会环境和条件。可能诱发民族矛盾、宗教矛盾的项目应特别注重这方面分析。

（3）社会评价的方法。项目涉及的社会因素、社会影响和社会风险不可能用统一的指标、量纲和判断依据进行评价，因此，社会评价应根据项目具体情况采用灵活的评价方法。在项目前期准备阶段，采用的社会评价方法主要有快速社会评价法和详细社会评价法。

快速社会评价法主要是分析现有资料和现有状况，着眼于对社会负面因素的分析判断，一般以定性描述为主。它是在项目前期准备阶段进行社会评价常用的一种简捷方法,通过这一方法可大致了解拟建项目所在地区社会环境的基本状况,识别主要社会影响因素,粗略地预测到可能出现的情况及其对项目的影响程度。

详细社会评价法是在可行性研究阶段广泛应用的一种评价方法。它是指在快速社会评价的基础上,进一步研究与项目相关的社会因素和社会影响,进行详细论证,并预测风险度。结合项目备选的技术方案、工程方案等,从社会分析角度进行优化。详细社会评价法采用定量与定性分析相结合的方法,进行过程分析。

(4)社会稳定风险分析。重大项目在可行性研究阶段应当进行社会稳定风险分析。社会稳定风险分析应当作为项目可行性研究报告、项目申请报告的重要内容并设独立篇章。

项目单位在组织开展重大项目前期工作时,应当对社会稳定风险进行调查分析,征询相关群众意见,查找并列出风险点、风险发生的可能性及影响程度,提出防范和化解风险的方案措施,提出采取相关措施后的社会稳定风险等级建议。

1)社会稳定风险等级划分。重大项目社会稳定风险等级分为三级:①高风险,大部分群众对项目有意见、反应特别强烈,可能引发大规模群体性事件;②中风险,部分群众对项目有意见、反应强烈,可能引发矛盾冲突;③低风险,多数群众理解支持但少部分人对项目有意见,通过有效工作可以防范和化解矛盾。

2)社会稳定风险分析相关要求。社会稳定风险分析由项目所在地人民政府或其有关部门指定的评估主体组织开展评估论证,根据实际情况可以采取公示、问卷调查、实地走访和召开座谈会、听证会等多种方式听取各方面意见,分析判断并确定风险等级,提出社会稳定风险评估报告。评估报告主要内容包括:项目建设实施的合法性、合理性、可行性、可控性,可能引发的社会稳定风险,各方意见及其采纳情况,风险评估结论和对策建议,风险防范和化解措施以及应急处置预案等。

对于由国家发展改革委审批、核准或者核报国务院审批、核准的在我国境内实施的固定资产投资项目,国务院有关部门、省级发展改革部门、中央管理企业在向国家发展改革委报送项目可行性研究报告、项目申请报告的申报文件中,应当包含对该项目社会稳定风险评估报告的意见,并附社会稳定风险评估报告。

评估主体作出的社会稳定风险评估报告是项目审批、核准机关审批、核准项目的重要依据。评估报告认为项目存在高风险或者中风险的,不予审批、核准和核报;存在低风险但有可靠防控措施的,可以审批、核准或者核报,并在批复文件中对有关方面提出要落实防范、化解风险的措施要求。

3. 环境影响评价

根据《中华人民共和国环境影响评价法》(以下简称《环境影响评价法》)的规定,环境影响评价是指对规划和建设项目实施后可能造成的环境影响进行分析、预测和评估,提出预防或者减轻不良环境影响的对策和措施,进行跟踪监测的方法与制度。国家鼓励有关单位、专家和公众以适当方式参与环境影响评价。

(1)环境影响评价的分类管理。《环境影响评价法》规定,国家根据建设项目对环境的影响程度,对建设项目的环境影响评价实行分类管理。

1)对于可能造成重大环境影响的项目,应当编制环境影响评价报告书,对产生的环境影响进行全面评价。

2)对于可能造成轻度环境影响的项目,应当编制环境影响评价报告表,对产生的环境影响进行分析或者专项评价。

3）对于环境影响很小、不需要进行环境影响评价的项目，应当填报环境影响登记表。

（2）环境影响评价报告书的内容。建设项目环境影响评价报告书应当包括下列内容：①建设项目概况；②建设项目周围环境现状；③建设项目对环境可能造成影响的分析、预测和评估；④建设项目环境保护措施及其技术、经济论证；⑤建设项目对环境影响的经济损益分析；⑥对建设项目实施环境监测的建议；⑦环境影响评价的结论。

（3）环境影响评价相关要求。环境影响评价文件中的环境影响评价报告书或者环境影响评价报告表，应当由具备相应环境影响评价资质的机构编制。除国家规定需要保密的情形外，对环境可能造成重大影响、应当编制环境影响评价报告书的建设项目，建设单位应当在报批建设项目环境影响评价报告书前，举行论证会、听证会，或者采取其他形式，征求有关单位、专家和公众的意见。建设单位报批的环境影响评价报告书应当附具对有关单位、专家和公众意见采纳或者不采纳的说明。

建设项目环境影响评价报告书、环境影响评价报告表经批准后，而建设项目的性质、规模、地点、采用的生产工艺或者防治污染、防止生态破坏的措施发生了重大变动，建设单位应当重新报批建设项目环境影响评价报告书、环境影响评价报告表。

建设项目环境影响评价报告书、环境影响评价报告表自批准之日起满5年，建设项目方开工建设的，其环境影响评价报告书、环境影响评价报告表应当报原审批部门重新审核。

（4）房地产投资项目环境影响评价。房地产开发、宾馆、酒店、办公用房、标准厂房等房地产项目，涉及环境敏感区及需自建配套污水处理设施的，应当编制环境影响评价报告表。

环境敏感区是指依法设立的各级各类保护区域和对建设项目产生的环境影响特别敏感的区域。房地产项目环境敏感区主要包括：①自然保护区、风景名胜区、世界文化和自然遗产地、海洋特别保护区、饮用水水源保护区；②基本农田保护区、基本草原、森林公园、地质公园、重要湿地、天然林、野生动物重要栖息地、重点保护野生植物生长繁殖地；③文物保护单位；④针对标准厂房类房地产项目，环境敏感区还包括以居住、医疗卫生、文化教育、科研、行政办公等为主要功能的区域。

对于其他房地产投资项目，应当编制环境影响评价登记表。

二、可行性研究的工作程序及要求

（一）可行性研究的工作程序

工程项目可行性研究通常按以下工作程序进行。

1. 签订委托协议

编制单位与委托单位就项目可行性研究的目的、范围、内容、深度、完成时间、经费预算等进行沟通并达成一致，签订委托协议。

2. 组建工作小组

根据项目可行性研究的目的、范围、内容等要求，组建项目可行性研究工作小组。一般工业项目和交通运输项目可分为市场组、工艺技术组、设备组、工程组、总图运输及公用工程组、环保组、技术经济组等专业组。

3. 制订工作计划

根据项目可行性研究内容和时间进度等要求，与委托单位沟通协商，制订工作计划。工作计划的内容包括：各项研究工作开展的步骤、方式、进度安排、人员配备、工作保证条件、工作质量评定标准和费用预算等。

4. 进行实地调查和技术经济分析

在委托单位的支持下，编制单位进行必要的市场调查，对项目所采用的工艺技术进行必要的实验或取得实验数据，对原材料供应、产品运输等开展调研，对项目产品未来市场供应和需求信息进行定性和定量分析。

5. 方案设计及选优

设计若干备选方案，如市场销售方案、项目筹集资金方案、生产方案等；估算各备选方案的技术经济指标，进行方案综合评价和选优。

6. 已确定方案的详细论证

复查、核定各项分析资料的准确性、收入和费用等参数或数据取值的合理性和科学性，而进行财务评价、国民经济评价、社会评价及环境影响评价，通过详细论证得出项目可行与否的结论。当有关评价结论不足以支持项目方案的成立时，应当对原方案进行调整、重构，甚至否决。

7. 编写项目可行性研究报告

按照规定的内容和格式编写项目可行性研究报告，审查项目可行性研究报告的合规性、合理性和完整性，审查报告附件的齐备性。

（二）部分类别项目可行性研究的侧重点

1. 政府投资项目可行性研究

对于政府投资的社会公益项目、公共基础设施和环境保护项目等，强调社会服务功能，除可行性研究的基本内容外，还应围绕政府投资的必要性、项目实施代建制方案、政府投资方式、政府为无盈利或盈利不足的公益项目提供补贴的方式和金额、政府参与PPP项目的条件和给予的优惠等内容开展可行性研究。对于农村扶贫等涉及社会公共利益的项目，还应开展社会影响分析和利益相关者对项目支持度的分析。

2. 交通运输项目

公路、铁路、地铁、桥梁、隧道和机场等为社会提供运输服务的交通运输项目，需重点研究：项目对经济和社会发展、路网布局、综合运输网布局的作用，运量、线路方案、技术标准和建筑工程方案等。项目站线选择应充分考虑搬迁与移民安置，并开展社会评价。此外，这类项目的经济评价以经济分析为主、财务分析为辅。机场项目还涉及空域规划和无线电导航，轨道交通项目涉及城市地质条件和地下与地面复杂环境构造。

3. 资源开发项目

各类矿产资源、水利水电资源、森林资源等资源开发项目，需重点研究：资源开发的合理性、拟开发资源的开发潜力、自然品质和开发价值等开发利用条件，项目是否符合国家和区域资源总体开发规划要求，是否符合可持续发展要求等。对于水利水电项目，还应重点研究：水文、气象和工程地质条件，坝型与枢纽布置，库区淹没与移民安置，政府补贴数额和经济优惠政策等。

（三）可行性研究报告的撰写要求

可行性研究报告的撰写必须严格按照规范，遵循科学、客观原则进行。具体应做到以下四个方面。

1. 真实可靠，客观公正

项目可行性研究应在充分收集资料的基础上，进行客观公正的分析；所运用资料需要经过反复核实，以确保内容的真实性；可行性研究报告所涉及的内容及数据应真实可靠；结论要有充分依据，符合客观规律，经得起推敲。对于不可行的项目也要给出明确意见，不能模棱两可。

2. 深入调查，准确预测

可行性研究是对事物未来发展情况、可能遇到的问题和结果的估计，具有预测性。因此，必须进行深入的调查研究，充分占有资料，运用科学的预测方法预测未来前景。

3. 论证严密，系统分析

论证严密是可行性研究报告的一个显著特点。要使其论证严密，必须运用系统分析方法，围绕影响项目的各种因素进行全面系统的、微观与宏观相结合的分析论证。

4. 内容完整，格式规范

项目可行性研究报告的内容及其研究深度需符合国家规定，调查资料要完整，重要数据要有出处，报告格式应符合规范要求。

三、可行性研究报告的主要内容

总体而言，可行性研究的核心内容可归纳为市场研究、技术研究和经济评价三大部分。市场研究包括产品的市场调查和预测研究，是项目可行性研究的前提，主要任务是解决项目的市场“必要性”问题。技术研究即技术方案和建设条件研究，是项目可行性研究的技术基础，主要解决项目技术“可行性”问题。经济评价即经济效益的分析和评价，是项目可行性研究的核心部分，主要解决项目经济“合理性”问题。市场研究、技术研究和经济评价共同构成项目可行性研究的三大支柱。具体而言，不同类型项目的可行性研究各有侧重，可行性研究报告的内容也各有不同。

（一）工业项目可行性研究报告内容

1. 项目总论

主要包括：项目名称、地址、投资单位、担任可行性研究的单位和人员等概况；拟建项目为企业和社会获取经济和社会效益等项目兴建的理由；项目建设的主要内容和建设规模，技术装备水平，产品性能和档次，总投资、成本、收益等经济指标；项目在国内同行业中所处的地位和在国民经济中所起的作用等项目预期目标；市场、资源、技术、资金等项目建设基本条件。

2. 市场调查和预测

主要包括：市场现状，产品供求与价格预测，拟建项目同类产品的市场容量、价格与市场竞争力和市场风险分析，以及市场调查和预测所采用的方法等。

3. 建设规模与产品方案

主要包括：拟建项目建设规模方案，产品品种及其组合方案，以及建设规模与产品方案比选分析，分别说明各方案的优缺点，并提出推荐方案。

4. 场址选择

主要包括：场址位置、占地面积、地形地貌气象条件、水文地质、交通运输、水电气供应、环境保护、法律支持、生活设施、施工条件等场址选择方案，以及对多个场址方案进行工程条件比选和经济条件比选，提出推荐场址方案，并绘出场址地理位置图。

5. 技术方案、设备方案和工程方案

主要包括：生产方法、工艺流程等技术方案及其比选，所需设备的规格、型号、数量、来源、价格等设备方案及其比选，主要建筑物、构筑物的建造方案和节能、节水措施。

6. 原材料、燃料供应

主要包括：主要原材料供应方案、燃料供应方案，以及主要原材料、燃料供应的多方案比选，并推荐出最佳方案。

7. 总图运输方案与公用辅助工程

主要包括：结合场地和外部环境条件，提出项目总图布置方案，对项目各个组成部分的位置进行合成，使整个项目布局紧凑、流程顺畅、经济适用；根据项目主要投入品和产品的品种、数量、特性、流向，研究项目场内外运输方案，并通过比选推荐出最佳方案；提出公用工程与辅助工程。

8. 环境影响评价

主要包括：确定场址方案和技术方案时，要调查研究环境的条件，分析影响环境的因素，提出治理和保护环境的措施。

9. 劳动安全、卫生与消防

主要包括：工程建设和生产过程中存在的对人员和财产可能产生的不安全因素，如工伤、职业病、火灾隐患等，以及相应的防范措施。

10. 组织机构与人力资源配置

主要包括：对项目的组织机构设置、人力资源配置、企业员工培训等内容进行研究比选，提出优化方案。

11. 项目实施进度

主要包括：结合项目建设内容、工程量大小、施工难度等具体情况研究确定建设工期；根据工程实施各阶段的工作量和所需时间，对时序作出大体安排，使各阶段的工作互相衔接，并编制项目实施进度计划。

12. 投资估算

主要包括：建设项目静态和动态投资额，按投资内容和方法估算出各项投资资金并进行汇总，编制投资估算总表；根据项目实施进度安排，编制分年度资金投入计划方案。

13. 融资方案

主要包括：项目资金来源渠道，资本金和债务资金筹措方案等。

14. 财务评价

主要包括：估算财务评价基础数据与参数、销售收入和成本费用，编制财务现金流量表、损益和利润分配表、资金来源与运用表、借款偿还计划表等财务评价报表；计算财务评价指标，进行盈利能力分析和偿债能力分析；进行盈亏平衡分析和敏感性分析等不确定性分析；编写财务评价报告。

15. 国民经济评价和社会评价

主要包括：从国民经济角度考察投资项目所耗费的社会资源和对社会的贡献，评价投资项目的经济合理性；分析拟建项目对当地社会的影响，进行社会效益分析，当地社会条件对项目的适应性和可接受程度，评价项目的社会可行性。

16. 风险分析

综合分析拟建项目在建设和运营中潜在的主要风险因素，揭示风险来源，判断风险程度，提出风险应对策略。

17. 结论与建议

在前述各项研究论证的基础上，择优提出推荐方案及建设条件、产品方案、工艺技术、经济效益、社会效益、环境影响的结论性意见，对可行性研究中尚未解决的主要问题提出解决办法和建议，以及主要争议问题的结论等。如果项目不可行，则说明项目不可行的主要问题及处理意见。

18. 附件

附件包括：附文、附表和附图。其中，附文一般包括：编制可行性研究报告依据的有关文件，如项目建议书、项目立项批文、资源勘探报告、土地占用批准文件、提供项目贷款的承诺书、环境影响评价报告等；附表一般包括：主要设备一览表、投资估算表、财务分析表及其他附表；附图一般包括：区域位置图、厂址地形图、总平面布置图、工艺流程图、供电系统图及其他。

此外，对于新增建设用地项目，应分析项目用地情况，提出节约用地措施。涉及搬迁和移民的项目，应研究分析搬迁方案和移民安置方案的合理性。

通常情况下，上述内容是针对列入核准目录的企业投资项目设置的。备案的企业投资项目可行性研究内容可适当地简化或调整。政府投资项目和不同行业项目可行性研究的侧重点有所不同。

（二）房地产开发项目可行性研究报告内容

房地产开发项目主要类型有居住类房地产项目、商业类房地产项目、标准工业厂房、仓库等，这类项目一般不涉及生产工艺、生产设备采购、生产运行阶段的原材料采购和生产产品的市场问题，因而其可行性研究报告内容与工业项目差别较大。房地产开发项目可行性研究报告一般应包括以下内容。

1. 项目总论

（1）项目背景。主要说明项目名称、开发企业基本情况，承担可行性研究工作的单位，可行性研究报告编制依据，项目建设规模及建设规划情况等。

（2）可行性研究结论及建议。对可行性研究的总体结论、主要指标及应用、注意事项作出总括性说明，主要包括：宏观投资环境分析，市场前景预测，投资估算和资金筹措，项目经济效益、社会效益，项目环境影响评价，项目综合评价结论及建议。

2. 项目概况

主要包括：项目位置、项目地块现状及地块分析、项目 SWOT 分析等。

3. 投资环境分析

主要对宏观经济环境、政策环境、人口环境、城市发展环境等进行分析。

4. 区域环境分析

主要对项目所在区域的基本状况、区域规划及重点发展区域、交通规划及重大交通建设项目、区域基础及公共配套设施状况等进行分析。

5. 房地产市场分析

（1）城市总体房地产市场分析。主要针对城市总体房地产市场供应、需求数量及结构，土地供应情况，投资规模，价格分布及趋势进行分析。

（2）项目所在区域房地产市场分析。主要针对区域市场供需的数量及结构、产品价格、客户分布及结构、项目竞争状况等进行分析。

（3）房地产市场分析总结。在上述分析的基础上，对项目面临的市场环境、供求状况及发展态势、竞争状况、价格及变动趋势进行分析总结。

6. 市场定位

主要包括：产品定位、客户定位、价格定位、项目定位评估及发展设想等。

7. 规划与建筑设计方案

主要包括：项目总体规划、环境景观规划、建筑设计方案及布局、道路规划等。

8. 开发建设进度安排

主要包括：有关工程计划说明、前期开发计划、工程建设计划、项目实施安排、建设场地布置等。

9. 投资估算与资金筹措

主要包括：项目总投资估算、项目投资来源和筹资方式确定、开发成本估算、销售成本和经营成本估算等。

10. 经济效益分析

主要包括：项目销售及经营收入测算、项目销售回款计划、项目利润测算、项目盈利能力分析、项目偿债能力分析等。

11. 风险分析

主要包括：项目竞争风险、投资风险、市场风险、筹资风险分析等。

12. 社会效益和影响分析

分析项目的社会效益，评价项目的社会可行性。对于有拆迁的建设项目，还要进行社会稳定风险评价。

13. 可行性研究结论与建议

主要包括：项目可行性研究结论、项目主要问题及解决建议、项目风险及防范建议等。

第二节　工程项目投资决策审批及核准制度

根据《国务院关于投资体制改革的决定》（国发〔2004〕20号），按照“谁投资、谁决策、谁收益、谁承担风险”的原则，政府投资项目实行审批制，对于企业不使用政府投资建设的项目，一律不再实行审批制，区别不同情况实行核准制或登记备案制。

一、政府投资项目审批制度

（一）政府投资项目及其审批内容

政府投资项目，是指在中国境内使用预算安排的资金进行的固定资产投资项目，包括新建、扩建、改建、技术改造等。该类项目以非经营性的社会公益服务、公共基础设施、农业农村、生态环境保护、重大科技进步、社会管理、国家安全等公共领域的项目为主。政府投资资金按项目安排，以直接投资方式为主。对确需支持的经营性项目，主要采取资本金注入方式投入，也可适当采取投资补助、贷款贴息等方式进行引导。

（1）对于采用直接投资和资本金注入方式的政府投资项目，政府投资主管部门需从投资决策角度审批项目建议书和可行性研究报告，除特殊情况外，不再审批开工报告。同时，应严格审批政府投资项目的初步设计与概算工作。

由项目单位编制项目建议书、可行性研究报告、初步设计，报投资主管部门或其他有关部门审批。除涉及国家秘密的项目外，投资主管部门和其他有关部门通过投资项目在线审批监管平台办理政府投资项目审批手续。审查的内容主要包括：项目建议书提出的项目建设的必要性；可行性研究报告分析的项目的技术经济可行性、社会效益以及项目资金等主要建设条件的落实情况；初步设计及其提出的投资概算是否符合可行性研究报告批复以及国家有关标准和规范的要求；依照法律、行政法规和国家有关规定应当审查的其他事项。

（2）对于采用投资补助、转贷和贷款贴息方式的政府投资项目，则只审批资金申请报告。

对某些特殊的政府投资项目，可以按照有关规定简化报批文件和审批程序，主要包括：相关规划中已经明确的项目；部分扩建、改建项目；由国务院投资主管部门会同国务院其他有关部门规定的建设内容单一、投资规模较小、技术方案简单的项目；为应对自然灾害、事故灾难、公共卫生事件、社会安全事件等突发事件需要紧急建设的项目。

对经济社会发展、社会公众利益有重大影响或者投资规模较大的政府投资项目，应在中介服务机构评估、公众参与、专家评议、风险评估的基础上作出是否批准的决定。

（二）工程建设项目审批制度改革

为贯彻落实党中央、国务院关于深化“放管服”改革和优化营商环境的部署要求，推动政府职能转向减审批、强监管、优服务，国务院办公厅于 2018 年 5 月印发《关于开展工程建设项目审批制度改革试点的通知》（国办发〔2018〕33 号），决定在部分地区开展工程建设项目审批制度改革试点工作。《国务院办公厅关于全面开展工程建设项目审批制度改革的实施意见》（国办发〔2019〕11 号），对工程建设项目审批制度改革提出了全流程、全覆盖的要求。

工程建设项目审批制度改革覆盖房屋建筑和城市基础设施等工程建设项目审批全过程，包括从立项到竣工验收和公共设施接入服务。不包括：特殊工程和交通、水利、能源等领域的重大工程；覆盖行政许可等审批事项和技术审查、中介服务、市政公用服务及备案等其他类型事项，推动流程优化和标准化。改革要求实现工程建设项目审批“四统一”，即：统一审批流程、统一信息数据平台、统一审批管理体系和统一监管方式。

（1）统一审批流程。主要包括：精简审批环节、规范审批事项、合理划分审批阶段、分类制定审批流程、实行联合审图和联合验收、推行区域评估、推行告知承诺制。工程建设项目审批流程主要划分为：立项用地规划许可、工程建设许可、施工许可、竣工验收四个阶段。其中，立项用地规划许可阶段主要包括：项目审批核准、选址意见书核发、用地预审、用地规划许可证核发等；工程建设许可阶段主要包括：设计方案审查、建设工程规划许可证核发等；施工许可阶段主要包括：设计审核确认、施工许可证核发等；竣工验收阶段主要包括：规划、土地、消防、人防、档案等验收及竣工验收备案等。其他事项如行政许可、强制性评估、中介服务、市政公用服务及备案等，纳入相关阶段办理或与相关阶段并行推进。

（2）统一信息数据平台。要求地级及以上地方人民政府按照“横向到边、纵向到底”的原则，建立完善工程建设项目审批管理系统，与国家工程建设项目审批管理系统对接，实现审批数据实时共享和业务协同。

（3）统一审批管理体系。要求统筹整合各类规划，构建“多规合一”的“一张蓝图”，同时完善“前台受理、后台审核”机制，实现“一个窗口”服务和管理。各审批阶段均实行“一份办事指南，一张申请表单，一套申报材料，完成多项审批”的运作模式。此外，还应建立健全工程建设项目审批配套制度，规范审批行为。

（4）统一监管方式。要求加强事中事后监管和信用体系建设，规范中介和市政公用服务，建立以“双随机、一公开”监管为基本手段、以重点监管为补充、以信用监管为基础的新型监管机制。完善申请人信用体系，实行信用分级分类管理。建立健全中介服务和市政公用服务管理制度，实行服务承诺制。

通过上述改革措施，力争将全国工程建设项目审批时间压减至 120 个工作日，最终基本建成全国统一的工程建设项目审批和管理体系。

二、企业投资项目核准及备案制度

（一）企业投资项目核准或备案管理权限

企业投资项目是指企业在中国境内投资建设的固定资产投资项目，包括企业使用自己筹措资金的项目以及使用自己筹措的资金并申请使用政府投资补助或贷款贴息等的项目。

根据企业投资项目的不同情况，分别实行核准管理或备案管理。对关系国家安全，涉及国家重大生产力布局、战略性资源开发和重大公共利益的企业投资项目，实行核准管理。实行核准管理的具体项目范围以及核准机关、核准权限，由国务院颁布的《政府核准的投资项目目录》确定。其他在政府核准项目目录外的企业投资项目，按照属地原则实行备案管理。除涉及国家秘密的项目外，项目核准、备案通过国家建立的项目在线监管平台办理。项目需使用政府投资补助、贷款贴息的，应在履行核准或备案手续后，提出资金申请报告。

核准或备案机关等有关部门不仅要按照"谁审批谁监管、谁主管谁监管"的原则，通过在线监测、现场核查等方式，对企业投资项目实施事中及事后监管，而且要建立项目信息共享机制，通过项目在线监管平台实现信息共享。企业通过项目在线监管平台报送项目开工建设、建设进度、竣工的基本信息。要实施企业投资项目"三个清单"管理制度，即：企业投资项目管理负面清单制度、企业投资项目管理权力清单制度、企业投资项目管理责任清单制度。"三个清单"管理制度要实施动态管理。

（二）企业投资项目核准管理

根据《企业投资项目核准和备案管理条例》（国务院令第673号），企业办理项目核准手续时，应向核准机关提交项目申请书，不用再经过批准项目建议书、可行性研究报告和开工报告等程序。由国务院核准的项目，应向国务院投资主管部门提交项目申请书。项目申请书应包括下列内容：①企业基本情况；②项目情况，包括项目名称、建设地点、建设规模、建设内容等；③项目利用资源情况分析及对生态环境的影响分析；④项目对经济和社会的影响分析。

1. 项目申请书编报

项目申请书可以由项目单位自行编写，也可以由项目单位自主委托具有相关经验和能力的工程咨询单位编写。任何单位和个人不得强制项目单位委托中介服务机构编制项目申请书。

企业投资建设的固定资产投资项目，应当遵守国家法律法规，符合国民经济和社会发展总体规划、专项规划、区域规划、产业政策、市场准入标准、资源开发、能耗与环境管理等要求。项目的市场前景、经济效益、资金来源和产品技术方案等，依法由企业自主决策、自担风险。

项目申请书编制完成后，项目单位应将项目申请书及法律法规规定应附具的有关文件，向项目核准机关报送。

2. 项目核准及处罚

核准机关通常从是否危害经济安全、社会安全、生态安全等国家安全，是否符合相关发展建设规划、技术标准和产业政策，是否合理开发并有效利用资源，是否对重大公共利益产生不利影响等方面对项目进行审查。当企业拟对已核准项目的建设地点、建设内容、建设规模进行较大幅度的变更，或者项目变更可能对经济、社会、环境等产生重大不利影响时，应当向核准机关书面提出变更申请。项目已完成核准但两年内未开工建设，需要延期开工建设的，企业需在两年期限届满的30个工作日前，向核准机关申请延期开工建设。开工建设只能延期一次，且延长期限最长不得超过一年。

实行核准管理的项目，企业未按规定办理核准手续的，核准机关会责令停止建设或者责令停产，对企业处项目总投资额1‰以上5‰以下的罚款，并对直接责任人员处2万元以上5万元以下的罚款，属于国家工作人员的，依法给予处分。

（三）企业投资项目备案管理

根据《企业投资项目核准和备案管理条例》（国务院令第673号），实行备案管理的投资项目，由企业自主决策，根据属地原则，企业应当在开工建设前通过项目在线监管平台向备案机关告知以下信息：①企业基本情况；②项目名称、建设地点、建设规模、建设内容；③项目总投资额；④项目符合产业政策的声明。企业需要对备案项目信息的真实性负责。

项目备案后，若项目法人发生变化，项目建设地点、规模、内容发生重大变更，或者放弃项目建设的，项目单位应当通过项目在线监管平台及时告知项目备案机关，并修改相关信息。备案机关发现企业告知信息不全，或已备案项目属于产业政策禁止投资建设或者应实行核准管理的，会告知企业予以补充、纠正或者依法办理核准手续。

实行备案管理的项目，企业未按规定备案告知的，由备案机关责令其限期改正；逾期不改正的，处 2 万元以上 5 万元以下罚款。实行备案管理的项目，项目单位在开工建设前还应当根据相关法律法规的规定办理其他相关手续。

除通过预算安排的固定资产投资项目外，事业单位、社会团体等非企业组织在中国境内投资建设的固定资产投资项目也应按规定办理核准或备案手续。

第五章　建设工程实施组织模式

建设工程实施组织模式是建设工程顺利实施的重要基础和保证。无论是业主方管理模式，还是建设工程发承包模式，对于建设工程顺利实施均具有重要意义。此外，企业内部选择适宜的工程项目管理组织结构，也是不可忽视的重要内容。

第一节　业主方管理模式

在投资项目立项决策后，业主方需要采用科学适宜的管理模式组织工程建设实施。综观新中国成立以来的工程建设发展历史，特别是改革开放后，除部分工程属于业主方自管自建外，大部分业主方采用不同的管理模式。

一、工程建设指挥部负责制

工程建设指挥部是我国计划经济体制下大中型建设工程所采用的一种基本组织形式。工程建设指挥部是政府部门或大型国有企业组建的专门机构，承担建设单位职责，全面负责投资项目审批立项后的工程建设前期准备，直至投产验收的全部工程建设组织管理工作。采用工程建设指挥部负责制模式，可以依靠指挥部领导的权威和行政手段，集中大量人力、物力和财力打“歼灭战”，确保工程建设在较短时间内完成。工程建设指挥部负责制模式自20世纪50年代开始实行以来，在计划经济时期我国许多重大工程建设中都得到广泛应用，取得显著成效。在当今社会主义市场经济条件下，尽管其内涵和性质已发生变化，但仍有部分工程建设还在采用工程建设指挥部负责制模式。

（一）组织机构设置

工程建设指挥部一般是在工程开工前正式组建，人员由投资项目主管部门从本行业、本地区所辖单位抽调专门人员组成。对一些投资规模大、协作关系复杂的大型项目，在工程建设指挥部之上还要成立由中央部门和地方主要领导组成的工程建设领导小组。少数特大型项目，还须由国务院组织各有关部门、地方主要领导共同组成高层次工程建设领导小组。在指挥部内部，一般要设立若干职能处（室），有的还设立二级指挥部。工程建设指挥部组织机构如图5-1所示。

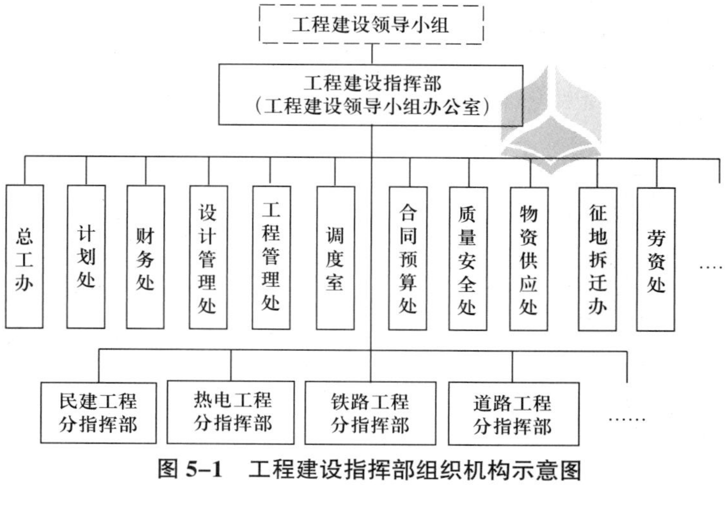

图5-1　工程建设指挥部组织机构示意图

（二）模式评价

由于工程建设指挥部通常是派出机构，又有各方面主要领导组成的领导小组的指导与支持，因而在行使建设单位职能时有较大的权威性，其决策、指挥直接而有效。工程建设指挥部可以依靠行政手段协调各方面关系，可有效解决征地拆迁等外部协调难题，而且在计划经济时期能统筹调配工程建设所需设计、施工队伍和材料设备等，迅速集中力量，加快工程建设进度。工程建设指挥部负责制模式在新中国工程建设史上发挥了巨大作用。

但工程建设指挥部这种依靠行政手段管理经济活动的模式也存在以下不足。

（1）缺乏明确的经济责任制。工程建设指挥部不是一个独立的经济实体，政府对工程建设指挥部没有严格、科学的经济约束。工程建设指挥部拥有投资建设管理权，却对投资的使用和回收不承担任何责任。工程建设指挥部作为管理决策者，不承担决策带来的风险。

（2）不利于专业人才培养。工程建设指挥部是一个临时机构，不是一个专业化、社会化管理机构。工程建设指挥部成立之初，都是从四面八方抽调的管理人员，多数人员需要在“干中学”。当这些人员在工程建设管理中积累了一定经验后，又随着工程建成、指挥部解散而转入其他工作岗位。以后再建新的工程，需要重新组建工程建设指挥部。长此以往，难以培养工程建设管理专业化人才，导致工程建设管理总在低水平徘徊，投资效益也难以提高。

（3）忽视管理的规划和决策职能。工程建设指挥部负责制模式过于强调管理的指挥职能，而忽视了管理的规划和决策职能。它基本上采用行政管理手段，甚至采用军事化作战方式来管理工程建设，而未能充分利用经济方式和手段。

随着我国社会主义市场经济体制的建立和完善，工程建设指挥部负责制模式在常规工程建设中逐步为项目法人责任制及其他管理模式所替代。

二、建设项目法人责任制

建设项目法人责任制作为工程建设管理的基本制度，已在本书第三章阐述。这里仅讨论建设项目法人责任制组织机构设置及实行建设项目法人责任制的优越性。

（一）组织机构设置

投资项目可行性研究报告被批准后，对于经营性政府投资项目，应确保资本金按时到位，按公司法要求正式成立项目法人（董事会），及时办理公司的设立登记。

建设项目法人依法成立后，可聘请项目总经理（项目经理单位）负责工程建设实施，待工程建成后再调整相关职能部门，以更好地适应工程投产后的生产经营需求。工程建设实施阶段的具体管理工作，由项目经理单位通过招标选择工程监理单位承担。建设项目法人责任制组织机构形式如图 5-2 所示。

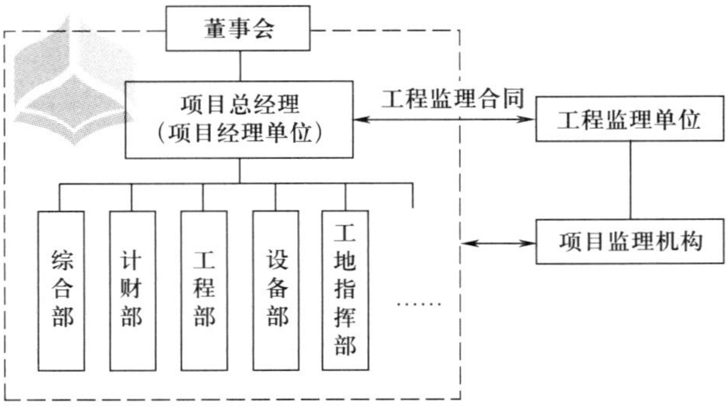

图 5-2　建设项目法人责任制组织机构

建设项目法人责任制管理模式下，工程建设实施阶段的“外部”协调多由项目法人来承担，而工程监理单位派出的项目监理机构多负责工程项目“内部”控制。当然，这样的职责划分不是绝对的“内”“外”割裂，二者是相互配合、相辅相成的。为使工程建设管理工作有效进行，按照责权一致原则，项目法人应授予工程监理单位相应权力，包括：工程建设组织协调工作的主持权、工程设计与施工质量的确认权和否决权、工程计量与工程价款支付的确认权和否决权、工程建设进度和建设工期的确认权和否决权，以及围绕工程建设的各种建议权等。特别是应授予工程监理单位对于工程质量的否决权、工程计量与工程价款支付的确认权，否则工程监理单位难以发挥应有的作用。项目法人授予工程监理单位的权限应在工程监理合同及工程承包合同中予以明确。

（二）模式评价

实行建设项目法人责任制，使政企分开，将投资的所有权和经营权分离，是社会主义市场经济体制在投资建设领域实际运行的重要基础。实行建设项目法人责任制具有以下优越性。

（1）有利于实现投资决策的科学化和民主化。实行项目法人责任制，项目法人要对建设工程全寿命期负责：既要负责建设资金筹措，又要负责债务偿还；既要负责建设实施，又要负责运营维护。项目法人为了避免盲目决策和随意决策、降低决策风险，可以采用多种形式，组织技术、经济、管理等方面的专家进行充分论证，优选投资及建设运营方案。

（2）有利于拓宽建设筹资渠道和分散投资风险。工程建设资金需求量大，单靠国家投资难以满足国民经济发展和人民生活水平提高的需求。通过设立项目法人，采用多种方式向社会多渠道融资，同时还可以吸引外资，在短期内实现资本集中，引导其投向国家的重点建设领域。实行项目法人责任制，可以更好地实现投资主体多元化，使所有投资者利益共享、风险共担。

（3）有利于避免建设与运营相互脱节。实行项目法人责任制，对工程建设实施及建成后的生产经营实行一条龙管理和全面负责，把建设责任和经营责任密切联系起来，从而可以较好地克服以往建设管花钱、生产管还贷，建设实施与生产经营相互脱节的弊端。

（4）有利于促进招标承包、工程监理等现代管理制度健康发展。实行项目法人责任制，明确由项目法人承担投资风险，强化了项目法人及各投资方的自我约束意识。同时，受投资责任约束，项目法人大都会积极主动地通过招标优选勘察设计单位、施工承包单位、工程监理单位及全过程工程咨询单位，从而推动我国现代管理制度及组织实施模式的发展。这些制度及组织实施模式的推进，有利于解决工程建设“只有一次经验，没有二次教训”的问题，有利于培养工程管理的专业化队伍，进而不断提高我国工程建设的管理水平。

三、工程代建制

《国务院关于投资体制改革的决定》提出，政府投资的非经营性项目应加快推行“代建制”，即通过招标等方式选择专业化项目管理单位负责建设实施，严格控制项目投资、质量和工期，竣工验收后移交给使用单位。显然，工程代建制是一种针对政府投资的非经营性项目的建设实施组织方式，专业化的工程项目管理单位作为代建单位，在工程建设过程中按照委托合同约定代替建设单位行使建设单位职责。工程代建制可以提高政府投资项目的资金使用效率，同时可以实现对政府投资项目的专业化管理。

（一）实施模式

工程代建的性质是工程建设管理和咨询，区别于工程承包。在工程建设期间，代建单位不存在经营性亏损或盈利，通过与委托机构签订代建合同，只收取代建费、咨询费。如果在工程建设期间使工程建设投资节约，可按代建合同约定从节约投资中提取一部分作为奖励。

概括起来，工程代建实施方式可分为两大类：一类是成立专门机构实施集中代建，如深圳市建筑工务署的主要职责之一就是集中代建深圳市政府投资建设的部分工程；另一类是针对政府投资的具体工程分别选择专业化项目管理单位实施代建，大部分地区采用这种方式。代建单位需要通过招标方式选定施工承包、材料设备供应单位，并代行建设单位职责，与选定的施工承包、材料设备供应单位签订合同。另选工程监理单位的，代建单位还要与通过招标选定的工程监理单位签订合同。

在我国各地工程代建实践中，当采用招标方式选定代建单位后，委托代建单位都需要与代建单位签订“代建合同”，明确双方的权利、义务和责任，“代建合同”成为监督、考核、评价代建活动和对代建单位进行奖惩的依据。根据代建合同模式的不同，专业化项目管理单位的代建合同模式分为以下三种。

1. 委托代理合同模式

委托代理合同模式是指政府投资主管部门或投资机构与其通过招标方式选定的代建单位直接签订代建合同。在此合同模式下，工程建成后的使用单位不是代建合同当事人，工程建设投资管理权仍由政府投资主管部门或投资机构所掌控。不足之处是使用单位不是合同当事人，难以发挥使用单位的积极性，甚至可能出现使用单位不予协助、配合的情形，或会增加工程建设的困难。

2. 指定代理合同模式

指定代理合同模式是指政府投资主管部门或投资机构采用招标方式选定项目管理单位作为代建单位后，由使用单位与代建单位签订代建合同。在此合同模式下，政府投资主管部门或投资机构不是合同当事人，工程建设投资管理权由使用单位所掌控。不足之处是政府投资主管部门或投资机构在选定代建单位后，无法对工程建设资金的运用和工程建设实施过程进行有效监督。

3. 三方代建合同模式

三方代建合同模式是指政府投资主管部门或投资机构、代建单位、使用单位三方签署代建合同。在此合同模式下，除规定代建单位、使用单位的权利、义务和责任外，还要明确规定政府投资主管部门或投资机构的权限和义务：对代建单位（受托人）的监督权、知情权，提供建设资金的义务等。这样可以更好地发挥三方当事人的积极性，实现三方当事人的相互制约。

（二）与项目法人责任制的区别

工程代建制与项目法人责任制的区别主要体现在以下四个方面。

1. 管理责任范围不同

对于实施项目法人责任制的项目，项目法人的责任范围覆盖建设工程全寿命期，包括项目策划、资金筹措、建设实施、运营管理、贷款偿还及资产的保值增值。而对于实施工程代建制的项目，代建单位的责任范围只在工程建设实施阶段。

2. 建设资金责任不同

对于实施项目法人责任制的项目，项目法人需要负责筹措建设资金，并在项目建成后的运营期间负责贷款偿还及对投资方的回报。而对于实施工程代建制的项目，代建单位不负责建设资金筹措，因此也不负责偿还贷款。

3. 保值增值责任不同

对于实施项目法人责任制的项目，项目法人需要在项目全寿命期负责资产的保值增值。而对于实施工程代建制的项目，代建单位只负责工程建设期间资金的使用，在批准的投资范围内保证工程建设实现预期功能，使政府投资效益最大化，不负责工程建成后运营期间的资产保值增值。

4. 适用的工程对象不同

项目法人责任制适用于政府投资的经营性项目，而工程代建制适用于政府投资的非经营性项目（主要是公益性项目）。

四、项目管理承包

项目管理承包（Project Management Contract，PMC）是指业主聘请专业工程公司或咨询公司，代表其在工程实施全过程或其中若干阶段进行项目管理。被聘请的工程公司或咨询公司被称为项目管理承包商。采用 PMC 管理模式时，业主仅需保留很少部分项目管理力量对一些关键问题进行决策，绝大部分项目管理工作均由项目管理承包商承担。

（一）PMC 类型及工作内容

1.PMC 类型

根据工作范围不同，项目管理承包可分为以下三种类型。

（1）项目管理 +EPC 总承包。项目管理承包商代表业主进行项目管理，并承担全部或者大部分工程的设计、采购、施工（EPC）工作。这对项目管理承包商而言风险较高，而相应的利润、回报也较高。

（2）项目总承包管理。项目管理承包商作为业主项目管理的延伸，只是管理 EPC 承包商而不承担任何 EPC 工作。EPC 承包单位的选择可以由业主来完成，也可以由业主授权项目管理承包商来完成。这对项目管理承包商而言，风险和回报均较低。

（3）业主顾问。项目管理承包商作为业主顾问，对项目进行监督和检查，并及时向业主报告工程进展情况。这对项目管理承包商而言，风险最低，接近于零，但回报也最低。

2.PMC 工作内容

在 PMC 管理模式下，项目管理承包商派出的项目管理人员与业主代表组成一个完整的管理组织进行项目管理，该项目管理组织也被称为 PMC 管理模式中的一体化项目管理团队（Integrated Project Management Team，IPMT），如图 5-3 所示。

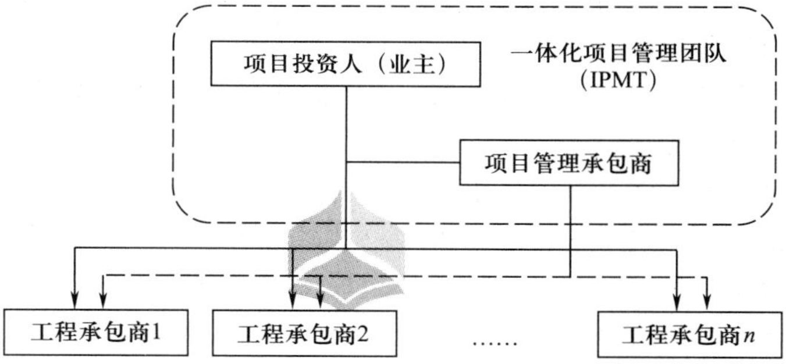

图 5-3　PMC 管理模式中的一体化项目管理团队

按照国际上流行的项目阶段划分方式，建设工程采用 EPC 总承包模式时可分为项目前期和项目实施两个阶段，相应地，项目管理承包商也会在不同阶段承担不同的工作内容。

（1）项目前期阶段。这一阶段项目管理承包商的主要任务是代表业主进行项目管理。具体包括：项目建设方案优化；组织项目风险识别和分析，并制定项目风险应对策略；提供融资方案并协助业主进行融资；提出项目应统一遵循的标准及规范；组织或完成基础设计、初步设计和总体设计；协助业主完成政府相关审批工作；提出项目实施方案，完成项目投资估算；提出材料、设备清单及供货厂家名单；编制 EPC 招标文件，进行 EPC 投标人资格预审，并完成

EPC 评标工作。

(2)项目实施阶段。这一阶段项目管理承包商的主要任务是代表业主进行协调和监督工作。具体包括:进行设计管理,协调有关技术条件;完成项目总体中某些部分的详细设计;实施采购管理,并为业主负责的采购提供服务;配合业主进行生产准备、组织试运行和验收;向业主移交项目文件资料。

(二)模式评价

采用 PMC 管理模式,具有以下优越性。

(1)通过优化设计方案,可实现建设工程全寿命期成本最低。项目管理承包商会运用自身技术优势,根据工程实际条件进行技术经济分析,从全寿命期成本最低角度对整个设计方案进行优化。

(2)通过选择合适的合同模式,可从整体上为业主节省建设投资。项目管理承包商在完成基础设计后,会根据工程设计深度、技术复杂程度、工期紧迫程度以及工程量大小等因素,通过周密的招标策划,确定每一个合同包范围及计价方式,以化解或减少工程风险,在整体上为业主节省建设投资。

(3)通过多项目采购协议及统一的项目采购协议,可降低建设投资。项目管理承包商协助业主就某种设备或材料与制造商签订多项目采购协议,使其成为该项目中这种设备或原材料的唯一供货商。业主可通过此协议获得价格、日常运行维护等方面的优惠。承包商按业主所提供的协议去采购相应设备或材料,可有效降低工程建设投资。

(4)通过现金管理及现金流量优化,可降低建设投资。项目管理承包商与业主之间通常采用成本加奖励的合同计价方式,如果在工程实施过程中通过有效管理节约建设投资,项目管理承包商将会得到节约部分一定比例的奖励。这样,会促使项目管理承包商利用其丰富的项目融资及财务管理经验,结合工程实际情况,对整个项目的现金流进行优化,从而节约工程建设投资。

当然,对项目管理承包商而言,要想达到上述目的,需要具有先进的管理理念、高水平管理人才、科学管理方法和手段,以及大量数据的积累。

五、全过程工程咨询

2017 年 2 月发布的《国务院办公厅关于促进建筑业持续健康发展的意见》(国办发〔2017〕19 号)首次提出,要“培育全过程工程咨询”。2020 年 8 月,住房和城乡建设部等九部委联合印发的《关于加快新型建筑工业化发展的若干意见》(建标规〔2020〕8 号)再次强调,要创新组织管理模式,大力发展以市场需求为导向、满足委托方多样化需求的全过程工程咨询服务。全过程工程咨询是工程咨询类企业转型升级的重要发展方向。

全过程工程咨询是指工程咨询方综合运用多学科知识、工程实践经验、现代科学技术和经济管理方法,采用多种服务方式组合,为委托方在项目投资决策、建设实施阶段提供阶段性或整体解决方案的综合智力性服务活动。

这里的“工程咨询方”,可以是具备相应资质和能力的一家咨询单位,也可以是多家咨询单位组成的联合体。“委托方”可以是投资方、建设单位,也可以是项目使用或运营单位。这种全过程工程咨询是不仅强调投资决策、建设实施全过程,甚至延伸至运营维护阶段,而且强调技术、经济和管理相结合的综合性咨询。

(一)全过程工程咨询的内容

根据《国家发展改革委 住房城乡建设部关于推进全过程工程咨询服务发展的指导意见》(发改投资规〔2019〕515 号)的规定,全过程工程咨询服务内容包括投资决策综合性咨询和工程建设全过程咨询。

1. 投资决策综合性咨询

投资决策综合性咨询是指综合性工程咨询单位接受投资者委托，就投资项目的市场、技术、经济、生态环境、能源、资源、安全等影响可行性的要素，结合国家、地区、行业发展规划及相关重大专项建设规划、产业政策、技术标准及相关审批要求进行分析研究和论证，为投资者提供决策依据和建议，其目的是减少分散专项评价评估，避免可行性研究论证碎片化。

国家鼓励纳入有关行业自律管理体系的工程咨询单位发挥投资机会研究、项目可行性研究等特长，开展投资决策综合性咨询服务。同时，应当充分发挥咨询工程师（投资）的作用，鼓励其作为综合性咨询项目负责人，提高统筹服务水平。

2. 工程建设全过程咨询

工程建设全过程咨询是指由一家具有相应资质条件的咨询企业或多家具有相应资质条件的咨询企业组成联合体，为建设单位提供招标代理、勘察、设计、监理、造价、项目管理等全过程咨询服务，满足建设单位一体化服务需求，增强工程建设过程的协同性。工程建设全过程咨询企业可以为委托方提供项目决策策划、项目建议书和可行性研究报告编制，项目实施总体策划，项目管理，报批报建管理，勘察及设计管理，规划及设计优化，工程监理，招标代理，造价咨询，后评价和配合审计等咨询服务，也可包括规划和设计等活动。

工程建设全过程咨询企业提供勘察、设计、监理服务时，应当具备与工程规模及委托内容相适应的资质条件。建设单位选择具有相应工程勘察、设计、监理资质的单位开展全过程咨询服务的，除法律法规另有规定外，可以不再另行委托勘察、设计、监理单位。工程建设全过程咨询项目负责人应当取得工程建设类注册执业资格且具有工程类、工程经济类高级职称，并具有类似工程经验。对于工程建设全过程咨询服务中承担工程勘察、设计、监理业务的负责人，应具有法律法规规定的相应执业资格。

（二）全过程工程咨询的特点

与传统“碎片化”咨询相比，全过程工程咨询具有以下三大特点。

（1）咨询服务范围广。全过程工程咨询服务覆盖面广，主要体现在两个方面：一是从服务阶段看，全过程工程咨询提供覆盖项目投资决策、建设实施（设计、招标、施工）全过程的集成化服务，有时还会包括运营维护阶段的咨询服务；二是从服务内容看，全过程工程咨询包含技术咨询和管理咨询，而不只是侧重于管理咨询。

（2）强调智力性策划。全过程工程咨询不只是简单地为委托方“打杂”，协助委托方办理相关报批手续等。全过程工程咨询单位还要运用工程技术、经济学、管理学、法学等多学科知识和经验，为委托方提供智力服务，如投资机会研究、建设方案策划和比选、融资方案策划、招标方案策划、建设目标分析论证等。因此，全过程工程咨询单位需要拥有一支具备策划决策、组织领导、集成管控、专业技术、协调解决等能力的高水平复合型人才队伍。

（3）实施多阶段集成。全过程工程咨询服务不是将各个阶段简单叠加，而是要克服传统的“碎片化”咨询服务的弊端，通过多阶段集成化咨询服务，为委托方创造价值。传统的“碎片化”咨询服务如图 5-4 所示。全过程工程咨询要避免工程项目要素分阶段独立运作而出现漏洞和制约，要综合考虑项目质量、安全、环保、投资、工期等目标以及合同管理、资源管理、信息管理、技术管理、风险管理、沟通管理等要素之间的相互制约和影响关系，从技术经济角度实现综合集成。

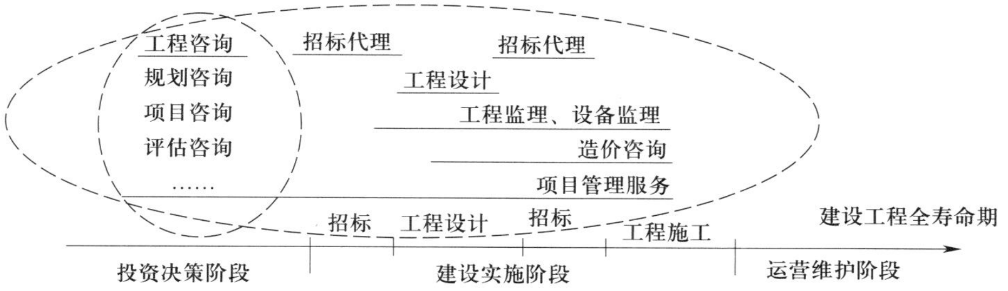

图 5-4　传统的“碎片化”咨询服务

第二节　建设工程发承包模式

现代社会中，多数建设工程不是由建设单位自行实施完成的。建设单位通常会选择承包商来完成，而且经常不止一家承包商。建设单位与承包商的关系不同，会形成不同的发承包模式。

一、设计—招标—建造（DBB）模式

DBB（Design-Bid-Build）是一种较传统的工程发承包模式，即建设单位分别与工程勘察设计单位、施工单位签订合同，工程勘察设计、施工任务分别由勘察设计单位、施工单位完成。DBB 模式主要体现的是专业化分工，我国大部分工程项目都是采用这种实施模式。

（一）组织结构

在传统 DBB 模式下，工程勘察设计单位、施工单位分别根据勘察设计合同、施工合同向建设单位负责，工程勘察设计单位与施工单位之间没有合同关系，只是协作关系。经建设单位同意，工程勘察设计单位、施工单位可将其部分任务分包给专业勘察设计单位、施工单位。DBB 模式组织结构如图 5-5 所示。

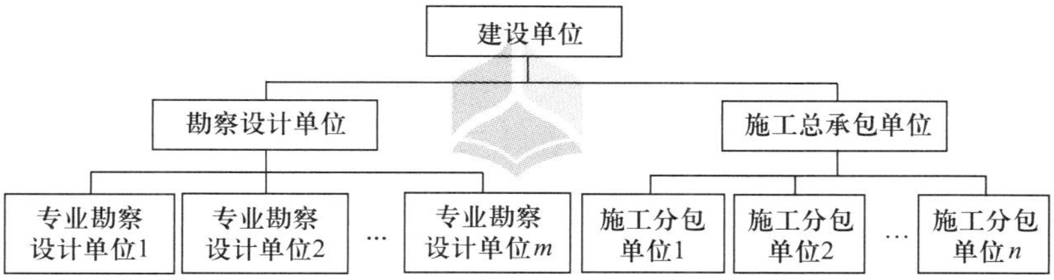

图 5-5　DBB 模式组织结构

图 5-5 中，施工总承包单位可以是一家施工单位，也可以是几家施工单位组成的联合体。建设单位可将工程施工任务发包给一家施工总承包单位（或联合体），也可以划分为若干标段分别平行分包给若干施工总承包单位（或联合体）。

（二）模式评价

1. 优点

建设单位、勘察设计单位、施工总承包单位及分包单位在合同约束下，各自行使其职责和履行义务，责权利分配明确；建设单位直接管理工程勘察设计和施工，指令易贯彻执行。各平行承包单位前后工作衔接，可以构成质量制约，有助于发现工程质量问题。此外，该模式应用广泛、历史长，相关管理方法较成熟，工程参建各方对有关程序都比较熟悉。

2. 不足

工程设计、招标、施工按顺序依次进行，建设周期长；由于施工单位无法参与工程设计，设计与施工协调困难，容易产生设计变更，可能使建设单位利益受损。此外，由于工程的责任主体较多，包括设计单位、施工单位、材料设备供应单位等，一旦工程出现问题，建设单位将分别面对不同参与方，容易互相推诿，协调工作量大。

二、工程总承包（DB/EPC）模式

DB（Design–Build）、EPC（Engineering–Procurement–Construction）在我国均被称为工程总承包模式。事实上，工程总承包有着丰富内涵，也有许多模式，DB/EPC 只是其中常见的两种代表性模式。DB（设计—建造）是指从事工程总承包的单位受建设单位委托，按照合同约定，承担工程勘察设计和施工任务。而在 EPC（设计—采购—施工）模式中，工程总承包单位还要负责材料设备的采购工作，而且其中的设计（Engineering），也不是一般意义上的工程设计，包括工艺流程设计、策划和管理等概念。

DB/EPC 模式能够为建设单位提供工程勘察设计和施工全过程服务，在国际上较为流行，近年来在我国逐渐被认识并要求大力推行。2019 年 12 月，住房和城乡建设部、国家发展改革委联合印发了《房屋建筑和市政基础设施项目工程总承包管理办法》（建市规〔2019〕12 号）要求建设单位应当根据项目情况和自身管理能力等，合理选择工程建设组织实施模式。对于建设内容明确、技术方案成熟的项目，适宜采用工程总承包模式。

《房屋建筑和市政基础设施项目工程总承包管理办法》还要求，工程总承包单位应当同时具有与工程规模相适应的工程设计资质和施工资质，或者由具有相应资质的设计单位和施工单位组成联合体。工程总承包单位应当具有相应的项目管理体系和项目管理能力、财务和风险承担能力，以及与发包工程相类似的设计、施工或者工程总承包业绩。

工程总承包项目经理应当具备下列条件：①取得相应工程建设类注册执业资格，包括注册建筑师、勘察设计注册工程师、注册建造师或者注册监理工程师等；未实施注册执业资格的，取得高级专业技术职称。②担任过与拟建项目相类似工程的总承包项目经理、设计项目负责人、施工项目负责人或项目总监理工程师。③熟悉工程技术和工程总承包项目管理知识以及相关法律法规、标准规范。④具有较强的组织协调能力和良好的职业道德。工程总承包项目经理不得同时在两个或者两个以上工程项目担任工程总承包项目经理、施工项目负责人。

2020 年 12 月，住房和城乡建设部、市场监管总局印发《建设项目工程总承包合同示范文本》（GF 2020–0216），自 2021 年 1 月 1 日起执行。

（一）组织结构

工程总承包单位（或联合体）负责整个工程建设实施，可以发挥其自身优势完成工程设计、采购及施工的全部或部分，也可以选择合格的分包单位来完成相关工作。采用 DB/EPC 模式，对于工程总承包单位的综合实力有较高要求。DB/EPC 模式的组织结构如图 5–6 所示。

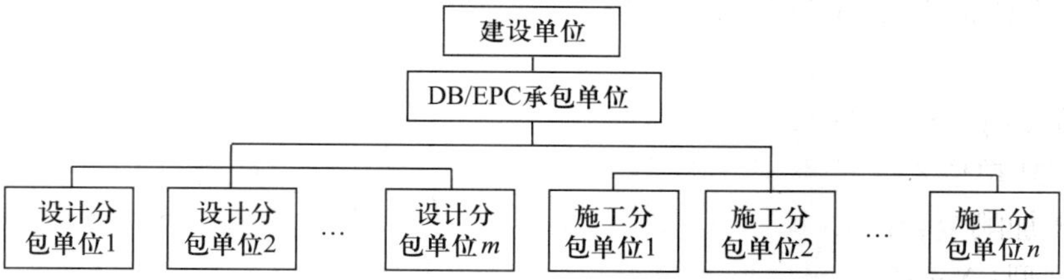

图 5–6 DB/EPC 模式组织结构

（二）模式评价

1. 优点

（1）有利于缩短建设工期。采用 DB/EPC 模式，工程设计和施工任务均由工程总承包单位负责，可使工程设计与施工之间的沟通问题得到极大改善。此外，由于 DB/EPC 模式能够使工程总承包单位在全部设计完成之前便可开始其他工作，如材料设备采购及某些可以与设计工作并行的施工等，这样可在很大程度上缩短建设工期。

（2）便于建设单位提前确定工程造价。采用 DB/EPC 模式，建设单位与工程总承包单位之间通常签订总价合同，这样使建设单位在工程实施初期就确定了工程总造价，便于控制和管理。此外，由于工程总承包单位负责工程总体控制，因此，采用 DB/EPC 模式有利于减少工程变更，将工程造价控制在预算范围内。

（3）使工程项目责任主体单一化。采用 DB/EPC 模式，由工程总承包单位负责工程设计和施工，减小工程实施过程中发生争议和索赔的概率。同时，工程设计与施工责任主体的一体化，能够激励工程总承包单位更加注意整个工程项目质量。

（4）可减轻建设单位合同管理的负担。采用 DB/EPC 模式，与建设单位直接签订合同的工程参建方减少，建设单位的协调工作量也会减少，合同管理工作量也大大减少。

2. 不足

（1）道德风险高。由工程总承包单位同时负责工程设计与施工，与传统的 DBB 模式相比，建设单位对工程项目的控制要弱一些，有可能会发生工程总承包单位为节省资金而采取一些不恰当的行为。同时，由于建设单位倾向将大量风险转移给工程总承包单位，因此，当风险发生且导致损失时，工程总承包单位有可能通过降低工程质量等行为来弥补其损失。

（2）建设单位前期工作量大。由于工程总承包单位的技术水平和职业道德将直接影响工程成败，因此，建设单位为慎重起见，在选择工程总承包单位时，不得不在招标和评标阶段花费大量时间和精力对投标单位进行评审，这使得项目初期投入加大。

（3）工程总承包单位报价高。采用 DB/EPC 模式，工程总承包单位的风险会增加，为应对工程实施风险，工程总承包单位会提高报价，导致整个工程造价增加。

三、建筑工程管理（CM）模式

CM（Construction Management）全称为 Fast-Track-Construction Management，也被称为快速路径法，是指由建设单位委托一家 CM 单位承担项目管理工作，该 CM 单位以承包商身份进行施工管理，并在一定程度上影响工程设计活动。由于在工程设计尚未全部结束之前，当工程某些部分的施工图设计已完成时，即可开始进行该部分工程的施工招标，从而使这部分工程的施工提前进入工程设计阶段。这样便可采用快速路径（Fast-Track）的生产方式，使工程项目实现有条件的“边设计、边施工”。

（一）实施方式

CM 单位有代理型（Agency）和非代理型（Non-Agency）两种，因而 CM 模式实施方式也有两种。

1. 代理型（Agency）CM 方式

代理型 CM 单位不负责分包工程的发包，与分包单位的合同由建设单位直接签订，因而采用简单的成本加酬金合同方式。

2. 非代理型（Non-Agency）CM 方式

非代理型 CM 单位直接与分包单位签订分包合同，合同计价则采用保证最大工程费用

（GMP）加酬金的方式。这是因为 CM 合同总价是在 CM 合同签订之后，随着 CM 单位与各分包单位签约而逐步形成的。只有采用保证最大工程费用的方式，建设单位才能控制工程总费用。

（二）模式评价

CM 模式特别适用于实施周期长、工期要求紧迫的大型复杂工程。采用 CM 模式，不仅有利于缩短工程建设周期，而且有利于控制工程质量和造价。

1. 工程进度控制方面的价值

（1）由于采取分阶段发包、集中管理，实现了有条件的“边设计、边施工”，使工程设计与施工能够充分地搭接，有利于缩短建设工期。

（2）尽管工程总承包是在工程设计前期或设计早期进行，但由于 CM 招标不需要编制项目功能描述书，因而缩短了招标准备的工作时间。因此，采用 CM 模式，比工程总承包招标时间短。

（3）CM 单位在工程设计早期即可介入，并对工程设计提出合理化建议，使设计方案的施工可行性和合理性在设计阶段就得到考虑和证实，从而可避免或减少施工阶段因修改设计而影响工程进展的情况发生。

（4）为了实现工程设计与施工、施工与施工的合理搭接，CM 模式将项目进度安排看作是一个完整的系统工程，一般在项目实施早期即编制供货期长的设备采购计划，并提前安排设备招标、提前组织设备采购，从而可避免因设备供应工作的组织和管理不当而造成的进度延误。

（5）CM 单位一般都拥有一套先进的计算机进度控制系统，可充分利用现代化管理方法和手段卓有成效地进行工程进度安排和控制。

2. 工程质量控制方面的价值

（1）工程设计与施工相结合，有利于提高工程质量。采用 CM 模式，可实现工程设计与施工的结合和协调，从而使工程项目采用新的施工工艺和方法以及有效提高施工质量成为可能。CM 单位根据以往施工经验，在材料和设备的选择方面提出合理化建议，也为保证和提高工程质量提供了可能。

（2）严格的工程质量控制程序，为控制工程质量提供了保证。按照 CM 合同规定，CM 单位在施工阶段要设立专门的现场控制及质量监督机构，建立质量控制和检查程序，编制质量保证计划，监督分包单位的施工质量，检查设备材料供应单位的产品质量，严格按质量标准和合同进行检查、验收，这一系列措施为控制工程施工质量提供了保证。

3. 工程造价控制方面的价值

（1）与施工总承包相比，采用 CM 模式的合同价更具合理性。采用 CM 模式，施工任务要进行多次分包，施工合同总价不是一次确定的，而是采取完成一部分施工图纸就分包一部分，将施工合同总价化整为零。且每次分包都通过招标展开竞争，每个分包合同价格都通过谈判进行详细讨论，从而使各个分包合同价格汇总后形成的合同总价更具合理性。

（2）CM 单位不赚取总包与分包之间的差价。CM 单位与分包单位或供货单位之间的合同价是公开的，建设单位可以参与所有分包工程或材料设备采购招标及分包合同或供货合同的谈判。CM 单位不赚取总包与分包之间的差价，在进行分包谈判时，会努力降低分包合同价。经谈判而降低合同价的节约部分全部归建设单位所有，CM 单位可获得部分奖励，这样有利于降低工程费用。

（3）应用价值工程方法挖掘节约投资的潜力。CM 模式不同于普通承包模式的“按图施工”，CM 单位早在工程设计阶段就可凭借其在施工成本控制方面的实践经验，应用价值工程方法对工程设计提出合理化建议,以进一步挖掘降低工程造价的可能性。此外,由于工程设计与施工的早期结合,使得设计变更在很大程度上得到控制,从而可减少分包单位因设计变更而提出的索赔。

(4)保证最大工程费用(GMP)可大大减少建设单位在工程造价控制方面的风险。当采用非代理型 CM 方式时,CM 单位将对工程费用的控制承担风险。如果实际工程费用超过 GMP,超出部分将由 CM 单位承担;如果实际工程费用低于 GMP,节约部分全部归建设单位所有。由此可见,建设单位在工程造价控制方面的风险将大大减少。

(5)采用现代化管理方法和手段控制工程费用。与一般承包单位相比,CM 单位不仅仅是"为自己控制成本",还要承担"为建设单位控制工程费用"的任务。CM 单位要制订和实施完整的工程费用计划和控制工作流程,并不断向建设单位报告工程费用情况。国际上许多成功的 CM 单位都拥有一套先进的计算机费用控制系统,以便在工程实施过程中编制和调整不同版本的费用预算,进行费用计划值与实际值的动态分析比较,发现实际费用超过计划值时,及时采取纠偏措施。

四、伙伴关系(Partnering)模式

伙伴关系(Partnering)模式于 20 世纪 80 年代中期首先出现在美国,到 20 世纪 90 年代中后期,其应用范围逐步扩大到英国、澳大利亚、新加坡、中国香港。由于其合作共赢理念具有较大优势,近年来在我国内地也日益受到重视。

伙伴关系模式不是一种独立存在的模式,其通常需要与其他发承包模式相结合,如 DBB 模式、DB/EPC 总承包模式等。

(一)主要特征及管理机制

1. 主要特征

(1)参建各方出于自愿。伙伴关系协议不仅仅是建设单位与承包单位双方之间的协议,而是需要工程参建各方共同签署,包括建设单位、总承包单位、主要分包商、设计单位、咨询单位、主要材料设备供应商等。参与伙伴关系模式的有关各方必须是完全自愿,而非出于任何原因的强迫。只有工程参建各方在认识上达到统一,才能在行动上采取合作和信任的态度,才愿意共同承担风险和有关费用,共同解决问题和争议,并在此基础上共享收益。

(2)高层管理者参与。伙伴关系模式的实施需要突破传统观念和组织界限,因此工程参建各方高层管理者参与并达成共识对于伙伴关系模式的顺利实施非常重要。伙伴关系模式需要工程参建各方分担风险、共享资源,因而高层管理者认同、支持和决策是伙伴关系模式成功实施的关键因素。

(3)坚持信息公开。伙伴关系模式强调资源共享。信息作为一种重要资源,必须向工程参建各方公开。同时,工程参建各方要保持及时、经常和开诚布公的沟通,在相互信任的基础上,保证工程质量、进度、造价等方面的信息能够为工程参建各方及时、便利地获取。

(4)伙伴关系协议是工程参建各方达成的共识和承诺。伙伴关系协议不是法律意义上的合同,其与工程合同是两个完全不同的文件。在工程合同签订后,工程参建各方经过讨论协商后才会签署伙伴关系协议。伙伴关系协议并不改变工程参建各方在有关合同中规定的权利和义务,其主要用来确定工程参建各方在工程实施过程中的共同目标、任务分工和行为规范。伙伴关系协议是工程参建各方所组成的工作小组的纲领性文件。

2. 管理机制

管理方式柔性化是当前管理实践发展的一个趋势。伙伴关系模式实质上就是在工程参建

各方签订合同后，通过伙伴关系协议构建的一种柔性化管理机制，包括信任机制、合作机制、沟通机制、协调机制和激励机制。这五大机制推动着工程项目组织奔向共同目标。伙伴关系管理机制如图 5–7 所示。

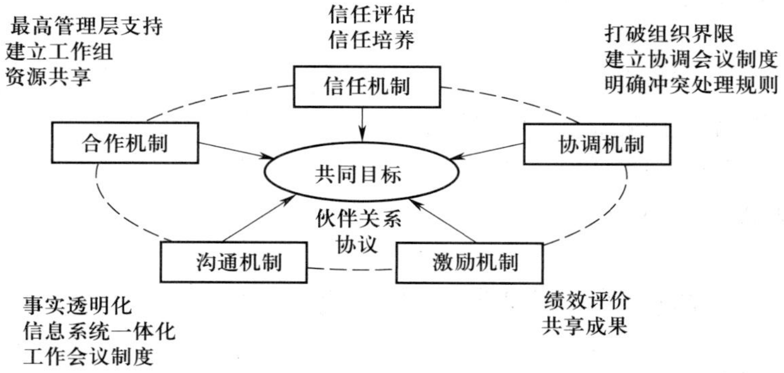

图 5–7　伙伴关系管理机制

（二）组成要素

成功运作伙伴关系模式不可或缺的元素包括以下五个方面。

1. 长期协议

虽然伙伴关系模式也经常用于单个工程项目，但从各国实践情况看，在多个工程项目上持续运用伙伴关系模式可以取得更好的效果，这也是伙伴关系模式的发展方向。通过与建设单位达成长期协议、进行长期合作，承包单位能够更加准确地了解建设单位的需求；同时能保证承包单位不断地获取工程任务，从而使承包单位将主要精力放在工程项目的具体实施上，充分发挥其积极性和创造性。这样既有利于对工程质量、造价、进度的控制，同时也可降低承包单位的经营成本。对建设单位而言，一般只有通过与某一承包单位的成功合作，才会与其达成长期协议，这样不仅可以避免建设单位在选择承包单位时的风险，而且也可以大大降低"交易成本"，缩短建设周期，取得更好的投资效益。

2. 资源共享、风险共担

工程参建各方共享有形资源（如人力、机械设备等）和无形资源（如信息、知识等），共享工程实施所产生的有形效益（如费用降低、质量提高等）和无形效益（如避免争议和诉讼的发生、提高工作积极性和承包单位社会信誉等）；同时，工程参建各方共同分担工程风险和采用伙伴关系模式所产生的相应费用。

3. 相互信任

相互信任是确定工程参建各方共同目标和建立良好合作关系的前提，是伙伴关系模式的基础和关键。只有对工程参建各方的目标与风险进行分析和沟通并建立良好的关系，彼此间才能更好地理解；只有相互理解，才能产生信任；而只有相互信任，才能产生整体性效果。伙伴关系模式所达成的长期协议本身就是相互信任的结果，其中每一方的承诺都是基于对其他参建方的信任。只有相互信任，才能将工程发承包中常见的参建各方之间的相互对立关系转化为相互合作关系，才能够实现工程参建各方的资源和利益共享。

4. 共同目标

在一个确定的工程项目中，参建各方都有其各自的目标和利益，在某些方面甚至还有矛盾和冲突。尽管如此，工程参建各方之间还是有许多共同利益的。例如：通过工程设计单位、施工单位、建设单位三方配合,可以降低工程风险,对参建各方均有利;还可提高工程的使用功能和使用价值,这样不仅可提高建设单位的投资效益,而且也可提高设计单位和施工单位的社会声誉。工程参建各方要充分认识到,只有工程实施结果本身是成功的,才能实现他们各自的目标和利益,从而取得双赢或多赢的结果。

5. 合作

工程参建各方要有合作精神,并在相互之间建立良好的合作关系。合作是基本原则,要做到这一点,还需要有组织保证。伙伴关系模式需要突破传统的组织界限,建立一个由工程参建各方人员共同组成的工作小组。同时,要明确各方职责、建立相互之间的信息流程和指令关系,并建立一套规范的操作程序。

第三节　工程项目管理组织结构形式

工程项目管理组织结构,可以反映工程项目管理组织系统中纵向上下级子系统之间的指令报告关系,以及横向各工作部门之间的协调配合关系。工程项目管理基本的组织结构形式有直线式、职能式、直线职能式和矩阵式等形式。

一、直线式

(一)组织结构形式

直线式是应用最早、最简单的一种组织结构形式。直线式组织中,各种职位按垂直系统直线排列,各级主管人员对所属下级拥有直接指挥权,组织中每个人只接受唯一的上级命令。直线式组织结构如图 5–8 所示。

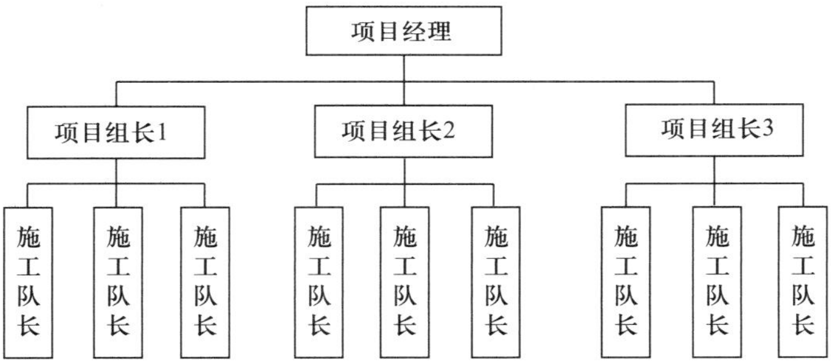

图 5–8　直线式组织结构

(二)组织结构特点

直线式组织结构的优点是结构比较简单、权力集中、责任分明、命令统一、决策迅速、联系简捷。其缺点是未设立职能部门,项目经理没有参谋和助手,实行“个人管理”。在组织规模较大的情况下,往往由于个人知识及能力有限而感到难于应对,容易顾此失彼,也不能实现管理工作专业化。此外,各部门之间横向协调关系比较差。因此,直线式组织结构形式主要适用于那些没有必要按职能实行专业化管理的小型组织。

二、职能式

(一)组织结构形式

职能式组织是指除直线主管外,在各管理层还设置职能部门,分担某些职能管理业务。这些职能部门有权在其业务范围内,向下级下达命令和指示。因此,下级直线主管除接受上级直线主管领导外，还必须接受上级各职能部门的领导和指示。职能式组织结构如图 5-9 所示。

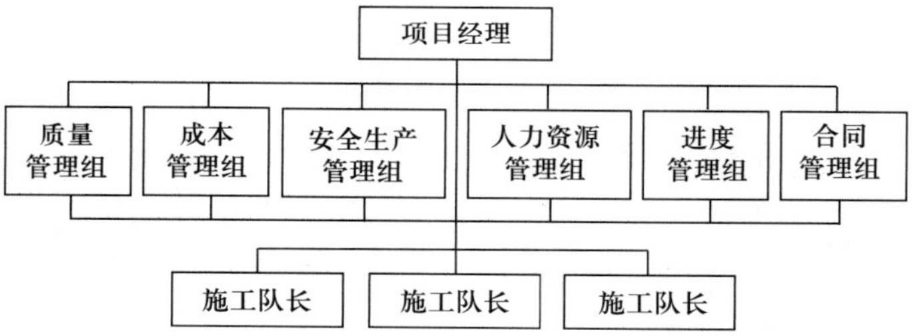

图 5-9　职能式组织结构

（二）组织结构特点

职能式组织结构的优点是：强调管理业务的专门化，能够发挥职能部门的专业管理作用，减轻上层主管人员的负担。缺点是：多头领导妨碍了组织必要的集中领导和统一指挥，使下级执行者接受多方指令，如果上级指令相互矛盾，将使下级无所适从。

三、直线职能式

（一）组织结构形式

直线职能式组织是综合直线式和职能式组织结构的优点而形成的一种组织结构形式。该组织形式设置有两套系统：一是按命令统一原则设置的指挥系统；二是按专业化原则设置的管理职能系统。直线部门和人员在自己的职责范围内有决定权，对其所属下级的工作进行指挥和命令，并负全部责任。而职能部门和人员仅是直线主管的参谋，只能对下级机构提供建议和业务指导，没有指挥和命令的权力。直线职能式组织结构如图 5-10 所示。

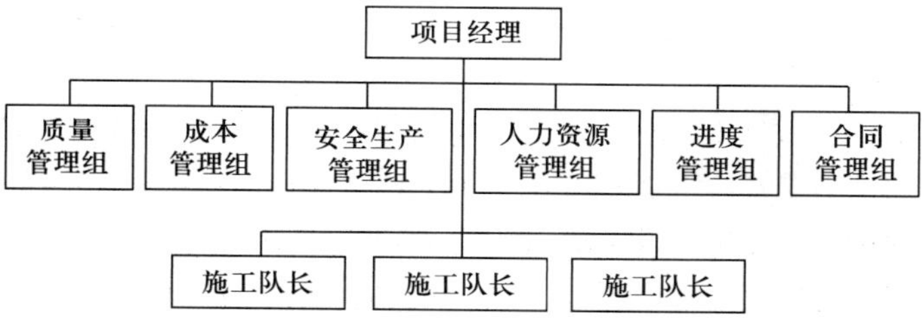

图 5-10　直线职能式组织结构

（二）组织结构特点

直线职能式组织结构既保持了直线式统一指挥的特点，又满足了职能式对管理工作专业化分工的要求。其优点是：集中领导，职责清楚，工作效率高。其缺点是：下级部门的主动性和积极性发挥受到限制；部门间横向联系差，信息传递路线长。当职能部门与指挥部门之间目标不一致时，容易产生矛盾，致使上层主管的协调工作量增大；难以从组织内部培养熟悉全面工作的管理人才；使得整个组织系统的适应性较差，对新情况不能及时作出反应。

四、矩阵式

（一）组织结构形式

矩阵式组织结构将按职能划分的部门与按项目划分的部门结合起来组成一个矩阵，使同一名员工既与原职能部门保持组织与业务上的联系，又参加项目管理机构工作。待项目完工交付后，该员工又回到原职能部门或到另外一个工程项目管理机构中工作。矩阵式组织结构如图 5-11 所示。

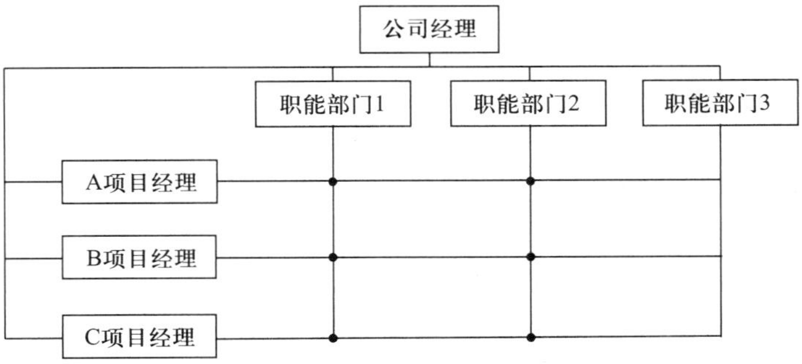

图 5-11　矩阵式组织结构

（二）组织结构特点

矩阵式组织结构打破了传统的"一个员工只有一位领导"的命令统一原则，使一个员工同属于两个部门。其优点是：能根据工程任务的实际情况灵活地组建与之相适应的管理机构，具有较大的机动性和灵活性；实现了集权与分权的结合，有利于发挥各类专业人员的积极性。其缺点是：组织机构经常变动，稳定性差，尤其是业务人员的工作岗位频繁调动；由于实行纵向、横向双重领导，处理不当会产生意见分歧而造成工作中的扯皮现象和矛盾；组织关系较复杂，对项目负责人的要求较高。

（三）组织结构分类

按照项目经理的权限不同，矩阵式组织结构又可分为三种，即：强矩阵、中矩阵和弱矩阵。

1. 强矩阵式组织结构

强矩阵式组织结构中，项目经理由企业最高领导任命，并全权负责项目。项目组成员绩效完全由项目经理进行考核，项目组成员只对项目经理负责。强矩阵式组织结构适用于技术复杂且时间紧迫的工程项目，由于各职能部门之间的技术交流比较频繁，采用强矩阵式组织结构有利于加强各职能部门之间的协同配合。强矩阵式组织结构如图 5-12 所示。

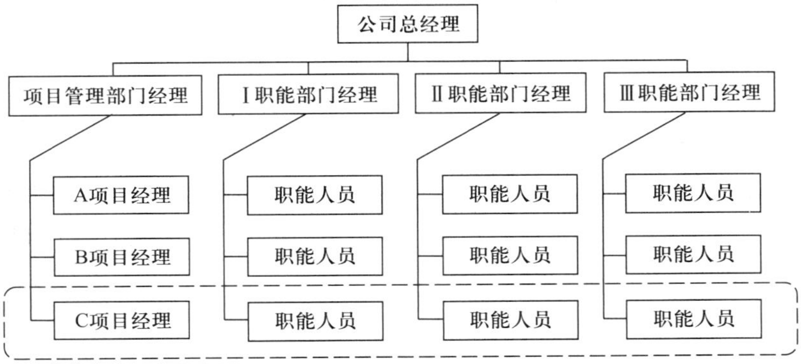

图 5-12　强矩阵式组织结构

2. 中矩阵式组织结构

中矩阵式（又称平衡矩阵）组织结构中，项目经理被授予一定权力，对项目整体及项目目标负责。项目组成员是从各职能部门借调而来，需要在成员中指定一人担任专案主持人。一旦专案结束，专案主持人头衔随之消失。中矩阵式组织结构适用于中等技术复杂程度且建设周期较长的工程项目，其特点是需要精心建立管理程序和配备训练有素的协调人员。中矩阵式组织结构如图 5–13 所示。

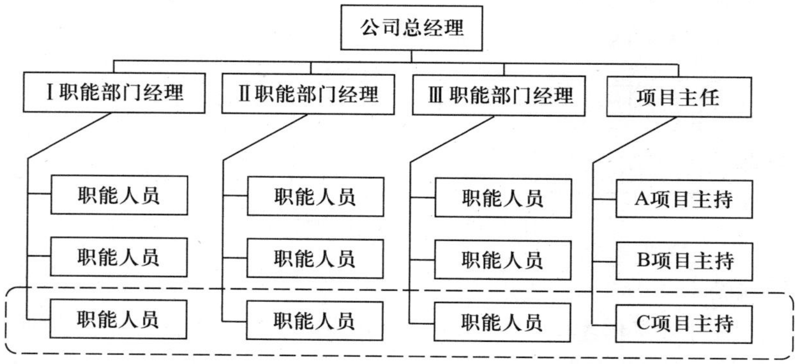

图 5–13　中矩阵式组织结构

3. 弱矩阵式组织结构

弱矩阵式组织结构中，并未明确对项目目标负责的项目经理。即使有项目负责人，其角色也只是项目协调者或监督者，而不是管理者。同时，员工绩效由职能部门经理进行考核。弱矩阵式组织结构适用于技术简单的工程项目，由于技术界面明晰或简单，因而跨职能部门的协调工作比较容易，其特点是项目管理者权限较小。弱矩阵式组织结构如图 5–14 所示。

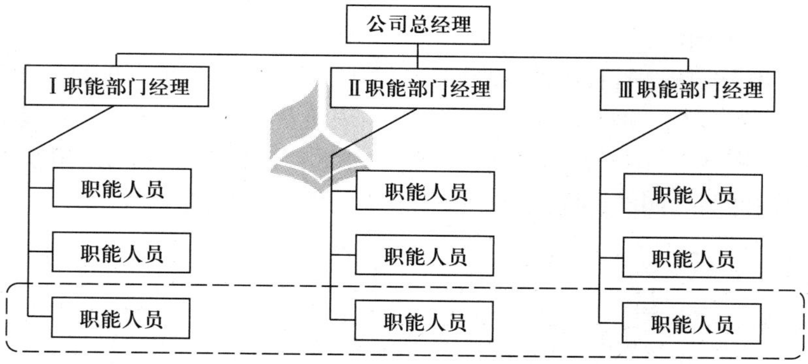

图 5–14　弱矩阵式组织结构

第六章　建设工程质量管理

建设工程质量影响因素众多，需要工程参建各方主体共同建立和完善工程质量管理体系，明确工程质量各方主体责任，严格工程质量监督检查程序，落实工程质量终身责任制。

第一节　工程质量影响因素及管理体系

一、工程质量形成过程及特点

（一）工程质量特性

质量是客体的一组固有特性满足要求的程度。工程质量是指建设工程适用性、安全性等固有特性满足相关标准规定和合同约定要求的程度。固有特性包括明示特性和隐含特性。建设工程质量的明示特性由相关标准规定和合同约定的明确要求来体现，隐含特性是客体隐含的内在要求，如住宅建筑应当采光良好就是一种隐含特性。质量特性满足要求的程度反映了质量优劣。建设工程质量特性主要通过以下六个方面来体现。

1. 适用性

适用性是指建设工程满足使用目的的各种性能。包括：①物理性能，如规格尺寸、保温隔热性能；②化学性能，如耐酸碱、防火性能；③结构性能，如结构强度、刚度和稳定性；④使用性能，如工业生产车间应能满足生产活动需要，能降低劳动强度和成本，具备道路通行能力、通达便捷程度；⑤外观性能，如建筑物的造型、色彩搭配效果等。

建设工程适用性既包含工程整体性能，也包含建设工程组成部件，如水、暖、电、设备等的性能。

2. 耐久性

耐久性即寿命，是指建设工程在合理使用条件下，满足规定功能要求的使用年限，或者说是工程竣工后的合理使用寿命期。

建设工程耐久性既包含工程整体寿命，如工程合理使用年限，也包含组成部件的耐久性，如结构工程寿命期应符合工程使用年限、防水工程应有合理耐用年限。

3. 安全性

安全性是指工程建成后在使用过程中应保证人身和环境免受其危害的性能，包括结构的安全性，抗震等级、耐火等级及防火能力、抗辐射污染、抗自然灾害等能力是否能达到特定要求。

建设工程安全性是由各组成部分的安全性能综合决定的。

4. 可靠性

可靠性是指工程在规定的时间和使用条件下相关产品功能不失效，能够实现规定功能的能力。工程可靠性不仅要求工程在竣工验收时要达到规定指标，而且要求在一定使用时期内保持应有的正常功能，如工程消防系统的报警功能、清洁系统的洁净功能等。

5. 经济性

经济性是指工程从规划、勘察、设计、施工到整个产品使用寿命期内的成本和消耗水平。工程经济性应从全寿命期成本进行考察，包括工程前期策划和勘察设计成本、建造成本、使用及报废拆除成本等。

6. 节能环保性能

节能环保性能是指建设工程所具备的节能减排、能源消耗等效果以及与周围生态环境、所在地区经济环境的协调程度。

建设工程节能环保性能包括设计、建造及使用过程中的综合性能，如设计方案的节能系数、与周边环境的协调性、建造过程中的水土保持、使用过程中的能耗等。

建设工程质量是由上述六个方面特性综合决定的，六个方面质量特性在不同建设工程质量中的重要性各有不同。

（二）工程质量形成过程

建设工程质量是通过建设工程前期策划与决策、工程勘察设计、工程施工、工程竣工验收四个阶段逐步形成的，各阶段对工程质量有着不同的作用方式和影响。

1. 前期策划与决策

前期策划通过构思建设方案和对各方案经济效益、社会效益和环境效益等进行技术经济分析论证，推荐建设方案作为项目决策和设计依据。在此过程中，需要确定工程质量要求。因此，项目前期策划直接影响项目决策质量和设计质量。

项目决策则是在项目评估基础上，综合权衡项目投资、质量、进度三者协调统一关系，对工程建设方案做出决策，确定项目功能、规模、建设标准、建设水平及主要技术经济指标。因此，项目决策对工程质量的影响主要是确定工程项目应达到的质量目标和水平（含主要技术经济指标）。

2. 工程勘察设计

工程勘察是为建设场地选择及工程设计与施工提供地质资料和工程测量依据。而工程设计是根据决策方案和建设意图（包括确定的质量目标和水平）及工程勘察报告，对工程外形和内在实体功能进行筹划、研究、构思，并通过编制设计文件和图纸，使质量目标和水平具体化，为施工提供直接依据。

工程平面布置和空间形式、结构和构造类型、使用材料、构配件、设备等的质量水平和功能要求，都是在工程设计阶段确定的。因此，工程勘察设计阶段是决定工程质量的关键环节。

3. 工程施工

工程施工是指按照工程建设标准、施工合同、设计文件和图纸要求，在建设地点通过建造活动将设计意图付诸实施，形成工程实体、建成最终产品的活动。

工程施工活动决定了设计意图能否实现，直接关系到工程的安全性、可靠性、适用性、耐久性等质量特性能否保证。因此，工程施工是形成工程实体质量的决定性环节。

4. 工程竣工验收

工程竣工验收通过对工程施工质量进行检查评定、试车运转，综合考核检验施工质量是否达到设计要求，是否符合决策阶段确定的质量目标和水平，并通过验收确保工程项目质量。因此，工程竣工验收对工程质量的作用是保证了最终产品的总体质量。

（三）工程质量特点

工程质量是通过建设过程逐步形成的，工程产品及其生产特点影响着工程质量特点。

1. 质量影响因素多

建设工程要经过前期策划与决策、勘察设计、施工和竣工验收等多个环节才能最终形成，各阶段尤其是施工阶段不仅受到生产过程自身因素的影响，还受外界多种因素的制约，各阶段诸多因素均直接或间接地影响工程质量。因此，工程质量强调全方位、全要素控制。

2. 质量波动大

由于建筑生产的单件性、流动性，且建筑生产手工劳动比重大、生产要素组合多变，各种系统性和偶然性因素共同对工程质量产生干扰，工程质量容易产生较大波动。因此，应重视工程质量的预防性控制，让事前控制、事中控制和事后控制有机结合。

3. 质量隐蔽性

工程施工通过工序、分项工程、分部工程、单位工程逐步形成工程产品及其质量，在此过程中，工序交接多、中间产品多、隐蔽工程多，影响工程总体质量的各项工作质量、中间产品质量均会被后续工程隐蔽，因此，工程质量具有隐蔽性。

4. 质量终检局限性

由于建设工程质量具有隐蔽性，工程完工后的竣工验收难以对工程中间产品、隐蔽工程质量进行复验，隐蔽的质量缺陷难以被发现，工程质量终检（竣工验收）存在一定的局限性。因此，工程质量控制和验收强调工序、隐蔽工程、分项工程、分部工程、单位工程质量的过程控制和依次验收。

二、工程质量影响因素

工程质量影响因素很多，可归纳为人（Man）、材料（Material）、机械（Machine）、方法（Method）、环境（Environment）五个方面，即4M1E。

（一）人员素质

工程建设全过程都是通过人的工作来完成的。人包括工程建设的决策者、管理者、操作者。人员素质，包括人的身体状况、文化水平、技术水平、决策能力、组织能力、作业能力、控制能力和职业道德等，都会对工程建设各阶段的决策、管理和操作产生影响，进而对工程质量产生不同程度的影响。人员素质是工程质量影响因素中可变性最大的因素。因此，工程建设领域需要实行职业资格管理和准入管理。

（二）工程材料

工程材料是指构成工程实体的各类建筑材料、构配件、半成品等，是构成工程实体的物质条件，是工程实体质量的基础。工程材料的选用是否恰当、质量是否合格、质量是否经过检验、保管使用是否得当等，都会影响适用性、耐久性、安全性、可靠性、经济性、节能环保等质量特性的一个或多个方面，进而直接影响建设工程的总体质量。

（三）机械设备

影响工程质量的机械设备分为两类：一类是建筑设备，即组成工程实体及配套的工艺设备和各类机具，如电梯、通风设备等，作为工程实体的一部分影响工程质量；另一类是施工机具，即施工过程中使用的各类机具设备，如垂直运输设备、各类操作工具、各种施工安全设施、各类测量仪器和计量器具等，作为劳动工具，施工机具的选用、管理、维护、操作直接影响施工质量，从而对工程质量有重要影响。

（四）方法

方法是指工程建设各阶段使用的手段、方法，如决策方法、设计辅助手段、施工工艺、操作方法和施工方案等。这些方法对于决策是否科学合理、手段是否先进可行、质量控制和质量保证是否有效有着直接影响，从而对工程质量形成过程产生影响。

（五）环境

环境既包括整个项目的环境（如项目所处的自然环境），也包括某一质量责任主体质量管理环境（如项目各单位之间的信息沟通取得）。概括起来有：①周边环境，如工程邻近的地下管线、建（构）筑物等；②工程技术环境，如工程所在地的地质、水文、气象等；③工程作业环境，如施工环境作业面大小、照明和通信条件等；④工程管理环境，主要指工程实施的合同环境与项目组织体系及管理制度等。环境主要对工程实体质量的形成产生影响。

三、工程质量管理体系

质量管理体系是组织内部建立的为实现质量目标所必需的系统质量管理模式，它将资源与过程结合，以过程管理方法进行系统管理，根据组织特点选用若干体系要素加以组合实施质量管理。工程质量管理体系一般包括质量方针和目标，以及为实现目标所建立的组织结构系统、管理制度办法、实施计划方案和必要的物质条件。这些质量方针和目标一般以文件化、程序化方式呈现，成为组织内部质量管理工作的标准和依据。

工程质量管理体系是组织（企业）质量管理体系在工程项目层面的具体实施和运行。

（一）质量管理体系内容

1. 质量方针

质量方针是企业质量行为的指导准则，反映企业最高管理者的质量意识，也反映企业质量经营目的和质量文化。通常，质量方针与组织的总方针相一致并为制定质量目标提供框架。质量方针由组织的最高管理者正式发布，是该组织总的质量宗旨和方向。质量方针通常以简洁的标语式语言表达，如：没有挑剔的客户，只有不完美的产品。

2. 质量目标

工程项目质量目标应根据组织质量管理体系和工程项目质量目标（合同目标）来确定。根据项目具体目标逐级分解以形成在合同环境下的各级质量目标（如限额设计质量目标、施工质量目标等）。质量目标分解应满足质量控制要求，从时间角度展开，实施全过程控制；从空间角度展开，实现全方位和全员的质量目标管理。

3. 质量计划

根据质量目标制订质量计划是实施质量管理的前提，工程项目质量计划一般应包括工作质量计划和成果质量计划，质量计划是对操作规范化、管理程序化的要求，成果质量计划是阶段性设计应达到的深度、产品达到预期效果应遵循的步骤等。

4. 保证体系

质量方针的贯彻实施、质量目标和计划的落实需要相应的要素保证，一般包括以下三个方面。

（1）思想保证体系。就是运用全面质量管理的思想、观点和方法，使全体人员增强质量意识，树立“质量第一”的观念，全面贯彻质量方针，充分认识质量目标和质量计划，思想上重视工程质量。

（2）组织保证体系。就是要建立健全各级质量管理组织，形成有明确任务、职责、权限，既分工负责，又相互协调、相互配合促进的有机整体。组织保证体系主要由健全各种规章制度，明确规定各职能部门管理人员和作业人员在保证和提高工程质量中所承担的任务、职责和权限，建立质量信息系统等内容构成。

（3）工作保证体系。工作保证体系主要是明确工作任务和建立工作制度，落实相关工作内容和要求，包括相关技术、物质、信息的准备，流程、制度的建立和落实等工作内容。

上述保证体系内容一般应通过相关制度和流程加以保证。因此，在质量管理体系中应包括制度和流程建设。

（二）质量管理体系文件

质量管理体系强调程序化、标准化质量管理，因此，需要建立相应的文件系统，该文件系统是执行质量管理的依据和标准，也是申请质量认证的重要依据。质量管理体系文件一般包括以下四项内容。

1. 质量手册

质量手册是质量管理体系的规范，是阐明一个企业质量政策、质量体系和质量实践的文件，是在实施和保持质量体系过程中长期遵循的纲领性文件。质量手册的主要内容包括：企业的质量方针、质量目标；组织机构和质量职责；各项质量活动的基本控制程序或体系要素；质量评审、修改和控制管理办法。

2. 程序文件

程序文件是质量手册的支持性文件，是企业为落实质量管理工作而建立的各项管理标准、规章制度，是企业各职能部门为贯彻落实质量手册要求而规定的实施细则。程序文件一般至少应包括：文件控制程序、质量记录管理程序、不合格品控制程序、内部审核程序、预防措施控制程序、纠正措施控制程序等。程序文件还需要作业文件的支持，作业文件是对具体的作业活动给出的指示性文件。

3. 质量计划

质量计划是为了确保过程的有效运行和控制，在程序文件的指导下，针对特定的产品、过程、合同或项目，而制定出的包含专门质量措施和活动顺序的文件。质量计划的内容包括：应达到的质量目标；该项目各阶段的责任和权限；应采用的特定程序、方法、作业指导书；有关阶段的实验、检验和审核大纲；随项目进展而修改和完善质量计划的方法；为达到质量目标必须采取的其他措施。

4. 质量记录

质量记录是产品质量水平和质量体系中各项质量活动进行及结果的客观反映，是证明各阶段产品质量达到要求和质量体系运行有效的证据。

工程质量管理体系应根据组织制定的上述质量文件，结合项目具体情况加以具体化并遵照执行。

（三）质量管理体系运行

质量管理体系重视过程质量控制，认为“持续改进”在质量管理中处于核心地位。因此，PDCA 循环是质量管理体系有效运行的管理方法。

1. 计划（Plan）

计划是质量管理的首要环节，通过计划，确定质量管理的方针、目标，以及实现方针、目标的措施和行动方案。计划包括质量管理目标和质量保证工作安排。质量保证工作安排就是为实现质量管理目标所采取的具体措施和实施步骤。质量保证工作安排应做到材料、技术、组织三落实。

2. 实施（Do）

实施包含两个环节，即：计划行动方案的交底和按计划执行的方法实施质量管理。首先，要做好计划的交底和落实，落实包括组织落实、技术落实和物资材料的落实；其次，在按计划执行过程中，依靠质量保证工作体系保证质量计划的执行。

3. 检查（Check）

检查就是对照计划，检查执行情况和效果，及时发现计划执行过程中存在的偏差和问题。检查一般包括两方面；一是检查是否严格执行了计划行动方案，检查实际条件是否发生了变化，分析计划未能完全执行的原因；二是检查计划执行结果，即质量是否达到目标要求。

4. 处理（Action）

处理是在检查的基础上肯定成功的经验，形成标准，同时采取措施，纠正计划执行中的偏差，总结教训，积累经验。

PDCA 循环具有互相衔接、互相促进、螺旋式上升、不断推进等特点。质量保证体系的运行就是按照 PDCA 循环周而复始地运转，从而保证和提高工程质量。

四、工程质量管理相关制度

我国先后颁布了一系列工程建设管理规范性文件，很多涉及工程质量管理。政府对工程质量管理的内容主要包括以下四个方面。

（一）设计文件审批和审查

1. 初步设计审批

初步设计审批是在规划、消防、人防、环保等专项审查的基础上，侧重于对工程设计质量进行的综合性审查批复。

《国务院关于投资体制改革的决定》（国发〔2004〕20 号）规定：对于政府投资项目，采用直接投资和资本金注入方式的，要严格初步设计、概算审批工作。国家发展改革委发布的《中央预算内直接投资项目管理办法》（国家发展改革委令第 7 号）明确：直接投资项目实行审批制，其中包括审批初步设计。《中央预算内直接投资项目概算管理暂行办法》（发改投资〔2015〕482 号）明确：概算由国家发展改革委在项目初步设计阶段委托评审后核定。《中共中央　国务院关于深化投融资体制改革的意见》强调：改进和规范政府投资项目审批制，采用直接投资和资本金注入方式的项目，对经济社会发展、社会公众利益有重大影响或者投资规模较大的，要在咨询机构评估、公众参与、专家评议、风险评估等科学论证基础上，严格审批项目建议书、可行性研究报告、初步设计。《建设工程勘察设计管理条例》（2017 年修正版）规定：建设工程勘察、设计文件内容需要作重大修改的，建设单位应当报经原审批机关批准后，方可修改。

《政府投资条例》（国务院令第 712 号）第九条明确规定，政府采取直接投资方式、资本金注入方式投资的项目，项目单位应当编制项目建议书、可行性研究报告、初步设计，按照政府投资管理权限和规定的程序，报投资主管部门或者其他有关部门审批。项目单位应当加强政府投资项目的前期工作，保证前期工作的深度达到规定的要求，并对项目建议书、可行性研究报告、初步设计以及依法应当附具的其他文件的真实性负责。

2. 施工图设计文件审查

施工图设计文件审查是指施工图审查机构按照有关法律、法规，对施工图涉及公共利益、公众安全和工程建设强制性标准的内容进行的审查。施工图审查应当坚持先勘察、后设计的原则。

《建设工程质量管理条例》规定：施工图设计文件未经审查批准的，不得使用。《房屋建筑和市政基础设施工程施工图设计文件审查管理办法》（住房和城乡建设部令第 13 号）明确：施工图设计文件审查是为了加强对房屋建筑工程、市政基础设施工程施工图设计文件审查的管理，提高工程勘察设计质量。

国务院住房城乡建设主管部门负责对全国的施工图审查工作实施指导、监督，县级以上地方人民政府住房城乡建设主管部门负责对本行政区域内的施工图审查工作实施监督管理。

建设单位应当将施工图送审查机构审查，但审查机构不得与所审查项目的建设单位、勘察设计企业有隶属关系或者其他利害关系。建设单位不得明示或者暗示审查机构违反法律法规和工程建设强制性标准进行施工图审查，不得压缩合理审查周期、压低合理审查费用。

施工图未经审查合格的，不得使用。从事房屋建筑工程、市政基础设施工程施工、监理等活动，以及实施对房屋建筑和市政基础设施工程质量安全监督管理，应当以审查合格的施工图为依据。

施工图审查机构对施工图的审查包括以下七项内容：①是否符合工程建设强制性标准；②地基基础和主体结构的安全性；③消防安全性；④人防工程（不含人防指挥工程）防护安全性；⑤是否符合民用建筑节能强制性标准，对执行绿色建筑标准的项目，还应当审查是否符合绿色建筑标准；⑥勘察设计企业和注册执业人员以及相关人员是否按规定在施工图上加盖相应的图章和签字；⑦法律、法规、规章规定必须审查的其他内容。

审查机构对施工图进行审查后，对于审查不合格的，审查机构应当将施工图退还建设单位并出具审查意见告知书，说明不合格原因。同时，应当将审查意见告知书及审查中发现的建设单位、勘察设计企业和注册执业人员违反法律、法规和工程建设强制性标准的有关问题，报工程所在地县级以上地方人民政府住房城乡建设主管部门。

施工图退建设单位后，建设单位应当要求原勘察设计企业进行修改，并将修改后的施工图送原审查机构复审。

《国务院办公厅关于全面开展工程建设项目审批制度改革的实施意见》（国办发〔2019〕11 号）提出："试点地区要进一步精简审批环节，在加快探索取消施工图审查（或缩小审查范围），实行告知承诺制和设计人员终身负责制等方面，尽快形成可复制可推广的经验。"

（二）工程质量监督

工程质量监督管理主体是各级政府建设行政主管部门和其他有关部门。工程质量监督一般由建设行政主管部门或其他有关部门委托工程质量监督机构具体实施。

工程质量监督机构的主要任务包括以下七个方面。

（1）根据政府主管部门的委托，受理建设工程质量监督。

（2）制定质量监督工作方案。确定负责该项工程的质量监督工程师和监督员。根据有关法律、法规和工程建设强制性标准，针对工程特点，明确监督的具体内容、监督方式。在方案中对地基基础、主体结构和其他涉及结构安全、节能、重要使用功能的重要部位和关键过程做出实施监督的详细计划安排，并将质量监督工作方案通知建设、勘察、设计、施工、工程监理单位。

（3）检查施工现场工程建设各方主体的质量行为。检查施工现场工程建设各方主体及有关人员的资质或资格；检查勘察、设计、施工、工程监理单位的质量管理体系和质量责任制落实情况；检查有关质量文件、技术资料是否齐全并符合规定。

（4）检查建设工程实体质量。按照质量监督工作方案，对建设工程地基基础、主体结构和其他涉及结构安全、节能、重要使用功能的关键部位进行现场实地抽查，对用于工程的主要建筑材料、构配件质量进行抽查。对地基基础、主体结构和其他涉及结构安全、节能、重要使用功能的分部工程质量验收进行监督。

（5）监督工程质量验收。监督建设单位组织的工程竣工验收组织形式、验收程序以及在验收过程中提供的有关资料和形成的质量评定文件是否符合有关规定，实体质量是否存在严重缺陷，工程质量验收是否符合国家标准。

（6）对预制建筑构件、商品混凝土的质量，涉及结构安全、节能、重要使用功能的材料和外加工件质量进行监督。

（7）向委托部门报送工程质量监督报告。报告内容应包括：对地基基础和主体结构质量、重要使用功能质量检查的结论，工程质量验收程序、内容和质量检验评定是否符合有关规定，以及历次抽查该工程的质量问题和处理情况等。

（三）建设工程施工许可

从事各类房屋建筑及其附属设施的建造、装修装饰和与其配套的线路、管道、设备的安装，以及城镇市政基础设施工程施工，建设单位在开工前应当向工程所在地县级以上地方人民政府住房城乡建设主管部门申请领取施工许可证。

应当申请领取施工许可证的建筑工程未取得施工许可证的，一律不得开工。任何单位和个人不得将应当申请领取施工许可证的工程项目分解为若干限额以下的工程项目，以规避申请领取施工许可证。

建设单位申请领取施工许可证，应当具备下列条件，并提交相应的证明文件。

（1）依法应当办理用地批准手续的，已经办理该建筑工程用地批准手续。

（2）依法应当办理建设工程规划许可证的，已经取得建设工程规划许可证。

（3）施工场地已经基本具备施工条件，需要征收房屋的，其进度符合施工要求。

（4）已经确定施工企业。按照规定应当招标的工程没有招标，应当公开招标的工程没有公开招标，或者肢解发包工程，以及将工程发包给不具备相应资质条件的企业的，所确定的施工企业无效。

（5）有满足施工需要的资金安排、施工图纸及技术资料。建设单位应当提供建设资金落实承诺书，施工图设计文件已按规定审查合格。

（6）有保证工程质量和安全的具体措施。施工企业编制的施工组织设计中根据建筑工程特点制定了相应的质量、安全技术措施。建立了工程质量安全责任制并落实到人。专业性较强的工程项目编制了专项质量、安全施工组织设计，并按照规定办理了工程质量、安全监督手续。

（四）工程竣工验收与备案

工程建成后必须按国家有关规定进行竣工验收。建设单位收到建设工程竣工报告后，应当组织勘察、设计、施工、工程监理等有关单位进行竣工验收。

《国务院办公厅关于全面开展工程建设项目审批制度改革的实施意见》明确，要制定联合竣工验收管理办法，实行规划、土地、消防、人防、档案等事项限时联合验收，统一竣工验收图纸和验收标准，统一出具验收意见。对于验收涉及的测绘工作，实行“一次委托、联合测绘、成果共享”。

建设工程竣工验收应当具备下列条件：①完成建设工程设计和合同约定的各项内容；②有完整的技术档案和施工管理资料；③有工程使用的主要建筑材料、建筑构配件和设备的进场试验报告；④有勘察、设计、施工、工程监理等单位分别签署的质量合格文件；⑤有施工单位签署的工程保修书。

建设工程验收文件应由验收人员签署意见。建设工程经验收合格后，方可交付使用。建设单位应当自工程竣工验收合格之日起 15 日内，向工程所在地县级以上地方人民政府建设行政主管部门备案。

备案机关收到建设单位报送的竣工验收备案文件，验证文件齐全后，应当在工程竣工验收备案表上签署文件收讫。

第二节　工程参建各方的质量责任

一、工程参建各方单位的质量责任

《建设工程质量管理条例》明确规定了工程参建各方单位的质量责任和义务。

（一）建设单位的质量责任

（1）建设单位应当将工程发包给具有相应资质等级的单位，建设单位不得将建设工程肢解发包。

（2）建设单位应当依法对工程建设项目的勘察、设计、施工、监理以及与工程建设有关的重要设备、材料等的采购进行招标。

（3）建设单位必须向有关的勘察、设计、施工、工程监理等单位提供与建设工程有关的原始资料，原始资料必须真实、准确、齐全。

（4）建设工程发包单位不得迫使承包方以低于成本的价格竞标，不得任意压缩合理工期。建设单位不得明示或者暗示设计单位或者施工单位违反工程建设强制性标准，降低建设工程质量。

（5）施工图设计文件未经审查批准的，不得使用。

（6）实行监理的建设工程，建设单位应当委托具有相应资质等级的工程监理单位进行监理，也可以委托具有工程监理相应资质等级并与被监理工程的施工承包单位没有隶属关系或者其他利害关系的该工程的设计单位进行监理。

（7）建设单位在领取施工许可证或者开工报告前，应当按照国家有关规定办理工程质量监督手续。

（8）按照合同约定，由建设单位采购建筑材料、建筑构配件和设备的，建设单位应当保证建筑材料、建筑构配件和设备符合设计文件和合同要求。建设单位不得明示或者暗示施工单位使用不合格的建筑材料、建筑构配件和设备。

（9）涉及建筑主体和承重结构变动的装修工程，建设单位应当在施工前委托原设计单位或者具有相应资质等级的设计单位提出设计方案；没有设计方案的，不得施工。房屋建筑使用者在装修过程中，不得擅自变动房屋建筑主体和承重结构。

（10）建设单位收到建设工程竣工报告后，应当组织设计、施工、工程监理等有关单位进行竣工验收。建设工程经验收合格的，方可交付使用。

（11）建设单位应当严格按照国家有关档案管理的规定，及时收集、整理建设项目各环节的文件资料，建立、健全建设项目档案，并在建设工程竣工验收后，及时向建设行政主管部门或者其他有关部门移交建设项目档案。

2020 年 9 月，《住房和城乡建设部关于落实建设单位工程质量首要责任的通知》进一步明确了建设单位对于工程质量的首要责任：建设单位是工程质量的第一责任人，依法对工程质量承担全面责任。对因工程质量给工程所有权人、使用人或第三方造成的损失，建设单位依法承担赔偿责任，有其他责任人的，可以向其他责任人追偿。建设单位要严格落实项目法人责任制，依法开工建设，全面履行管理职责，确保工程质量符合国家法律法规、工程建设强制性标准和合同约定。

（二）勘察、设计单位的质量责任

（1）从事建设工程勘察、设计的单位应当依法取得相应等级的资质证书，并在其资质等级许可的范围内承揽工程。禁止勘察、设计单位超越其资质等级许可的范围或者以其他勘察、设计单位的名义承揽工程。禁止勘察、设计单位允许其他单位或者个人以本单位的名义承揽工程。勘察、设计单位不得转包或者违法分包所承揽的工程。

（2）勘察、设计单位必须按照工程建设强制性标准进行勘察、设计，并对其勘察、设计的质量负责。注册建筑师、注册结构工程师等注册执业人员应当在设计文件上签字，对设计文件负责。

（3）勘察单位提供的地质、测量、水文等勘察成果必须真实、准确。

（4）设计单位应当根据勘察成果文件进行建设工程设计。设计文件应当符合国家规定的设计深度要求，注明工程合理使用年限。

（5）设计单位在设计文件中选用的建筑材料、建筑构配件和设备，应当注明规格、型号、性能等技术指标，其质量要求必须符合国家规定的标准。除有特殊要求的建筑材料、专用设备、工艺生产线等外，设计单位不得指定生产厂、供应商。

（6）设计单位应当就审查合格的施工图设计文件向施工单位作出详细说明。

（7）设计单位应当参与建设工程质量事故分析，并对因设计造成的质量事故，提出相应的技术处理方案。

（三）施工单位的质量责任

（1）施工单位应当依法取得相应等级的资质证书，并在其资质等级许可的范围内承揽工程。禁止施工单位超越本单位资质等级许可的业务范围或者以其他施工单位的名义承揽工程。禁止施工单位允许其他单位或者个人以本单位的名义承揽工程。施工单位不得转包或者违法分包工程。

（2）施工单位对建设工程的施工质量负责。施工单位应当建立质量责任制，确定工程项目的项目经理、技术负责人和施工管理负责人。建设工程实行总承包的，总承包单位应当对全部建设工程质量负责；建设工程勘察、设计、施工、设备采购的一项或者多项实行总承包的，总承包单位应当对其承包的建设工程或者采购设备的质量负责。

（3）总承包单位依法将建设工程分包给其他单位的，分包单位应当按照分包合同的约定对其分包工程的质量向总承包单位负责，总承包单位与分包单位对分包工程的质量承担连带责任。

（4）施工单位必须按照工程设计图纸和施工技术标准施工，不得擅自修改工程设计，不得偷工减料。施工单位在施工过程中发现设计文件和图纸有差错的，应当及时提出意见和建议。

（5）施工单位必须按照工程设计要求、施工技术标准和合同约定，对建筑材料、建筑构配件、设备和商品混凝土进行检验，检验应当有书面记录和专人签字；未经检验或者检验不合格的，不得使用。

（6）施工单位必须建立、健全施工质量的检验制度，严格工序管理，做好隐蔽工程的质量检查和记录。隐蔽工程在隐蔽前，施工单位应当通知建设单位和建设工程质量监督机构。

（7）施工人员对涉及结构安全的试块、试件以及有关材料，应当在建设单位或者工程监理单位监督下现场取样，并报送具有相应资质等级的质量检测单位进行检测。

（8）施工单位对施工中出现质量问题的建设工程或者竣工验收不合格的建设工程，应当负责返修。

（9）施工单位应当建立、健全教育培训制度，加强对职工的教育培训；未经教育培训或者考核不合格的人员，不得上岗作业。

（四）工程监理单位的质量责任

（1）工程监理单位应当依法取得相应等级的资质证书，并在其资质等级许可的范围内承担工程监理业务。禁止工程监理单位超越本单位资质等级许可的范围或者以其他工程监理单位的名义承担工程监理业务。禁止工程监理单位允许其他单位或者个人以本单位的名义承担工程监理业务。工程监理单位不得转让工程监理业务。

（2）工程监理单位与被监理工程的施工承包单位，以及建筑材料、建筑构配件和设备供应单位有隶属关系或者其他利害关系的，不得承担该项建设工程的监理业务。

（3）工程监理单位应当依照法律、法规以及有关技术标准、设计文件和建设工程承包合同，代表建设单位对施工质量实施监理，并对施工质量承担监理责任。

（4）工程监理单位应当选派具备相应资格的总监理工程师和监理工程师进驻施工现场。未经监理工程师签字，建筑材料、建筑构配件和设备不得在工程上使用或者安装，施工单位不得进行下一道工序的施工。未经总监理工程师签字，建设单位不拨付工程款，不进行竣工验收。

（5）监理工程师应当按照工程监理规范的要求，采取旁站、巡视和平行检验等形式，对建设工程实施监理。

二、工程参建各方项目负责人的质量责任

《住房城乡建设部关于印发〈建设单位项目负责人质量安全责任八项规定（试行）〉等四个规定的通知》（建市〔2015〕35 号）及《建筑施工项目经理质量安全责任十项规定（试行）》（建质〔2014〕123 号），明确了工程参建各方项目负责人的质量责任。

（一）建设单位项目负责人的质量责任

根据《建设单位项目负责人质量安全责任八项规定（试行）》，建设单位项目负责人是指建设单位法定代表人或经法定代表人授权，代表建设单位全面负责工程项目建设全过程管理，并对工程质量承担终身责任的人员。建设单位项目负责人承担以下质量责任。

（1）应当依法组织发包，不得将工程发包给个人或不具有相应资质等级的单位；不得将一个单位工程的施工分解成若干部分发包给不同的施工总承包或专业承包单位；不得将施工合同范围内的单位工程或分部分项工程又另行发包；不得违反合同约定，通过各种形式要求承包单位选择指定的分包单位。建设单位项目负责人发现承包单位有转包、违法分包及挂靠等违法行为的，应当及时向住房城乡建设主管部门报告。

（2）在组织发包时应当提出合理的造价和工期要求，不得迫使承包单位以低于成本的价格竞标，不得与承包单位签订“阴阳合同”，不得拖欠勘察设计、工程监理费用和工程款，不得任意压缩合理工期。确需压缩工期的，应当组织专家予以论证，并采取保证建筑工程质量安全的相应措施，支付相应的费用。

（3）在组织编制工程概算时，应当将建筑工程安全生产措施费用和工伤保险费用单独列支，作为不可竞争费，不参与竞标。

（4）应当负责向勘察、设计、施工、工程监理等单位提供与建筑工程有关的真实、准确、齐全的原始资料，应当严格执行施工图设计文件审查制度，及时将施工图设计文件报有关机构审查，未经审查批准的，不得使用；发生重大设计变更的，应送原审图机构审查。

（5）应当在项目开工前按照国家有关规定办理工程质量、安全监督手续，申请领取施工许可证。依法应当实行监理的工程，应当委托工程监理单位进行监理。

（6）应当加强对工程质量安全的控制和管理，不得以任何方式要求设计单位或者施工单位违反工程建设强制性标准，降低工程质量；不得以任何方式要求检测机构出具虚假报告；不

得以任何方式要求施工单位使用不合格或者不符合设计要求的建筑材料、建筑构配件和设备；不得违反合同约定，指定承包单位购入用于工程建设的建筑材料、建筑构配件和设备或者指定生产厂、供应商。

（7）应当按照有关规定组织勘察、设计、施工、工程监理等有关单位进行竣工验收，并按照规定将竣工验收报告、有关认可文件或者准许使用文件报送备案。未组织竣工验收或验收不合格的，不得交付使用。

（8）应当严格按照国家有关档案管理规定，及时收集、整理建设项目各环节的文件资料，建立、健全建设项目档案和建筑工程各方主体项目负责人质量终身责任信息档案，并在建筑工程竣工验收后，及时向住房城乡建设主管部门或者其他有关部门移交建设项目档案，以及各方主体项目负责人的质量终身责任信息档案。

（二）勘察单位项目负责人的质量责任

根据《建筑工程勘察单位项目负责人质量安全责任七项规定（试行）》（建市〔2015〕35号），建筑工程勘察单位项目负责人是指经勘察单位法定代表人授权，代表勘察单位负责建筑工程项目全过程勘察质量管理，并对建筑工程勘察质量安全承担总体责任的人员。建筑工程勘察单位项目负责人应当承担以下质量责任。

（1）应当确认承担项目的勘察人员符合相应的注册执业资格要求，具备相应的专业技术能力，观测员、记录员、机长等现场作业人员符合专业培训要求。不得允许他人以本人的名义承担工程勘察项目。

（2）应当依据有关法律法规、工程建设强制性标准和勘察合同（包括勘察任务委托书），组织编写勘察纲要，就相关要求向勘察人员交底，组织开展工程勘察工作。

（3）应当负责勘察现场作业安全，要求勘察作业人员严格执行操作规程，并根据建设单位提供的资料和场地情况，采取措施保证各类人员，场地内和周边建筑物、构筑物及各类管线设施的安全。

（4）应当对原始取样、记录的真实性和准确性负责，组织人员及时整理、核对原始记录，核验有关现场和试验人员在记录上的签字，对原始记录、测试报告、土工试验成果等各项作业资料验收签字。

（5）应当对勘察成果的真实性和准确性负责，保证勘察文件符合国家规定的深度要求，在勘察文件上签字盖章。

（6）应当对勘察后期服务工作负责，组织相关勘察人员及时解决工程设计和施工中与勘察工作有关的问题；组织参与施工验槽；组织勘察人员参加工程竣工验收，验收合格后在相关验收文件上签字，对城市轨道交通工程，还应参加单位工程、项目工程验收并在验收文件上签字；组织勘察人员参与相关工程质量安全事故分析，并对因勘察原因造成的质量安全事故提出与勘察工作有关的技术处理措施。

（7）应当对勘察资料的归档工作负责，组织相关勘察人员将全部资料分类编目，装订成册，归档保存。

（三）设计单位项目负责人的质量责任

根据《建筑工程设计单位项目负责人质量安全责任七项规定（试行）》，建筑工程设计单位项目负责人是指经设计单位法定代表人授权，代表设计单位负责建筑工程项目全过程设计质量管理，并对工程设计质量承担总体责任的人员。建筑工程设计单位项目负责人承担以下质量责任。

（1）应当确认承担项目的设计人员符合相应的注册执业资格要求，具备相应的专业技术能力。不得允许他人以本人的名义承担工程设计项目。

（2）应当依据有关法律法规、项目批准文件、城乡规划、工程建设强制性标准、设计深度要求、设计合同（包括设计任务书）和工程勘察成果文件，就相关要求向设计人员交底，组织开展建筑工程设计工作，协调各专业之间及与外部各单位之间的技术接口工作。

（3）应当要求设计人员在设计文件中注明建筑工程合理使用年限，标明采用的建筑材料、建筑构配件和设备的规格、性能等技术指标，其质量要求必须符合国家规定的标准及建筑工程的功能需求。

（4）应当要求设计人员考虑施工安全操作和防护的需要，在设计文件中注明涉及施工安全的重点部位和环节，并对防范安全生产事故提出指导意见；采用新结构、新材料、新工艺和特殊结构的，应在设计中提出保障施工作业人员安全和预防生产安全事故的措施建议。

（5）应当核验各专业设计、校核、审核、审定等技术人员在相关设计文件上的签字，核验注册建筑师、注册结构工程师等注册执业人员在设计文件上的签章，并对各专业设计文件验收签字。

（6）应当在施工前就审查合格的施工图设计文件，组织设计人员向施工及监理单位作出详细说明；组织设计人员解决施工中出现的设计问题。不得在违反强制性标准或不满足设计要求的变更文件上签字。应当根据设计合同中约定的责任、权利、费用和时限，组织开展后期服务工作。

（7）应当组织设计人员参加建筑工程竣工验收，验收合格后在相关验收文件上签字；组织设计人员参与相关工程质量安全事故分析，并对因设计原因造成的质量安全事故，提出与设计工作相关的技术处理措施；组织相关人员及时将设计资料归档保存。

（四）项目总监理工程师的质量责任

根据《建筑工程项目总监理工程师质量安全责任六项规定（试行）》（建市〔2015〕35 号），建筑工程项目总监理工程师是指经工程监理单位法定代表人授权，代表工程监理单位主持建筑工程项目的全面监理工作并对其承担终身责任的人员。项目总监理工程师承担以下质量责任。

（1）应当按规定取得注册执业资格，不得违反规定受聘于两个及以上单位从事执业活动。

（2）应当在岗履职。应当组织审查施工单位提交的施工组织设计中的安全技术措施或者专项施工方案，并监督施工单位按已批准的施工组织设计中的安全技术措施或者专项施工方案组织施工；应当组织审查施工单位报审的分包单位资格，督促施工单位落实劳务人员持证上岗制度；发现施工单位存在转包和违法分包的，应当及时向建设单位和有关主管部门报告。

（3）应当组织项目监理人员采取旁站、巡视和平行检验等形式实施工程监理，按照规定对施工单位报审的建筑材料、建筑构配件和设备进行检查，不得将不合格的建筑材料、建筑构配件和设备按合格签字。

（4）发现施工单位未按照设计文件施工、违反工程建设强制性标准施工或者发生质量事故的，应当按照建设工程监理规范规定及时签发工程暂停令。

（5）在实施监理过程中，发现存在安全事故隐患的，应当要求施工单位整改；情况严重的，应当要求施工单位暂时停止施工，并及时报告建设单位；施工单位拒不整改或者不停止施工的，应当及时向有关主管部门报告。

（6）应当审查施工单位的竣工申请，并参加建设单位组织的工程竣工验收，不得将不合格工程按照合格签认。

（五）施工项目负责人的质量责任

根据《建筑施工项目经理质量安全责任十项规定（试行）》，建筑工程施工项目负责人（即施工项目经理）承担以下质量责任。

（1）必须按规定取得相应执业资格和安全生产考核合格证书；必须在岗履职，不得违反规定同时在两个及两个以上的工程项目担任项目经理。

（2）必须对工程项目施工质量安全负全责，负责建立质量安全管理体系，负责配备专职质量、安全等施工现场管理人员，负责落实质量安全责任制、质量安全管理规章制度和操作规程。

（3）必须按照工程设计图纸和技术标准组织施工，不得偷工减料；负责组织编制施工组织设计，负责组织制定质量安全技术措施，负责组织编制、论证和实施危险性较大分部分项工程专项施工方案；负责组织质量安全技术交底。

（4）必须组织对进入现场的建筑材料、构配件、设备、预拌混凝土等进行检验，未经检验或检验不合格，不得使用；必须组织对涉及结构安全的试块、试件以及有关材料进行取样检测，送检试样不得弄虚作假，不得篡改或者伪造检测报告，不得明示或暗示检测机构出具虚假检测报告。

（5）必须组织做好隐蔽工程的验收工作，参加地基基础、主体结构等分部工程的验收，参加单位工程和工程竣工验收；必须在验收文件上签字，不得签署虚假文件。

（6）必须在起重机械安装、拆卸，模板支架搭设等危险性较大分部分项工程施工期间现场带班；必须组织起重机械、模板支架等使用前验收，未经验收或验收不合格，不得使用；必须组织起重机械使用过程日常检查，不得使用安全保护装置失效的起重机械。

（7）必须将安全生产费用足额用于安全防护和安全措施，不得挪作他用；作业人员未配备安全防护用具，不得上岗；严禁使用国家明令淘汰、禁止使用的危及施工质量安全的工艺、设备、材料。

（8）必须定期组织质量安全隐患排查，及时消除质量安全隐患；必须落实住房城乡建设主管部门和工程建设相关单位提出的质量安全隐患整改要求，在隐患整改报告上签字。

（9）必须组织对施工现场作业人员进行岗前质量安全教育培训，组织审核建筑施工特种作业人员操作资格证书，未经质量安全培训人员和无证人员不得上岗。

（10）必须按规定报告质量安全事故，立即启动应急预案，保护事故现场，开展应急救援。

第三节　工程施工质量管理

一、施工准备阶段质量管理

（一）工程定位和标高基准控制

施工单位必须对建设单位提供的原始坐标点、基准线和水准点等测量控制点线进行复测，并将复测结果报送项目监理机构审核，经审核批准后，施工单位据此方可建立施工测量控制网，进行工程定位和标高基准的控制。

专业监理工程师应检查、复核施工单位报送的施工控制测量成果及保护措施，并签署意见。施工控制测量成果及保护措施的检查、复核，应包括下列内容：①施工单位测量人员的资格证书及测量设备检定证书；②施工平面控制网、高程控制网和临时水准点的测量成果及控制桩的保护措施。

（二）施工平面布置控制

建设单位应按照合同约定充分考虑施工的实际需要，事先划定并提供施工用地和现场临时设施用地的范围,协调平衡和审查批准各施工单位的施工平面设计。

施工单位要严格按照批准的施工平面布置图,科学合理地使用施工场地,正确安装设置施工机械设备和其他临时设施,维护现场施工道路畅通无阻和通信设施完好,合理控制材料的进场与堆放,保证施工现场具有良好的防洪排水能力及充分的给水和供电系统。

建设(监理)单位应会同施工单位制定严格的施工场地管理制度、施工纪律和相应的奖惩措施。

项目监理机构应审查施工单位报审的施工组织设计,符合要求时,应由总监理工程师签字确认后报建设单位。

(三)材料质量控制

为了保证工程质量,施工单位应从采购订货、进场检验、存储和使用三个环节控制材料质量。

1. 采购订货

施工单位应制订合理的材料采购供应计划,在广泛掌握市场信息的基础上,建立严格的合格供应方资格审查制度,优选材料生产单位或者供货商,选用满足建设工程设计文件和合同要求的建材产品。

2. 进场检验

施工单位应当建立建材进场验证制度,严格核验相关产品质量保证书、有效期内产品检测报告等供现场备查的证明文件和资料,做好建材采购、验收、检验和使用综合台账,并按规定对进场建材进行复验把关。

3. 存储和使用

施工单位必须加强材料进场后的存储和使用管理,避免材料变质(如水泥受潮结块、钢筋锈蚀等)和使用规格、性能不符合要求的材料造成工程质量事故。强化领用和使用管理,避免错用。

项目监理机构应审查施工单位报送的用于工程的材料、构配件、设备质量证明文件,并应按有关规定、建设工程监理合同约定,对用于工程的材料进行见证取样、平行检验。

项目监理机构对于已进场但经检验不合格的工程材料、构配件、设备,应要求施工单位限期将其撤出施工现场。

(四)施工机械设备质量控制

施工机械设备质量控制就是要使施工机械设备的类型、性能、参数等与施工现场实际条件、施工工艺、技术要求等因素相匹配,满足施工生产实际要求。质量控制主要从机械设备选型、主要性能参数指标确定和使用操作要求等方面进行。

总监理工程师应组织专业监理工程师审查施工单位报审的施工方案,符合要求后予以签字确认,并应对施工机械设备的检验情况进行复核。

(五)组织与技术准备质量控制

施工方组织与技术准备主要包括:组织准备、技术管理准备和技术交底与培训。

1. 组织准备

(1)组建施工组织机构。采用适当的组织形式组建施工项目部,建立质量管理体系和组织机构,建立各级岗位责任制。

(2)确定作业组织。在满足施工质量和进度的前提下,合理组织和安排施工队伍,并选择熟悉本项工程专业操作技能的人员组成骨干施工队。

(3)施工项目部组织全体施工人员进行质量管理和质量标准的培训,并应保存培训记录。

2. 技术管理准备

（1）施工项目部及时索取工程设计图纸和相关技术资料，指定专人管理并公布有效文件清单。

（2）熟悉设计文件。由项目技术负责人主持有关人员参加的对设计图纸的学习与审核，认真领会设计意图，掌握施工设计图纸和相关技术标准的要求，并应形成会审记录。如发现设计图纸有误或存在不合理的地方，及时提出质疑或修改建议，并履行规定的手续予以核实、更正。

（3）编制能指导现场施工的实施性施工组织设计，确定主要（重要）分项工程、分部工程的施工方案和质量保证计划。

（4）根据施工组织，分解和确定各阶段质量目标和质量保证措施。

（5）确认分项、分部和单位工程的质量检验与验收程序、内容及标准等。

3. 技术交底与培训

（1）单位工程、分部工程和分项工程开工前，项目技术负责人对承担施工的负责人或分包方全体人员进行书面技术交底。书面技术交底资料应办理签字手续并归档。

（2）对施工作业人员进行质量和安全技术培训，经考核后持证上岗。

（3）对包括机械设备操作人员的特殊工种资格进行确认，无证或资格不符合者应严禁其上岗。

项目监理机构根据建设工程监理规范和委托监理合同的要求，对施工方组织与技术管理准备情况进行检查、审查或审核。

二、施工过程质量管理

（一）技术交底

开工前应由项目技术负责人向承担施工的负责人或分包单位进行书面技术交底，书面技术交底资料应办理签字手续并归档保存。每一分部工程开工前均应进行作业技术交底。技术交底书应由施工项目技术人员编制，并经项目技术负责人批准实施。

（二）测量控制

工程开工前应编制测量控制方案，经项目技术负责人批准后实施，在施工准备阶段测量控制点质量控制基础上进行施工测量放线，并保存测量记录。测量控制点、线应妥善保护，避免施工过程中移动或丢失。

专业监理工程师应对施工单位在施工过程中报送的施工测量放线成果进行查验。

（三）计量控制

施工过程中的计量工作，包括施工生产时的投料计量、施工测量、监测计量，以及对项目、产品或过程的测试、检验、分析计量等。计量控制的工作重点包括：建立计量管理部门和配置计量人员，建立健全计量管理规章制度，严格按规定有效控制计量器具的使用、保管、维修和检验，监督计量过程的实施，保证计量的准确性。

专业监理工程师应审查施工单位定期提交的影响工程质量的计量设备检查和检定报告，对施工过程中计量设备和使用情况进行复查。

（四）工序施工质量控制

工序施工质量控制是施工阶段质量控制的重点。只有严格控制工序质量，才能确保施工项目实体质量。工序施工质量控制主要包括：工序施工条件质量控制和工序施工效果质量控制。工序施工条件是指进行工序活动的各生产要素质量及生产环境条件，控制手段主要有检查、测试、试验、跟踪监督等。工序施工效果是工序产品质量特征和特性指标的反映。对工序施工效果的控制就是控制工序产品的质量特征和特性指标，使其达到设计质量标准及施工质量验收标准要求。

项目监理机构应安排监理人员对工程施工质量进行巡视。巡视应包括：①施工单位是否按工程设计文件、工程建设标准和批准的施工组织设计及（专项）施工方案施工；②使用的工程材料、构配件和设备是否合格；③施工现场管理人员，特别是施工质量管理人员是否到位；④特种作业人员是否持证上岗。对工序质量进行验收，坚持隐蔽工程验收制度。

（五）关键部位和关键工序质量控制

关键部位和关键工序，是指该施工过程或工序的施工质量不易或不能通过事后检验和试验而得到充分的验证，或者万一发生质量事故时难以挽救的施工过程。对于这类关键部位和关键工序，应当设置工序质量控制点进行控制。

项目监理机构应根据工程特点和施工单位报送的施工组织设计，确定旁站的关键部位、关键工序，安排监理人员进行旁站，并应及时记录旁站情况。

（六）成品保护

成品保护措施一般包括：防护（即提前保护，针对被保护对象的特点采取各种保护措施，防止对成品的污染及损坏）、包裹（即将被保护物包裹起来，以防损伤或污染）、覆盖（即用表面覆盖方法，防止堵塞或损伤）、封闭（即采取局部封闭办法进行保护）四种方法。

项目监理机构应按批准的施工方案对成品保护措施进行检查。

三、施工质量验收管理

施工质量验收包括施工过程中的工程质量验收和工程质量竣工验收。

（一）施工过程中的工程质量验收

施工过程中的工程质量验收，是指施工过程中，在施工单位自行质量检查评定的基础上，工程建设参建单位共同对检验批、分项工程、分部工程、单位工程的质量进行抽样复验，根据相关标准以书面形式对工程质量达到合格与否作出确认的过程。

检验批是工程验收的最小单位，是分项工程乃至整个建筑工程质量验收的基础。在检验批验收的基础上，依次进行分项工程、分部工程质量验收。检验批、分项工程、分部工程质量验收由项目监理机构组织。

项目监理机构应对施工单位报验的隐蔽工程、检验批、分项工程和分部工程进行验收，对验收合格的应给予签认，对验收不合格的应拒绝签认，同时应要求施工单位在指定时间内整改并重新报验。

对已同意覆盖的工程隐蔽部位质量有疑问的，或发现施工单位私自覆盖工程隐蔽部位的，项目监理机构应要求施工单位对该隐蔽部位进行钻孔探测，或揭开、或采用其他方法进行重新检验。

项目监理机构发现施工存在质量问题的，或施工单位采用不适当的施工工艺，或施工不当，造成工程质量不合格的，应及时签发监理通知单，要求施工单位整改。整改完毕后，项目监理机构应根据施工单位报送的监理通知回复，对整改情况进行复查，提出复查意见。

对需要返工处理加固补强的质量缺陷，项目监理机构应要求施工单位报送经设计等相关单位认可的处理方案，并应对质量缺陷的处理过程进行跟踪检查，同时对处理结果进行验收。

对需要返工处理或加固补强的质量事故，项目监理机构应要求施工单位报送质量事故调查报告和经设计等相关单位认可的处理方案，并应对质量事故的处理过程进行跟踪检查，同时对处理结果进行验收。

项目监理机构应及时向建设单位提交质量事故书面报告，并应将完整的质量事故处理记录整理归档。

单位工程质量验收也被称为工程质量竣工验收。委托监理的工程项目单位工程完工后，施工单位应组织有关人员进行自检，总监理工程师应组织工程预验收，全面评估工程质量，查找存在的问题。问题整改完毕后，由施工单位向建设单位提交工程竣工报告，申请工程竣工验收。

（二）工程质量竣工验收

工程质量竣工验收应按以下程序进行。

（1）施工单位完工并对存在的质量问题整改完毕，向建设单位提交工程竣工报告，申请工程竣工验收。对于实行监理的工程，工程竣工报告应报送项目监理机构。

（2）实行监理的工程，项目监理机构收到工程竣工报告后，应由总监理工程师组织工程预验收，对符合竣工验收要求的工程，编写工程质量评估报告并报送建设单位。

（3）建设单位收到经总监理工程师签署意见的工程竣工报告和工程质量评估报告后，应对符合竣工验收要求的工程，组织勘察、设计、施工、工程监理等单位进行工程竣工验收。建设、勘察、设计、施工、工程监理单位分别汇报工程合同履行情况和在工程建设各个环节执行法律、法规和工程建设强制性标准的情况；审阅建设、勘察、设计、施工、工程监理单位的工程档案资料；实地查验工程质量；对工程勘察、设计、施工、设备安装质量和各管理环节等方面作出全面评价，形成经验收组人员签署的工程竣工验收意见。参与工程竣工验收的建设、勘察、设计、施工、工程监理单位等各方意见不能形成一致时，应当协商提出解决办法，待意见一致后，重新组织工程竣工验收，形成工程竣工验收报告。

第四节　工程质量事故报告和调查处理

一、工程质量事故等级

工程质量事故，是指由于建设、勘察、设计、施工、监理等单位违反工程质量有关法律、法规和工程建设标准，致使工程出现结构安全、重要使用功能等方面的质量缺陷，造成人身伤亡或者重大经济损失的事件。

根据事故造成的人员伤亡或者直接经济损失程度，工程质量事故分为四个等级：特别重大事故、重大事故、较大事故、一般事故。

（一）特别重大事故

特别重大事故是指造成30人及以上死亡，或者100人及以上重伤，或者1亿元及以上直接经济损失的工程质量事故。

（二）重大事故

重大事故是指造成10人及以上、30人以下死亡，或者50人及以上、100人以下重伤，或者5 000万元及以上、1亿元以下直接经济损失的工程质量事故。

（三）较大事故

较大事故是指造成3人及以上、10人以下死亡，或者10人及以上、50人以下重伤，或者1 000万元及以上、5 000万元以下直接经济损失的工程质量事故。

（四）一般事故

一般事故是指造成3人以下死亡，或者10人以下重伤，或者100万元及以上、1 000万元以下直接经济损失的工程质量事故。

二、工程质量事故报告

(一)报告时间和程序

根据《建设工程质量管理条例》,建设工程发生质量事故,有关单位应当在24小时内向当地建设行政主管部门和其他有关部门报告。对于重大质量事故,事故发生地建设行政主管部门和其他有关部门应当按照事故类别和等级向当地人民政府和上级建设行政主管部门和其他有关部门报告。

根据《关于做好房屋建筑和市政基础设施工程质量事故报告和调查处理工作的通知》(建质〔2010〕111号),事故报告要求如下。

1. 事故报告

工程质量事故发生后,事故现场有关人员应当立即向工程建设单位负责人报告;工程建设单位负责人接到报告后,应于1小时内向事故发生地县级以上人民政府住房和城乡建设主管部门及有关部门报告。

情况紧急时,事故现场有关人员可直接向事故发生地县级以上人民政府住房和城乡建设主管部门报告。

2. 事故上报

住房和城乡建设主管部门接到事故报告后,应当依照下列规定上报事故情况,并同时通知公安、监察机关等有关部门。

(1)较大、重大及特别重大事故逐级上报至国务院住房和城乡建设主管部门,一般事故逐级上报至省级人民政府住房和城乡建设主管部门,必要时可以越级上报事故情况。

(2)住房和城乡建设主管部门上报事故情况,应当同时报告本级人民政府;国务院住房和城乡建设主管部门接到重大和特别重大事故的报告后,应当立即报告国务院。

(3)住房和城乡建设主管部门逐级上报事故情况时,每级上报时间不得超过2小时。

(二)事故报告内容

事故报告应包括下列六个方面内容。

(1)事故发生的时间、地点、工程项目名称、工程各参建单位名称。

(2)事故发生的简要经过、伤亡人数(包括下落不明的人数)和初步估计的直接经济损失。

(3)事故的初步原因。

(4)事故发生后采取的措施及事故控制情况。

(5)事故报告单位、联系人及联系方式。

(6)其他应当报告的情况。

事故报告后出现新情况,以及自事故发生之日起30日内伤亡人数发生变化的,应当及时补报。

三、工程质量事故调查处理

(一)事故调查

1. 事故调查组织及职责

住房和城乡建设主管部门应当按照有关人民政府的授权或委托,组织或参与事故调查组对事故进行调查,并履行下列职责。

(1)核实事故基本情况,包括:事故发生的经过、人员伤亡情况及直接经济损失。

（2）核查事故项目基本情况，包括：项目履行法定建设程序情况、工程各参建单位履行职责的情况。

（3）依据国家有关法律、法规和工程建设标准分析事故的直接原因和间接原因，必要时组织对事故项目进行检测鉴定和专家技术论证。

（4）认定事故的性质和事故责任。

（5）依照国家有关法律、法规提出对事故责任单位和责任人的处理建议。

（6）总结事故教训，提出防范和整改措施。

（7）提交事故调查报告。

2. 事故调查报告

事故调查报告应包括下列内容。

（1）事故项目及各参建单位概况。

（2）事故发生经过和事故救援情况。

（3）事故造成的人员伤亡和直接经济损失。

（4）事故项目有关质量检测报告和技术分析报告。

（5）事故发生的原因和事故性质。

（6）事故责任的认定和事故责任者的处理建议。

（7）事故防范和整改措施。

事故调查报告应当附具有关证据材料。事故调查组成员应当在事故调查报告上签名。

（二）事故处理

（1）住房和城乡建设主管部门应当依据有关人民政府对事故调查报告的批复和有关法律法规的规定，对事故相关责任者实施行政处罚。处罚权限不属本级住房和城乡建设主管部门的，应当在收到事故调查报告批复后15个工作日内，将事故调查报告（附具有关证据材料）、结案批复、本级住房和城乡建设主管部门对有关责任者的处理建议等转送有权限的住房和城乡建设主管部门。

（2）住房和城乡建设主管部门应当依据有关法律法规的规定，对于对事故负有责任的建设、勘察、设计、施工、监理等单位和施工图审查、质量检测等有关单位分别给予罚款、停业整顿、降低资质等级、吊销资质证书等其中一项或多项处罚，对于对事故负有责任的注册执业人员分别给予罚款、停止执业、吊销执业资格证书、终身不予注册等其中一项或多项处罚。

质量事故造成人员伤亡的，应按照《生产安全事故报告和调查处理条例》上报和调查处理。

第七章　建设工程造价管理

建设工程造价管理，是指综合运用管理学、经济学和工程技术等方面的知识与技能，对工程造价进行预测、计划、控制、核算、分析和评价等的过程。工程造价管理既涵盖宏观层次的工程建设投资管理，也涵盖微观层次的工程项目费用管理。

第一节　工程计价及造价管理内容

一、工程造价及计价特征

（一）工程造价的含义

工程造价通常是指工程项目在建设期（预计或实际）支出的建设费用。由于所处的角度不同，工程造价有着不同的含义。

含义一：从投资者（业主）角度分析，工程造价是指建设一项工程预期开支或实际开支的全部固定资产投资费用。投资者为了获得投资项目的预期效益，需要对项目进行策划决策、建设实施（设计、施工）、竣工验收等一系列活动。在上述活动中所花费的全部费用，即构成工程造价。从这个意义上讲，工程造价就是建设工程固定资产总投资。

对于生产性建设项目而言，总投资包括：建设投资、建设期利息和流动资金三部分。而建设工程造价是建设投资与建设期利息之和，这就是建设工程固定资产总投资。建设工程造价与建设项目总投资的关系如图 7-1 所示。

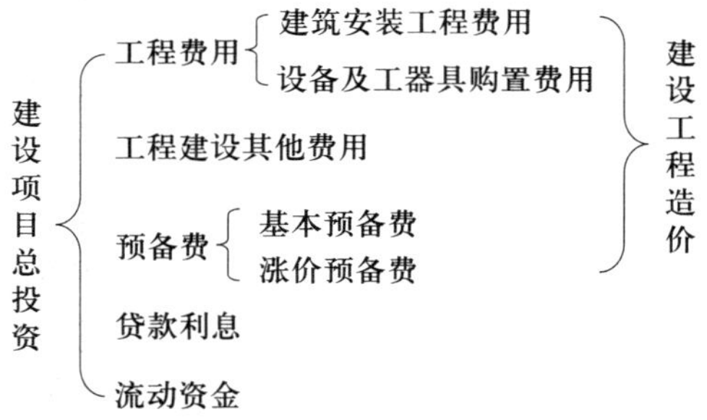

图 7-1　建设工程造价与建设项目总投资的关系

含义二：从市场交易角度分析，工程造价是指在工程发承包交易活动中形成的建筑安装工程费用或建设工程总费用。显然，工程造价的这种含义是指以建设工程这种特定的商品形式作为交易对象，通过招标投标或其他交易方式，在多次预估的基础上，最终由市场形成的价格。这里的工程既可以是整个建设工程项目，也可以是其中一个或几个单项工程或单位工程，还可以是其中一个或几个分部工程，如建筑安装工程、装饰装修工程等。随着经济发展、技术进步、分工细化和市场的不断完善，工程建设中的中间产品也会越来越多，商品交换会更加频繁，工程价格的种类和形式也会更为丰富。

工程发承包价格是一种重要且较为典型的工程造价形式，是在建筑市场通过发承包交易（多数为招标、投标），由需求主体（投资者或建设单位）和供给主体（承包商）共同认可的价格。

工程造价的两种含义实质上就是从不同角度把握同一事物的本质。对投资者而言，工程造价就是项目投资，是“购买”工程项目需支付的费用；同时，工程造价也是投资者作为市场供给主体“出售”工程项目时确定价格和衡量投资效益的尺度。

（二）工程计价的特征

工程计价具有以下四种特征。

1. 计价的单件性

建筑产品的单件性特点决定了每项工程都必须单独计算造价，不能像一般工业产品那样按品种、规格、质量成批定价。

2. 计价的多次性

工程建设需要按程序进行，工程计价也需要在不同阶段多次进行，以保证工程造价计算的准确性和控制的有效性。多次计价是一个逐步深入和细化，不断接近实际造价的过程。工程多次计价过程如图 7–2 所示。

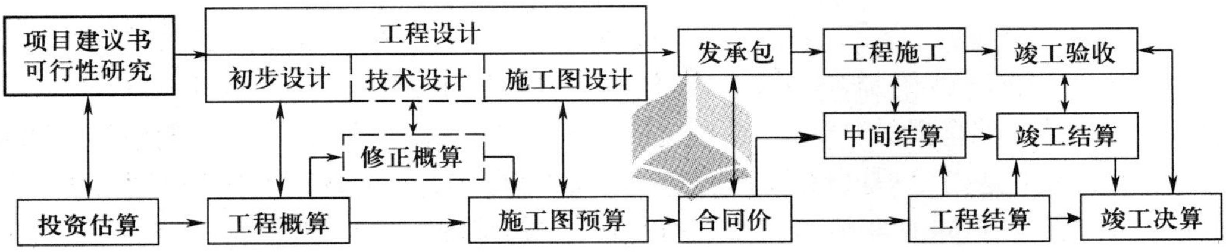

图 7–2　工程多次计价过程示意图

注：竖向箭头表示对应关系，横向箭头表示多次计价流程及逐步深化过程。

（1）投资估算是指在项目建议书和可行性研究阶段，通过编制估算文件预先测算的工程造价。投资估算是进行项目决策、筹集资金和合理控制造价的主要依据。

（2）工程概算是指在初步设计阶段，根据设计意图，通过编制工程概算文件，预先测算的工程造价。与投资估算相比，工程概算的准确性有所提高，但受投资估算的控制。工程概算一般又可分为建设项目总概算、各单项工程综合概算、各单位工程概算。

（3）修正概算是指对于技术复杂的项目需要进行技术设计时，根据技术设计要求，通过编制修正概算文件预先测算的工程造价。修正概算是对初步设计概算的修正和调整，修正概算比工程概算准确，但受工程概算的控制。

（4）施工图预算是指在施工图设计阶段，根据施工图纸，通过编制预算文件预先测算的工程造价。施工图预算比工程概算或修正概算更为详尽和准确，但同样要受前一阶段工程造价的控制。目前，有些工程项目在招标时需要确定招标控制价，以限制最高投标报价。

（5）合同价是指在工程发承包阶段通过签订合同所确定的价格。合同价属于市场价格，它是由发承包双方根据市场行情通过招投标等方式达成一致、共同认可的成交价格。但应注意：合同价并不等同于最终结算的实际工程造价。由于计价方式不同，合同价内涵也会有所不同，可分为单价合同、总价合同和成本加酬金合同等。

（6）工程结算是指施工过程中的中间结算和竣工验收阶段的竣工结算。工程结算需要按实际完成的合同范围内合格工程量考虑，同时按合同调价范围和调价方法，对实际发生的工程量增减、设备和材料价差等进行调整后确定结算价格。工程结算反映的是工程项目实际造价。

（7）竣工决算是指工程竣工决算阶段，以实物数量和货币指标为计量单位，综合反映竣工项目从筹建开始到项目竣工交付使用为止的全部建设费用。竣工决算文件是正确核定新增资产价值、反映竣工项目建设成果的文件。

3. 计价的组合性

建设项目是一个工程综合体,可按单项工程、单位工程、分部工程、分项工程等不同层次分解为许多有内在联系的组成部分。建设项目的组合性决定了工程计价的逐步组合过程,工程造价的组合过程是:分部分项工程造价→单位工程造价→单项工程造价→建设项目总造价。

4. 计价方法的多样性

工程项目的多次计价有其各不相同的计价依据,每次计价的精准度要求也各不相同,由此决定了计价方法的多样性。例如,投资估算方法有设备系数法和生产能力指数估算法等;概算方法有单价法和实物法等。不同方法有不同的适用条件,计价时应根据具体情况加以选择。

二、工程造价管理的主要内容及原则

(一)工程造价管理的主要内容

在工程建设全过程各个阶段,工程造价管理有着不同的工作内容,其目的是在优化建设方案、设计方案、施工方案的基础上,有效控制建设工程的实际费用支出,取得较好的投资效益。

(1)工程项目策划阶段。按照有关规定编制和审核投资估算,经有关部门批准,即可作为拟建工程控制造价;基于不同的投资方案进行经济评价,作为工程项目决策的重要依据。

(2)工程设计阶段。在限额设计、优化设计方案的基础上编制和审核工程概算、施工图预算。对于政府投资工程而言,经有关部门批准的工程概算,将作为拟建工程造价的最高限额。

(3)工程发承包阶段。进行招标策划,编制和审核工程量清单、招标控制价或标底,确定投标报价及其策略,直至确定承包合同价。

(4)工程施工阶段。进行工程计量及工程款支付管理,实施工程费用动态监控,处理工程变更和索赔。

(5)工程竣工阶段。编制和审核工程结算、编制竣工决算、处理工程保修费用等。

(二)工程造价管理的基本原则

为了实现有效的工程造价管理,应遵循以下四项原则。

1. 实施以设计阶段为重点的全过程造价管理

工程造价管理贯穿于工程建设全过程的同时,应注重工程设计阶段的造价管理。工程造价管理的关键在于前期决策和设计阶段,而在项目投资决策后,控制工程造价的关键就在于工程设计。建设工程全寿命期费用包括工程造价和工程交付使用后的日常开支(含经营费用、日常维护修理费用、使用期内大修理和局部更新费用)以及该工程使用期满后的报废拆除费用等。

长期以来,我国往往将控制工程造价的主要精力放在施工阶段——审核施工图预算、结算建筑安装工程价款,对工程项目策划决策和工程设计阶段的造价控制重视不够。为有效地控制工程造价,应将工程造价管理的重点转到工程项目策划决策和工程设计阶段。

2. 主动控制与被动控制相结合

长期以来,人们一直把控制理解为目标值与实际值的比较,以及当实际值偏离目标值时,分析其产生偏差的原因,确定下一步对策。但这种立足于调查→分析→决策基础之上的偏离→纠偏→再偏离→再纠偏的控制是一种被动控制,这样做只能发现偏离,不能预防可能发生的偏离。为尽量减少甚至避免目标值与实际值的偏离,还必须立足于事先主动采取控制措施实施主动控制。也就是说,工程造价控制不仅要反映投资决策,反映设计、发包和施工,被动地控制工程造价,更要能动地影响投资决策,影响工程设计、发包和施工,主动地控制工程造价。

3. 综合考虑工程项目目标体系

工程建设的基本目标是使工程质量、建设工期和投资得到有效控制,同时还要考虑职业健康安全和环境保护。而工程质量、安全、环保、工期、造价是一个相互制约、相互影响的统一体，同时使各个目标都达到最优几乎是不可能的。因此，应根据工程项目的客观条件进行综合平衡，实事求是地确定一套切实可行的衡量准则。只要工程造价控制方案符合这套衡量准则，能够取得令人满意的结果，则可说明工程造价控制达到了预期目标。

4. 技术与经济相结合

技术与经济相结合是控制工程造价最有效的手段。应通过技术比较、经济分析和效果评价，正确处理技术先进与经济合理之间的对立统一关系，力求在技术先进条件下的经济合理、在经济合理基础上的技术先进，将控制工程造价观念渗透到各项设计和施工技术措施中。

第二节 工程定额

工程定额是指在正常施工条件下，完成建设项目所包含的单位合格产品所必需消耗的人工、材料、机械、资金的规定额度。长期以来，工程定额是我国建设工程计价的重要依据。随着工程造价管理体制改革的不断深化和工程量清单计价模式的广泛应用，工程定额将会在建筑企业投标报价和施工成本控制方面发挥更加重要的作用。

一、工程定额的作用和分类

（一）工程定额的作用

（1）工程定额是编制工程计划、组织和管理施工的重要依据。为了更好地组织和管理施工生产，必须编制施工进度计划和施工作业计划，这就需要直接或间接地利用各种定额计算人力、物力和资金需求量。

（2）工程定额是确定建筑产品成本的依据。建筑产品生产所消耗的人工、材料、机械台班和资金数量是构成产品成本的决定性因素，而这些消耗量可以利用工程定额进行估计。

（3）工程定额是进行设计和施工方案经济比较的依据。由于建筑产品采用不同的设计和施工方案，会产生不同的经济效果，因而需要对设计和施工方案进行技术经济比较，从而选择经济合理的方案。而工程定额是比较、评价设计和施工方案是否经济合理的重要基础。

（4）工程定额是加强建筑企业管理的重要工具。建筑企业在计算和平衡资源需要量、组织材料供应、签发任务书和限额领料单、实行承包责任制进行施工成本控制等工作时，都需要以工程定额作为计算标准。

（5）工程定额是总结先进生产方法的手段。工程定额能够科学地反映生产技术和劳动组织的先进合理程度。因此，可以采用定额标定方法为手段，对同类建筑产品在同样条件下的不同生产方式进行观察、分析和总结，从而得到一套比较完整的先进生产方法。

（二）工程定额的分类

按照不同的原则和方法，工程定额可划分为不同类别。

1. 按照定额所反映的生产要素消耗内容分类

按照定额所反映的生产要素消耗内容分类，工程定额可分为：劳动定额、材料消耗定额和施工机具台班消耗定额。

（1）劳动定额。劳动定额也被称为人工定额，是指在正常施工技术和组织条件下，完成单位合格产品所必需的人工消耗量标准。它反映生产工人在正常施工条件下的劳动效率，表明每个工人为完成单位合格产品所必需消耗的劳动时间，或者在一定劳动时间内所生产的合格产品数量。

（2）材料消耗定额。材料消耗定额是指在合理和节约使用的条件下，生产单位合格产品所必需消耗的一定规格的材料、成品、半成品和水、电等资源的数量标准。

（3）施工机具台班消耗定额。施工机具台班消耗定额是指施工机械和仪器仪表在正常施工条件下完成单位合格产品所必需的工作时间。它反映合理、均衡地组织劳动和使用施工机械与仪器仪表时，在单位时间内的生产效率。

2. 按照定额编制程序和用途分类

按照定额编制程序和用途分类，工程定额可分为：施工定额、预算定额、概算定额、概算指标和投资估算指标。除施工定额外，其余四类定额均为计价定额。

（1）施工定额。施工定额是建筑安装工人或工人小组在合理的劳动组织和正常施工条件下，为完成单位合格产品所需消耗的人工、材料、机械的数量标准。施工定额的研究对象是工序，其是工程定额中分项最细、定额子目最多的一种定额，也是工程定额中的基础性定额。

（2）预算定额。预算定额是工程计价定额中的基础性定额，主要用于编制施工图预算时计算工程造价和人工、材料、机械台班需要量。预算定额是以施工定额为基础综合扩大编制的，同时也是编制概算定额的基础。预算定额是按分部分项工程划分项目的。

（3）概算定额。概算定额是编制初步设计概算和修正概算时，计算劳动、施工机具台班、材料需要量及确定工程概算造价所使用的定额。概算定额的项目划分对象是扩大分部分项工程。

（4）概算指标。概算指标是按一定计量单位规定的，比概算定额更综合扩大的分部工程或单位工程的劳动、材料和施工机械台班的消耗量标准和造价指标。对建筑工程而言，概算指标往往按完整的建筑物、构筑物以平方米、立方米或座等为计量单位，在概算定额和预算定额的基础上进行编制。概算指标是在初步设计阶段编制工程概算，计算劳动、施工机械台班、材料需要量的依据。

（5）投资估算指标。投资估算指标是在项目建议书和可行性研究阶段编制投资估算、计算投资需要量时使用的一种指标，是合理估计建设工程投资的基础。投资估算指标通常是以独立的单项工程或完整的工程项目为计算对象，根据已建工程或现有工程的价格数据和资料，经分析、归纳和整理编制而成的。与概算定额和预算定额相比，投资估算指标具有较强的综合性和概括性。

3. 按照投资费用性质分类

按照投资费用性质分类，工程定额可分为建筑工程定额、安装工程定额、建筑安装工程费用定额、工器具定额及工程建设其他费用定额等。

二、施工定额

施工定额的编制应遵循平均先进的原则。所谓平均先进，是指在正常生产条件下，多数施工班组或生产者经过努力可以达到，少数班组或劳动者可以接近，个别班组或劳动者可以超过的水平。通常情况下这种水平低于先进水平，略高于平均水平。

施工定额包括：劳动定额、材料消耗定额和施工机具台班消耗定额。

（一）劳动定额

1. 工人工作时间消耗分类

为了确定定额工作时间，首先要研究工人工作时间。按消耗性质不同，工人在工作班中消耗的工作时间可分为两大类：必需消耗的时间和损失时间。

（1）必需消耗的时间。必需消耗的时间是指工人在正常施工条件下，为完成一定产品（工作任务）所消耗的时间。必需消耗的时间是编制劳动定额的主要根据，包括有效工作时间、休息时间和不可避免的中断时间。

1）有效工作时间。有效工作时间是指从生产效果来看，与产品生产直接有关的时间消耗。包括：①基本工作时间。基本工作时间是指工人完成一定产品的施工工艺过程所消耗的时间。通过这些工艺过程，可改变材料外形，也可改变产品外部及表面的性质。基本工作时间与工作量成正比。②辅助工作时间。辅助工作时间是指为保证基本工作能顺利完成所消耗的时间。辅助工作时间不能使产品的形状大小、性质或位置发生变化。基本工作时间与辅助工作时间之和称为工序作业时间。③准备与结束工作时间。准备与结束工作时间是指执行任务前或任务完成后所消耗的工作时间，如工作地点、劳动工具和劳动对象的准备工作时间，工作结束后的整理工作时间等。准备与结束工作时间的长短与所担负的工作量大小无关，但往往与工作内容有关。

2）休息时间。休息时间是指工人在工作过程中，为恢复体力所必需的短暂休息和生理必需的时间消耗。休息时间的长短和劳动条件有关，劳动越繁重紧张、劳动条件越差（如高温），则需要的休息时间就越长。

3）不可避免的中断时间。不可避免的中断时间是指由于施工工艺特点引起的工作中断所必需的时间。与施工过程、工艺特点有关的工作中断时间应包括在定额时间内，但应尽量缩短此项时间消耗。与工艺特点无关的工作中断所占用的时间是由于劳动组织管理不合理引起的，属于损失时间，不能计入定额时间。

（2）损失时间。损失时间是指与产品生产无关，而与施工组织和技术上的缺陷，以及工人在施工过程中的个人过失或与某些偶然因素有关的时间消耗，包括：多余和偶然工作时间、停工时间、违背劳动纪律损失的时间。

1）多余和偶然工作时间。多余工作是指工人进行了任务以外而又不能增加产品数量的工作；偶然工作也是工人在任务外进行的工作，但能够获得一定产品，如抹灰工不得不补上偶然遗留的墙洞等。多余工作损失的时间一般都是由于工程技术人员和工人的差错引起的，因此不应计入定额时间。由于偶然工作能获得一定产品，因此在编制定额时要适当考虑其影响。

2）停工时间。停工时间是指在工作班内停止工作造成的工时损失。按其性质不同，停工时间可分为施工本身造成的停工时间和非施工本身造成的停工时间两种。施工本身造成的停工时间是由于施工组织不善、材料供应不及时、工作面准备工作不足、工作地点组织不良等情况引起的停工时间；非施工本身造成的停工时间是由于水源、电源中断等引起的停工。前者在编制定额时不应计入，后者在定额中则应给予合理考虑。

3）违背劳动纪律损失的时间。违背劳动纪律损失的时间是指工人在工作班开始和午休后的迟到、午饭前和工作班结束前的早退、擅自离开工作岗位、工作时间内聊天或办私事等造成的工时损失。该项工时损失是不允许存在的，因而不应在定额中考虑。

综上所述，工人工作时间消耗分类如图 7–3 所示。

2. 劳动定额形式

（1）按表现形式不同，劳动定额可分为：时间定额和产量定额两种形式。

1）时间定额。时间定额是指某种专业、某种技术等级工人班组或个人，在合理的劳动组织和合理使用材料的条件下，完成单位合格产品所必需的工作时间。时间定额包括：准备与结束工作时间、基本工作时间、辅助工作时间、不可避免的中断时间及工人必需的休息时间。其计算公式为：

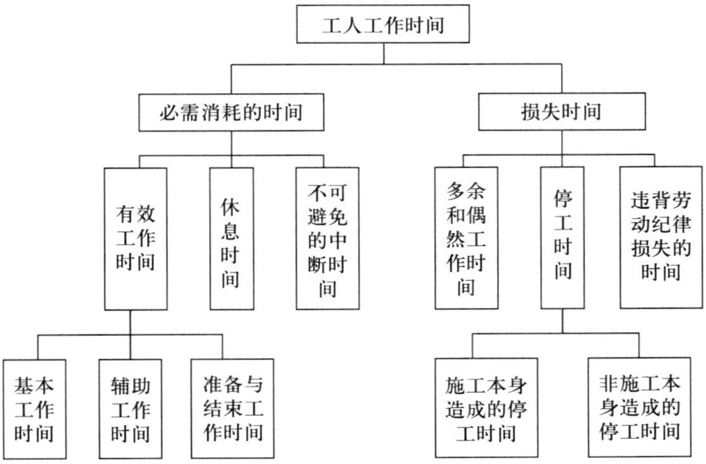

图 7-3　工人工作时间消耗分类

$$单位产品时间定额(工日)=\frac{1}{每工日产量} \tag{7-1}$$

时间定额以工日为单位,每一工日按 8 h 计算。

2)产量定额。产量定额是指在合理的劳动组织和合理使用材料的条件下,某种专业、某种技术等级的工人班组或个人在单位工日中所完成的合格产品的数量。其计算公式为:

$$每工日产量定额=\frac{1}{单位产品时间定额(工日)} \tag{7-2}$$

产量定额以产品数量为单位。时间定额与产量定额互为倒数。

(2)按标定对象不同,劳动定额又可分为单项工序定额和综合定额两种。综合定额表示完成同一产品中的各单项(工序或工种)定额的综合。其计算公式为:

$$综合时间定额=\sum 各单项(工序)时间定额 \tag{7-3}$$

$$综合产量定额=\frac{1}{综合时间定额(工日)} \tag{7-4}$$

3. 劳动定额编制

劳动定额编制主要包括正常施工条件拟定和定额时间拟定两项工作。

(1)正常施工条件拟定。正常施工条件拟定就是要规定执行定额时应具备的条件。正常条件若不能满足,则可能达不到定额中的劳动消耗量标准。正常施工条件的拟定包括:施工作业内容和方法的拟定、施工作业地点和人员的组织等。

(2)定额时间拟定。定额时间拟定是指在拟定基本工作时间、辅助工作时间、准备与结束时间、不可避免的中断时间和休息时间的基础上,确定施工作业定额时间。基本工作时间、辅助工作时间、准备与结束时间、不可避免的中断时间和休息时间之和即为定额时间。

各项工作时间可以时间研究为基础,利用时间测定方法,得出相应的观测数据,经加工整理计算后得到。时间测定的方法有多种,如测时法、写实记录法、工作日写实法等。通过计时观察不能取得足够资料时,也可采用工时规范或经验数据来确定。

【例 7-1】 某型钢支架工程,每焊接 1 t 型钢支架需要基本工作时间 72 h,辅助工作时间占工序作业时间的 4%,准备与结束工作时间、不可避免的中断时间、休息时间分别占必需消耗时间的 3%、2%、15%。计算焊接 1 t 型钢支架的时间定额。

【解】

基本工作时间 =72/8=9（工日）

工序作业时间 = 基本工作时间 + 辅助工作时间 =9/（1–4%）=9.375（工日）

时间定额 =9.375/（1–3%–2%–15%）≈ 11.72（工日）

（二）材料消耗定额

施工材料消耗可分为必需消耗的材料和损耗的材料两类。其中，必需消耗的材料属于正常消耗，是确定材料消耗定额的基本数据。材料消耗定额主要包括两部分，即：直接使用在工程上的材料净用量和在施工现场内运输及操作过程中不可避免的废料和损耗。

1. 材料净用量的确定

材料净用量定额和材料损耗定额，可通过理论计算、现场技术测定、实验室试验和现场统计等方法获得。此处介绍理论计算法，即：根据施工图纸、建筑构造、施工验收规范和材料规格等要求，用理论公式计算施工材料净用量。

以标准砖砌体材料净用量为例，每立方米标准砖用量计算公式为：

$$A=\frac{1}{\text{墙厚}\times(\text{砖长}+\text{灰缝})\times(\text{砖厚}+\text{灰缝})}K \qquad (7\text{–}5)$$

式中：A——标准砖用量，块；

K——墙厚的砖数 ×2。

每立方米标准砖砌体中砂浆净用量计算公式为：

$$B=1-\text{砖数}\times\text{每块砖体积} \qquad (7\text{–}6)$$

式中：B——砂浆净用量。

【例 7–2】 砌 1 m^3 一砖厚的标准砖墙，计算标准砖用量和砂浆净用量。

【解】

标准砖尺寸为 240 mm × 115 mm × 53 mm，灰缝为 10 mm。

砌 1 m^3 标准砖墙的标准砖用量为：

$$A=\frac{1}{0.24\times(0.24+0.01)\times(0.053+0.01)}\times1\times2\approx529.1\ (\text{块})$$

砌 1 m^3 标准砖墙的砂浆净用量为：

$$B=1-529.1\times0.24\times0.115\times0.053\approx0.226\ (m^3)$$

2. 材料损耗量的确定

材料损耗一般以损耗率表示。材料损耗率可通过观察法或统计法确定。材料消耗量计算公式为：

$$\text{材料损耗率}=\frac{\text{材料损耗量}}{\text{材料净用量}}\times100\% \qquad (7\text{–}7)$$

$$\text{总消耗量}=\text{材料净用量}+\text{材料损耗量}=\text{材料净用量}\times(1+\text{材料损耗率}) \qquad (7\text{–}8)$$

【例 7–3】 砌 1 m^3 一砖厚的标准砖墙，标准砖和砂浆的损耗率均为 2%。计算标准砖和砂浆的总消耗量。

【解】

按照例 7–2 计算出的标准砖用量和砂浆净用量：

标准砖总消耗量 =529.1 ×（1+2%）≈ 539.68（块）

$$砂浆总消耗量=0.226\times(1+2\%)\approx0.231(m^3)$$

（三）施工机具台班消耗定额

施工机具包括施工机械和仪器仪表，这里主要介绍施工机械台班消耗定额的编制。

1. 机械工作时间消耗的分类

按其性质不同，机械工作时间的消耗也可分为必需消耗的时间和损失时间两大类。

（1）必需消耗的时间。必需消耗的时间包括有效工作时间、不可避免的无负荷工作时间和不可避免的中断工作时间。

1）有效工作时间。有效工作时间包括正常负荷下和有根据地降低负荷下的工作时间消耗。正常负荷下的工作时间，是指机械在与机械说明书规定的计算负荷相符的情况下进行工作的时间；有根据地降低负荷下的工作时间，是指在个别情况下，由于技术原因，机械在低于其计算负荷下工作的时间。如汽车运输质量轻而体积大的货物时，不能充分利用汽车的载质量因而不得不降低其计算负荷。

2）不可避免的无负荷工作时间。不可避免的无负荷工作时间是指由施工过程和机械结构特点等造成的机械无负荷工作时间，如筑路机在工作区末端调头等都属于此项工作时间的消耗。

3）不可避免的中断工作时间。不可避免的中断工作时间包括与工艺过程的特点、机械的使用和保养、工人休息有关的中断时间。①与工艺过程的特点有关的不可避免中断工作时间，有循环的和定期的两种。循环的不可避免中断是指在机械工作的每一个循环中重复一次，如汽车装货和卸货时的停车。定期的不可避免中断是指经过一定时期重复一次，如把灰浆泵由一个工作地点转移到另一个工作地点时的工作中断。②与机械有关的不可避免中断工作时间，是指由于工人进行准备与结束工作或辅助工作时，机械停止工作而引起的中断工作时间。它是与机械使用和保养有关的不可避免中断时间。③工人休息时间的解释与劳动定额中的解释相同。

（2）损失时间。损失时间包括：多余工作时间、停工时间、违背劳动纪律时间和低负荷下的工作时间。

1）多余工作时间。多余工作时间是指机械进行任务内和工艺过程内未包括的工作而延续的时间，如工人没有及时供料而使机械空运转的时间。

2）停工时间。停工时间按其性质不同，可分为：施工本身造成和非施工本身造成的停工时间。前者是由于施工组织不善而引起的停工时间，如由于未及时供给机械燃料而引起的停工时间；后者是由于气候条件所引起的停工时间，如暴雨时压路机的停工时间。

3）违背劳动纪律时间。违背劳动纪律时间是指由于工人迟到、早退或擅离岗位等原因引起的机械停工时间。

4）低负荷下的工作时间。低负荷下的工作时间，是指由于工人或技术人员的过错所造成的施工机械在降低负荷的情况下工作的时间。如工人装车的砂石数量不足引起的汽车在降低负荷的情况下工作的时间。

综上所述，机械工作时间消耗分类如图 7–4 所示。

2. 施工机械台班消耗定额的形式

按表现形式不同，施工机械台班消耗定额也可分为时间定额和产量定额。

（1）施工机械时间定额。施工机械时间定额是指在合理劳动组织与合理使用机械条件下，完成单位合格产品所必需的工作时间，包括有效工作时间、不可避免的无负荷工作时间和不可避免的中断时间。机械时间定额以“台班”表示，即一台机械工作一个作业班时间，一个作业班时间为 8 h。

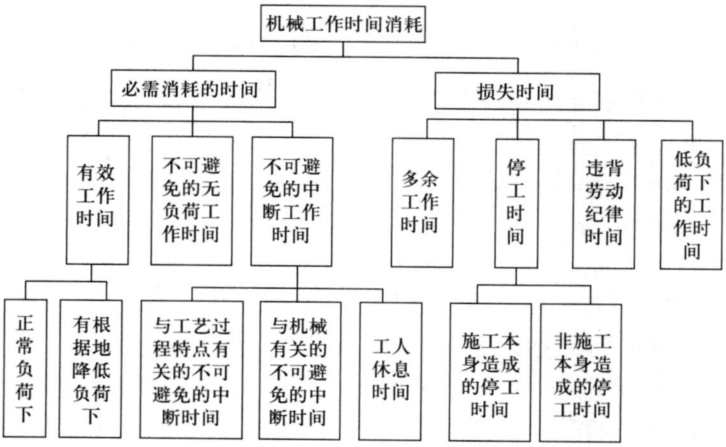

图 7–4　机械工作时间消耗分类

（2）施工机械产量定额。施工机械产量定额是指在合理劳动组织与合理使用机械条件下，机械在每个台班时间内应完成合格产品的数量。施工机械产量定额与时间定额互为倒数。

3. 施工机械台班消耗定额编制

（1）拟定机械工作的正常施工条件，包括工作地点的合理组织、施工机械作业方法的拟定、配合机械作业的施工小组的组织和机械工作班制度等。

（2）确定机械 1 h 纯工作正常生产率。机械纯工作时间是指机械必需消耗时间。机械 1 h 纯工作正常生产率是指在正常施工组织条件下，具有必要知识和技能的技术工人操纵机械 1 h 的生产率。

对于循环动作的机械，机械 1 h 纯工作正常生产率的计算公式为：

$$\begin{matrix}\text{机械 1 h 纯工作}\\ \text{正常生产率}\end{matrix}=\begin{matrix}\text{机械 1 h 纯工作}\\ \text{正常循环次数}\end{matrix}\times\begin{matrix}\text{一次循环生产}\\ \text{的产品数量}\end{matrix} \tag{7–9}$$

其中：

$$\begin{matrix}\text{机械 1 h 纯工作}\\ \text{正常循环次数}\end{matrix}=\frac{60\times60(\text{s})}{\text{一次循环正常延续时间(s)}} \tag{7–10}$$

机械一次循环的正常延续时间可用循环内各组成部分的正常延续时间之和减去交叠时间进行计算。

对于连续动作的机械，可依据多次现场观察和机械说明书来计算机械 1 h 纯工作正常生产率。计算公式为：

$$\begin{matrix}\text{机械 1 h 纯工作}\\ \text{正常生产率}\end{matrix}=\frac{\text{工作时间内生产的产品数量}}{\text{工作时间(h)}} \tag{7–11}$$

（3）确定机械时间利用系数。机械时间利用系数是指机械在施工作业班内对作业时间的利用率。计算公式为：

$$\begin{matrix}\text{机械时间}\\ \text{利用系数}\end{matrix}=\frac{\text{机械在一个工作班内纯工作时间(h)}}{\text{工作班延续时间(8 h)}} \tag{7–12}$$

（4）计算施工机械台班定额。计算公式为：

$$\begin{matrix}\text{施工机械台班}\\ \text{产量定额}\end{matrix}=\begin{matrix}\text{机械 1 h 纯工作}\\ \text{正常生产率}\end{matrix}\times\begin{matrix}\text{工作班}\\ \text{延续时间}\end{matrix}\times\begin{matrix}\text{机械时间}\\ \text{利用系数}\end{matrix} \tag{7–13}$$

$$施工机械时间定额=\frac{1}{施工机械台班产量定额} \quad (7\text{-}14)$$

工人小组的时间定额为施工机械时间定额与工人小组人数的乘积。

【例 7-4】 某工程采用出料容量为 750 L 的混凝土搅拌机进行现场施工，每一次循环内各组成部分的正常延续时间为：装料 1.5 min，搅拌 3 min，卸料 1.5 min，中断 1 min，无交叠时间。机械时间利用系数为 0.88。求混凝土搅拌机台班产量定额。

【解】

搅拌机一次循环正常延续时间 =1.5+3+1.5+1=7（min）≈ 0.116 7（h）

搅拌机 1 h 纯工作正常循环次数 =1/0.116 7 ≈ 8.57（次）

搅拌机 1 h 纯工作正常生产率 =8.57 × 750 ≈ 6 428（L）=6.428（m^3）

搅拌机台班产量定额 =6.428 × 8 × 0.88 ≈ 45.25（m^3/ 台班）

搅拌机单位产品时间定额 =1/45.25 ≈ 0.022 1（台班 /m^3）

三、预算定额

预算定额是指规定一定计量单位的分项工程或结构构件所必需消耗的人工、材料和机械台班的数量标准及其相应的费用标准。

（一）预算定额的用途和作用

（1）预算定额是编制施工图预算的基本依据，是确定工程预算造价的依据。

（2）预算定额是对设计方案进行技术经济比较，对新结构、新材料进行技术经济分析的依据。

（3）预算定额是编制施工组织设计、工料机消耗量计划，进行经济核算的依据。

（4）预算定额是招标人编制最高投标限价（招标控制价）的重要参考。

（5）预算定额是编制概算定额和概算指标的基础资料。

（二）预算定额的编制原则

1. 社会平均水平原则

预算定额作为确定建筑产品价格的依据，应按建筑产品生产过程中所消耗的必要劳动时间来确定。所谓社会平均水平，是指在正常的施工条件、多数施工企业的装备程度、合理的施工工艺与劳动组织及工期条件下的社会平均消耗水平。

值得注意的是，预算定额是以施工定额为基础编制的，但预算定额不能简单地套用施工定额。因为施工定额是按平均先进水平编制的，而预算定额是对施工定额的综合和扩大，它包含了更多的可变因素。二者之间需要保留一个合理水平的幅度差。

2. 简明适用原则

预算定额的内容和形式既要满足不同用途需要、具有多方面适用性，又要简单明了，易于掌握和应用。

（三）预算定额消耗量的编制

1. 消耗量定额的内容

建筑安装工程预算定额分为两大类：一类是建筑工程预算定额；另一类是安装工程预算定额。以住房和城乡建设部颁布的《房屋建筑与装饰工程消耗量定额》（TY 01-31—2015）为例，其将房屋建筑与装饰工程划分为 17 类分部工程，每一分部工程又划分为若干分项工程。其中第四章砌筑工程中砖基础消耗量定额示例见表 7-1，从表中可以看出，消耗量定额包括人工、材料和机械三部分。

2. 预算定额中人工工日消耗量的确定

预算定额中的人工工日消耗量是指在正常施工生产条件下，生产单位合格产品所必需消耗的某种技术等级的人工工日数量。它由分项工程所综合的各个工序施工劳动定额包括的基本用工和其他用工两部分组成。

（1）基本用工。基本用工是指完成一定计量单位的分项工程或结构构件所必需消耗的技术工种数量。基本用工是完成分项工程的主要用工量，如砌筑各种墙体工程的砌砖、调制砂浆及运输砖和砂浆的用工量。

（2）其他用工。其他用工是指辅助基本用工消耗的工日，通常包括超运距用工和辅助用工。

1）超运距用工。超运距用工是指预算定额的平均水平运距超过劳动定额规定的水平运距部分消耗的用工。

2）辅助用工。辅助用工是指技术工种劳动定额中不包括的而在预算定额中又必须考虑的工时消耗，如机械土方工程配合用工、材料加工用工等。

表 7–1　　砖基础消耗量定额

工作内容：清理基槽坑，调、运、铺砂浆，运、砌砖。　　计量量：10 m^3

定额编号				4–1	4–2
项目				实心砖基础	
				240 mm × 115 mm × 53 mm	190 mm × 90 mm × 53 mm
名称			单位	消耗量	
人工	合计工日		工日	8.852	10.726
	其中	普工	工日	2.078	7.036
		一般技工	工日	5.806	1.169
		高级技工	工日	0.968	1.169
材料	混凝土实心砖 240 mm × 115 mm × 53 mm		千块	5.288	—
	混凝土实心砖 190 mm × 90 mm × 53 mm		千块	—	8.340
	干混砌筑砂浆 DM M10		m^3	2.399	2.507
	水		m^3	1.050	1.050
机械	干混砂浆罐式搅拌机		台班	0.240	0.251

3）人工幅度差用工。人工幅度差用工是指人工定额中未包括的，而在一般正常施工情况下又不可避免的一些零星用工。其内容为：①各种专业工种之间的工序搭接及土建工程与安装工程的交叉、配合中不可避免的停歇时间；②施工机械在场内单位工程之间变换位置及在施工过程中移动临时水电线路引起的临时停水、停电所发生的不可避免的间歇时间；③施工过程中水电维修用工；④隐蔽工程验收等工程质量检查影响的操作时间；⑤现场内单位工程之间操作地点转移影响的操作时间；⑥施工过程中工种之间交叉作业造成的不可避免的剔凿、修复、清理等用工；⑦施工过程中不可避免的直接少量零星用工。

人工幅度差用工数量的计算公式为：

$$人工幅度差用工数量 = \sum(基本用工 + 超运距用工 + 辅助用工) \times 人工幅度差系数 \quad (7-15)$$

人工幅度差系数一般为10%～15%。

3. 预算定额中材料消耗量的确定

预算定额中的材料消耗量，是指在合理的和节约使用材料的条件下，生产单位合格产品必需消耗的一定品种规格的材料、半成品、构配件等的数量标准。

预算定额中的材料消耗量以材料消耗定额为基础，按预算定额项目综合材料消耗定额的相关内容，经汇总后确定。

4. 预算定额中施工机具台班消耗量的确定

预算定额中施工机具台班消耗量是指在正常施工条件下，生产单位合格产品所必需消耗的某类或某种型号施工机具的台班数量。这里主要介绍施工机械台班消耗量的确定。

预算定额中的机械台班消耗量可根据施工定额中机械台班产量加机械幅度差进行计算。机械幅度差是指在施工定额中未曾包括的，而机械在合理的施工组织条件下所必需的停歇时间，在编制预算定额时应予以考虑。其内容包括：

（1）施工机械转移工作面及配套机械互相影响损失的时间；

（2）在正常施工情况下，机械施工中不可避免的工序间歇；

（3）检查工程质量影响机械操作的时间；

（4）临时水、电线路在施工中移动位置所发生的机械停歇时间；

（5）工程收尾时，因工作量不饱满所损失的时间。

预算定额中施工机械台班消耗量的计算公式为：

$$预算定额机械耗用台班 = 施工定额机械耗用台班 \times (1+ 机械幅度差系数) \quad (7-16)$$

（四）预算定额基价的确定

在拟定预算定额的基础上，有时还需要根据工程所在地区的工资、物价水平确定相应的人工、材料和施工机械台班价格，拟定预算定额中每一分项工程的单位预算价格，被称为预算定额基价。预算定额基价是分项工程和结构构件的单价。

只包含人工费、材料费和施工机具使用费的定额基价被称为工料单价；除人工费、材料费和施工机具使用费外，还包括管理费和利润的单价称为综合单价；如果综合单价中包含规费和税金，则可称为全费用综合单价。

以工料单价为例，分项工程预算定额基价的计算公式为：

$$\begin{aligned}分项工程预算定额基价 &= 人工费 + 材料费 + 机具使用费\\ &= \sum(预算定额人工消耗量 \times 人工日工资单价) +\\ &\quad \sum(预算定额材料消耗量 \times 材料价格) +\\ &\quad \sum(预算定额施工机具台班消耗量 \times 施工机具台班价格) \quad (7-17)\end{aligned}$$

四、概算定额与概算指标

（一）概算定额

概算定额也被称为扩大结构定额，它规定了完成一定计量单位的扩大结构构件或扩大分项工程的人工、材料、机械台班消耗量的数量标准及其相应的费用标准。概算定额是对预算定额的综合与扩大，每一概算定额项目都包括了数项有联系的预算定额项目。

1. 概算定额的编制原则

（1）概算定额的编制深度要适应设计深度要求。概算定额是在初步设计阶段使用的，并受初步设计深度所限。因此，定额项目划分应坚持简化、准确和适用原则。

（2）作为计价定额，概算定额应反映社会平均水平，即反映在正常条件下，大多数企业的设计、生产、施工和管理水平。

（3）由于概算定额是在预算定额的基础上适当地再一次扩大、综合和简化，因而在对工程标准、施工方法和工程量取值等方面进行综合、测算时，概算定额与预算定额之间必将产生并允许留有一定的幅度差。

2. 概算定额手册的内容

概算定额手册按专业特点和地区特点编制，内容由文字说明、定额项目表和附录三部分组成。以下主要介绍前两个部分。

（1）文字说明部分。文字说明包括总说明和分部工程说明。总说明主要阐述概算定额的编制依据、使用范围、包含内容及作用、应遵守的规则及建筑面积计算规则等。分部工程说明主要阐述相应分部工程包括的综合工作内容及分部、分项工程的工程量计算规则等。

（2）定额项目表部分。定额项目主要包括以下内容：

1）定额项目划分。定额项目一般按以下两种方法划分：一是按工程结构划分，如土石方、基础、墙、梁板柱、门窗、楼地面、屋面、装饰、构筑物等工程结构；二是按工程部位划分，如基础、墙体、梁柱、楼地面、屋盖、其他工程部位等。

2）定额项目表。定额项目表是概算定额手册的主要内容，由若干分节定额组成。各节定额由工程内容、定额表及附注说明组成，定额表中列有定额编号、计量单位、概算价格和人工、材料、机械台班消耗量指标，综合了预算定额的若干项目和数量。

3. 概算定额基价

概算定额基价与预算定额基价的编制方法相同，也包括工料单价、综合单价和全费用单价三种形式。以工料单价为例，分项工程概算定额基价的计算公式为：

分项工程概算定额基价 = 人工费 + 材料费 + 机具使用费
= Σ（概算定额人工消耗量 × 人工日工资单价）+
Σ（概算定额材料消耗量 × 材料价格）+
Σ（概算定额施工机具台班消耗量 × 施工机具台班价格）　（7–18）

（二）概算指标

概算指标通常是以单位工程为对象，以每 100 m^2 建筑面积、每 1 000 m^3 建筑体积、每座构筑物或成套设备装置的台（组）为计量单位，规定人工、材料、机械及造价的定额指标。概算指标是概算定额的扩大与合并，它是以整个房屋或构筑物为对象，以更为扩大的计量单位来编制的。概算指标的内容包括：人工、材料和机械台班定额三个基本部分，同时还列出各结构分部的工程量及单位工程造价。

由于各种性质和功能的工程项目所需要的人工、材料和施工机械台班的数量不同，概算指标通常需要根据不同建筑类别分别编制。工业建筑应按不同功能、规模等级、结构类型等编制，民用建筑也应按不同用途性质、建筑层高、结构类别编制。随着工程造价管理体制改革的不断深化，包括概算指标在内的工程造价指标 / 指数将会更加细化和完善，其作用也会增大。

第三节　工程量清单计价

采用工程量清单方式计价和报价是国际通行做法。2003 年我国发布国家标准《建设工程工程量清单计价规范》(GB 50500—2003),至今已推行工程量清单计价多年,这对于促进工程造价管理市场化、国际化意义重大。《建设工程工程量清单计价规范》明确规定了工程量清单的组成、项目划分、工程量计算规则等内容,后经 2008 年和 2013 年修订,相关内容得到进一步完善。

一、工程量清单的原理和作用

(一)工程量清单的原理

工程量清单是指载明建设工程分部分项工程项目、措施项目及其他项目的名称和相应数量等内容的明细清单。工程量清单可分为招标工程量清单和已标价工程量清单。

(1)招标工程量清单,是指由招标人编制,随招标文件发布供投标人投标报价的工程量清单。招标工程量清单应作为编制招标控制价、进行投标报价、计算或调整工程量、进行施工索赔的主要依据。

(2)已标价工程量清单,是指已标明价格,经算术性错误修正(如有)且承包人已确认的工程量清单。已标价工程量清单是构成合同文件的组成部分。

1. 工程量清单计价适用范围

工程量清单计价适用于建设工程发承包及实施阶段的计价活动。

(1)依照《建设工程工程量清单计价规范》(GB 50500—2013)规定,使用国有资金投资的建设工程发承包,必须采用工程量清单计价。

(2)非国有资金投资的建设工程,宜采用工程量清单计价。

(3)不采用工程量清单计价的建设工程,应执行《建设工程工程量清单计价规范》(GB 50500—2013)除工程量清单等专门性规定外的其他规定。

2. 工程量清单计价过程

工程量清单计价是以工程量清单为依据,在工程发承包、施工和竣工交付阶段,对工程造价及其构成内容进行预测、估计和计算的活动,其过程包括以下四个方面。

(1)招标人编制招标工程量清单。在工程招投标阶段,由招标人依照工程量清单计价规范、施工图纸等资料设置清单项目,按工程量计算规则计算各个清单项目工程量。

(2)招标人编制招标控制价。招标控制价是招标人根据政府有关部门颁发的工程计价依据和办法,以及拟定的招标文件和招标工程量清单,结合工程具体情况编制的招标工程最高投标限价。《建设工程工程量清单计价规范》(GB 50500—2013)规定,国有资金投资的建设工程应实行工程量清单招标,招标人必须编制招标控制价。

(3)投标人编制投标报价。投标人按照招标文件及工程量清单要求,结合工程特点、自身施工技术、装备和管理水平,依据有关工程计价规定自主确定投标报价。

(4)发包人和承包人进行合同价款调整和结算。在施工阶段,发承包双方依据合同约定、工程项目实际情况和相关法律法规,进行合同价款的调整、工程计量和工程结算。

3. 工程量清单计价方式

工程量清单计价应采用综合单价法。综合单价是指完成一个规定清单项目所需的人工费、材料和工程设备费、施工机具使用费和企业管理费、利润及一定范围内的风险费用。不论分部分项工程项目、措施项目还是其他项目,其综合单价的组成内容均包括除规费、税金以外的所有金额。

（二）工程量清单的作用

（1）招标工程量清单为投标人提供了一个平等竞争的基础。工程量清单列出要求投标人完成的工程项目及相应工程实体数量，为投标人提供拟建工程的基本内容、实体数量和质量要求等信息。这样使所有投标人掌握的信息相同，从而为投标人客观、公正、公平地投标提供了保障。

（2）招标工程量清单为投标人自主报价提供了详细依据。投标人按照工程量清单所表述的内容，依据企业定额计算投标价格，自主填报工程量清单所列项目的单价与合价。为促进建筑企业竞争力提升、由市场决定工程造价创造了条件。

（3）工程量清单为工程款拨付和最终结算提供了直接依据。工程实施过程中，发包人根据承包人完成工程量清单规定内容的情况，以投标时在工程量清单中所报单价作为支付工程进度款和进行结算的依据。

（4）工程量清单为调整工程量、进行施工索赔提供了依据。在工程实施过程中，发生工程变更、施工索赔、增加新的工程项目等情况时，可以选用或者参照工程量清单中的分部分项工程或计价项目与合同单价来确定变更项目或索赔项目的单价和相关费用。

（5）工程量清单为建设单位实施投资控制提供有效支撑。采用工程量清单计价的工程，建设单位能够及时了解由于工程变更、物价波动等因素对投资带来的影响，通过方案比较，选择恰当的处理方式。

二、工程量清单编制

招标工程量清单应以单位（项）工程为单位编制，由分部分项工程项目清单、措施项目清单、其他项目清单、规费项目清单和税金项目清单组成。

（一）分部分项工程项目清单

分部分项工程项目清单应载明项目编码、项目名称、项目特征、计量单位和工程量五个要件，这五个要件在分部分项工程项目清单的组成中缺一不可。分部分项工程项目清单必须根据各专业工程现行国家计量规范规定的项目编码、项目名称、项目特征、计量单位和工程量计算规则进行编制，分部分项工程项目清单格式见表 7–2。在编制招标工程项目清单时，招标人只负责填列该表的前六项内容。在编制招标控制价或投标报价时，再填入金额部分。

表 7–2　　分部分项工程项目清单

工程名称：　　　　标段：　　　　第　页　共　页

序号	项目编码	项目名称	项目特征	计量单位	工程量	金额（元）		
						综合单价	合价	暂估价
本页小计								
合　计								

1. 项目编码

项目编码是指分部分项工程项目清单项目名称的数字标识。有关规定如下：

（1）分部分项工程项目清单的项目编码，应采用 12 位阿拉伯数字表示，如图 7–5 范例所示。编码数字的含义是：第1、2位为专业工程代码（01—房屋建筑与装饰工程；02—仿古建筑工程；03—通用安装工程；04—市政工程；05—园林绿化工程；06—矿山工程；07—构筑物工程；08—城市轨道交通工程；09—爆破工程。以后进入国标的专业工程代码以此类推），第3、4位为分类顺序码，第5、6位为分部工程顺序码，第7、8、9位为分项工程名称顺序码，第10、11、12位为清单项目名称顺序码。

（2）项目编码的第1～9位应按计价规范附录中的规定设置，第10～12位应根据拟建工程的工程量清单的项目名称设置。

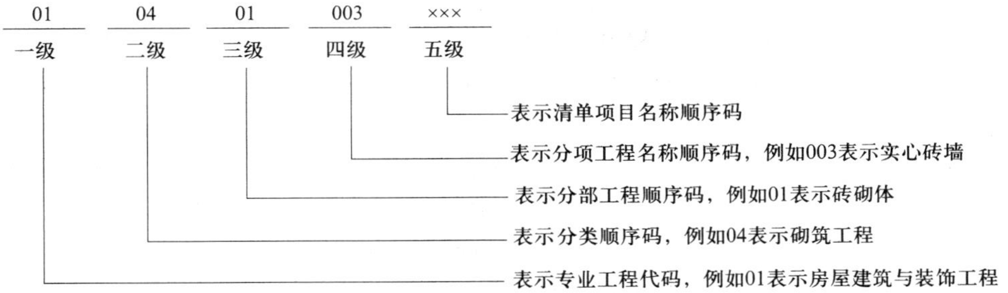

图7–5　项目编码结构示例

（3）同一招标工程的项目编码不得有重复。当同一标段（或合同段）的一份工程量清单中含有多个单位工程，且工程量清单是以单位工程为编制对象时，应特别注意对项目编码第10～12位的设置不能有重码的规定。例如，一个标段（或合同段）的工程量清单中含有三个单位工程，每一个单位工程中都有项目特征相同的挖土方工程，在工程量清单中又需反映三个不同单位工程的挖沟槽土方工程量时，则第一个单位工程的挖沟槽土方的项目编码应为010101003001，第二个单位工程的挖沟槽土方的项目编码应为010101003002，第三个单位工程的挖沟槽土方的项目编码应为010101003003，并应分别列出各单位工程挖沟槽土方的工程量。

2. 项目名称

分部分项工程项目清单的项目名称应按相关工程计价规范附录中列出的项目名称，结合拟建工程实际确定。分部分项工程项目清单的项目名称一般以工程实体命名，项目名称如有缺项，编制人应作补充，并报省级或行业工程造价管理机构备案。

3. 项目特征

分部分项工程项目清单的项目特征是确定一个清单项目综合单价不可缺少的重要依据。在编制工程量清单时，必须对项目特征进行准确和全面的描述。但有些项目特征用文字往往又难以准确和全面地描述清楚。因此，为达到规范、准确、全面描述项目特征的要求，在描述工程项目特征时应按以下原则进行。

（1）项目特征描述的内容应按计量规范的规定，结合拟建工程实际，能够满足确定综合单价的要求。

（2）若采用标准图集或施工图纸能够全部或部分满足项目特征描述的要求，项目特征描述可直接采用详见“××图集”或“××图号”的方式。但对不能满足项目特征描述要求的部分，仍应用文字描述。

4. 计量单位

分部分项工程项目清单的计量单位应按国家现行计量规范中规定的计量单位确定。在国家现行计量规范中有两个或两个以上计量单位时，应结合拟建工程项目的实际情况，选择其中一个作为计量单位。在同一个建设项目（或标段、合同段）中，有多个单位工程的相同项目计量单位必须保持一致。

5. 工程量

分部分项工程项目清单中所列工程量应按国家现行计量规范中规定的工程量计算规则进行计算。

依据现行工程量清单计价规范，工程量计算规则可分为：房屋建筑与装饰工程、仿古建筑工程、通用安装工程、市政工程、园林绿化工程、矿山工程、构筑物工程、城市轨道交通工程、爆破工程九大类。

（二）措施项目清单

措施项目是为完成工程项目施工，发生于该工程施工准备和施工过程中的技术、生活、安全、环境保护等方面的项目。措施项目清单必须根据国家现行计量规范的规定编制，应根据拟建工程实际情况列项。措施项目可划分为总价项目和单价项目两类。

1. 总价项目

在国家现行计量规范中无工程量计算规则的措施项目，应以总价（或计算基础乘费率）计算，以“项”计价，如文明施工和安全防护、临时设施等。总价措施项目清单与计价表格式见表 7–3。

表 7–3　　总价措施项目清单与计价表

工程名称：　　　　标段：　　　　第　页　共　页

序号	项目编码	项目名称	计算基础	费率（%）	金额（元）	调整费率（%）	调整后金额（元）	备注
		安全文明施工费						
		夜间施工增加费						
		二次搬运费						
		冬雨季施工增加费						
		已完工程及设备保护费						
		……						
合计								

措施项目中的“总价项目”仅列出项目编码、项目名称，未列出项目特征、计量单位和工程量计算规则，应按计价规范中规定的项目编码、项目名称而确定。

2. 单价项目

可以根据工程图纸（含设计变更）和国家现行计量规范规定的工程量计算规则进行计量的措施项目，以“量”计价，如脚手架、施工降水工程等。

措施项目中的“单价项目”列出了项目编码、项目名称、项目特征、计量单位、工程量计算规则。编制工程量清单时，应参照分部分项工程量清单编制的有关规定执行。

（三）其他项目清单

其他项目清单是指分部分项工程项目清单、措施项目清单所包含的内容以外，因招标人特殊要求而发生的与拟建工程有关的其他费用项目和相应数量的清单。

其他项目清单应按照下列内容与要求列项。

1. 暂列金额

暂列金额是指招标人在工程量清单中暂定并包括在合同价款中的一笔款项。它是用于施工合同签订时尚未确定或者不可预见的所需材料、设备、服务的采购，施工中可能发生的工程变更、合同约定调整因素出现时的合同价款调整，以及发生的索赔、现场签证确认等的费用。

施工合同形式的理想状态是：合同价款就是其最终的竣工结算价款，或者至少二者应尽可能接近。但由于工程建设自身的特点决定了工程设计、业主需求都可能会随着工程进展不断进行调整或优化，工程建设过程中也会存在一些不可预见或不能确定的因素，这些因素势必会导致合同价款的调整，而暂列金额正是为这类不可避免的价款调整而设立的。

2. 暂估价

暂估价是招标人在工程量清单中提供的用于支付必然发生但暂时不能确定价格的材料、工程设备的单价及专业工程金额，包括材料暂估单价、工程设备暂估单价、专业工程暂估价。暂估价中的材料、工程设备暂估单价应根据工程造价信息或参照市场价格估算，列出明细表；专业工程暂估价应分不同专业，按有关计价规定估算，列出明细表。

3. 计日工

计日工是指在施工过程中，承包人按合同约定，完成发包人提出的工程合同范围以外的零星项目或工作的一种单价计价方式。计日工适用的所谓零星工作，一般是指合同约定之外的或因变更而产生的、工程量清单中没有相应项目的额外工作，尤其是那些时间上不允许事先商定价格的额外工作。

工程量清单中，计日工应列出项目名称、计量单位和暂估数量。计日工对完成零星工作所消耗的人工工时、材料数量、施工机械台班进行计量，并按照计日工表中填报的适用项目的单价进行计价支付。

4. 总承包服务费

总承包服务费是指总承包人为配合协调发包人进行的专业工程发包，对发包人自行采购的材料、工程设备等进行保管以及施工现场管理、竣工资料汇总整理等服务所需的费用。工程量清单中应列出总承包服务费的服务项目及其内容等。

（四）规费项目清单

规费项目清单应按照下列内容列项：社会保险费，包括养老保险费、失业保险费、医疗保险费、工伤保险费、生育保险费；住房公积金。若出现规范中未列的项目，应根据省级政府或省级有关权力部门的规定列项。

（五）税金项目清单

依照《建设工程工程量清单计价规范》（GB 50500—2013）规定，税金项目清单应包括下列内容：营业税、城市维护建设税、教育费附加、地方教育附加。在建筑业实行营业税改征增值税后，工程量清单中对于税金的列项方式有所调整，税金项目主要是指增值税。

规费、税金项目清单与计价表格式见表 7–4。

表 7–4　　规费、税金项目清单与计价表

工程名称：　　标段：　　第　页　共　页

序号	项目名称	计算基础	计算基数	计算费率 /%	金额 / 元
1	规费	定额人工费			
1.1	社会保险费	定额人工费			
（1）	养老保险费	定额人工费			
（2）	失业保险费	定额人工费			
（3）	医疗保险费	定额人工费			
（4）	工伤保险费	定额人工费			
（5）	生育保险费	定额人工费			
1.2	住房公积金	定额人工费			
2	税金（增值税）	分部分项工程费 + 措施项目费 + 其他项目费 + 规费 – 按规定不计税的工程设备金额			
合计					

三、基于工程量清单的投标报价

投标报价是投标人响应招标文件要求，结合工程特点、自身施工技术、装备和管理水平，依据有关工程计价规定自主确定报价的过程。投标人在工程量清单中标明的总价是其希望达成工程承包交易的期望价格。

（一）投标报价的编制原则

投标报价的编制是投标中最关键的工作，因此，必须遵循以下原则：

（1）投标价应由投标人或受其委托具有相应资质的工程造价咨询人编制；

（2）投标人应依据行业部门的相关规定自主确定投标报价；

（3）投标人必须按招标工程量清单填报价格，项目编码、项目名称、项目特征、计量单位、工程量必须与招标工程量清单一致；

（4）投标人的投标报价不得低于工程成本；

（5）投标价不能高于招标人设定的招标控制价，否则将作为废标处理。

（二）投标报价的编制流程

投标人在编制投标报价之前要充分做好前期工作，包括研究招标文件、准备与投标有关的资料、调查工程现场和询价等。在此基础上，进行投标报价的编制流程如图 7–6 所示。

（三）投标报价编制方法及注意事项

1. 投标报价编制方法

投标人在编制投标报价时，要先依据招标人提供的工程量清单编制分部分项工程和单价措施项目清单与计价表、总价措施项目清单与计价表、其他项目清单与计价表、规费与税金项目计价表，然后汇总得到单位工程、单项工程和建设项目投标报价汇总表。

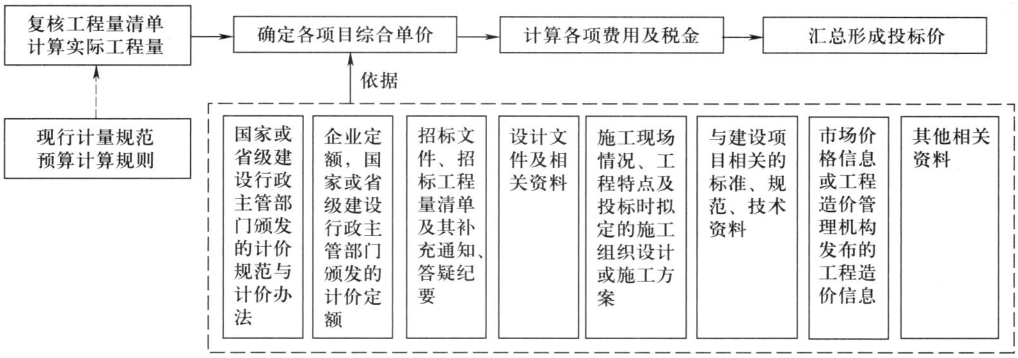

图 7–6　投标报价的编制流程

（1）分部分项工程和单价措施项目清单与计价表中综合单价的确定。确定综合单价是分部分项工程和单价措施项目报价的主要工作，其重要依据之一是该清单项目特征的描述。分部分项工程和单价措施项目中的单价项目，应依据招标文件及其招标工程量清单项目特征的描述确定综合单价计算。当招标文件描述的单价项目特征与设计图纸不符时，投标人应以招标文件描述的单价项目特征确定综合单价。在施工中，若施工图纸或设计变更与招标工程量清单项目特征描述不一致时，发承包双方应按实际施工的项目特征依据合同约定重新确定综合单价。

招标工程量清单中提供了暂估单价的材料和工程设备，按暂估单价计入综合单价。

投标报价的综合单价中应包括招标文件中划分的应由投标人承担的风险范围及费用。招标文件中没有明确的，应提请招标人明确。在施工过程中，当风险内容及其范围（幅度）在招标文件规定的范围（幅度）内时，综合单价不得改变，合同价款不作调整。

（2）总价措施项目清单与计价表中的总价项目金额确定。投标人投标报价时，措施项目中的总价项目金额，应根据招标文件中的措施项目清单及投标时拟定的施工组织设计或施工方案自主确定。但其中的安全文明施工费必须按国家或省级行业建设主管部门的规定计算，不得作为竞争性费用。

（3）其他项目清单与计价表、规费与税金项目计价表的编制。投标人应按以下规定对其他项目进行报价。

1）暂列金额应按招标工程量清单中列出的金额填写，不得变动。

2）暂估价中的材料、工程设备暂估价应按招标工程量清单中列出的单价计入综合单价，专业工程暂估价应按招标工程量清单中列出的金额填写，均不得变动或更改。

3）计日工应按招标工程量清单中列出的项目和数量，自主确定综合单价并计算计日工金额。

4）总承包服务费应依照招标人在招标文件中列出的分包专业工程内容和供应材料、设备情况，按照招标人提出的协调、配合与服务要求，以及施工现场管理需要自主确定。

在投标报价时，规费和税金应按照国家或省级行业建设主管部门的有关规定计算。

2. 投标报价编制注意事项

（1）招标工程量清单与计价表中列明的所有需要填写的单价和合价的项目，投标人均应填写且只允许有一个报价。

（2）未填写单价和合价的项目，视为此项费用已包含在已标价工程量清单中的其他项目的单价和合价之中，竣工结算时，此项目不得重新组价予以调整。

（3）投标总价应当与分部分项工程费、措施项目费、其他项目费和规费、税金的合计金额一致。

第四节　施工成本管理

施工成本也被称为工程成本或工程项目成本，是建筑企业成本的基础和核心。施工成本管理是建筑企业管理的重要内容。现代化大生产要求对施工成本实行全过程综合性、预防性和科学性管理，使工程项目实际成本能够控制在预定的计划成本范围内。

一、施工成本构成及影响因素

（一）施工成本构成

施工成本是指工程项目在施工过程中所发生的全部生产费用的总和，包括：所消耗的主、辅材料费用，构配件费用，周转材料的摊销或租赁费，施工机械台班费或租赁费，支付给生产工人的工资、奖金及施工单位（工程项目经理部、分公司、工程处）为组织和管理工程施工所发生的全部费用支出，但不包括建筑企业所发生的期间费用。期间费用包括管理费用、营业费用和财务费用，应计入当期损益，不得计入施工成本。

按施工成本的经济性质、现行企业财务制度规定的核算科目，施工成本由直接成本和间接成本组成。直接成本是指施工过程中直接耗费的构成工程实体或有助于工程形成的各项支出，包括人工费、材料费、施工机具使用费和其他直接费（即措施费）。间接成本是指企业各施工单位（工程项目经理部、分公司、工程处）为施工准备、组织和管理施工生产所发生的全部间接费支出，包括：施工单位管理人员的工资、津贴、奖金、工资附加费，以及行政管理用固定资产折旧费及修理费、物料消耗、低值易耗品摊销、取暖费、水电费、办公费、差旅费、财产保险费、检验试验费、工程保修费、劳动保护费及其他费用等。

（二）施工成本分类

为了适应施工成本管理要求，需要按照不同计价标准对施工成本进行分类。

1. 预算成本

预算成本反映各地区建筑业平均成本水平，它根据施工图，由全国统一的工程量计算规则计算出工程量，结合全国统一的建筑、安装工程基础定额和由各地区市场劳务价格、材料价格信息及价差系数，并按有关取费的指导性费率进行计算。预算成本是施工成本的预计支出，是确定工程造价的基础，也是编制计划成本的依据和评价实际成本的依据。

2. 计划成本

计划成本也被称为目标成本，是指施工单位在预算成本的基础上，根据计划期有关资料，在实际成本发生前期计算应达到的成本标准。计划成本是建筑企业考虑降低成本措施后的成本计划数，反映企业在计划期内应达到的成本水平，对加强建筑企业和工程项目经济核算，建立和健全施工项目成本管理责任制，控制施工过程中产生的费用，降低施工成本具有十分重要的作用。

3. 实际成本

实际成本是施工项目在报告期内实际发生的各项生产费用的总和。

（三）施工成本影响因素

施工成本主要受以下因素影响。

（1）工程内容和范围。工程范围限定了工程所包含的工作内容，也限定了施工成本发生的范围。对于分部分项工程而言，工程量清单就明确了工程内容和范围。

（2）完成单位工程量所消耗的物资和劳动力数量，即人工、材料、施工机具消耗量。

（3）工程所消耗的物资和劳动力的单价，即人工工日单价、材料价格和施工机具台班单价等。

在工程量一定的条件下，物资和劳动力消耗越少，成本就越低。前两项相对不变时，单价越低，成本就越低。

物资与劳动力的消耗量和单价的高低又会受到工程质量、工期和企业管理（如材料供应、劳动组织、技术方案、施工组织、机械设备利用、安全生产、文明施工）水平等因素的影响。

二、施工成本管理流程及要求

施工成本管理是建筑企业正确核算工程成本、合理补偿生产耗费的手段，是建筑企业降低成本、增加利润的重要途径，是提高企业市场竞争力的重要保证。

（一）施工成本管理流程

施工成本管理是一个有机联系与相互制约的系统过程，包括施工成本预测、施工成本计划、施工成本控制、施工成本核算、施工成本分析和施工成本考核等环节。施工成本管理流程如图 7–7 所示。

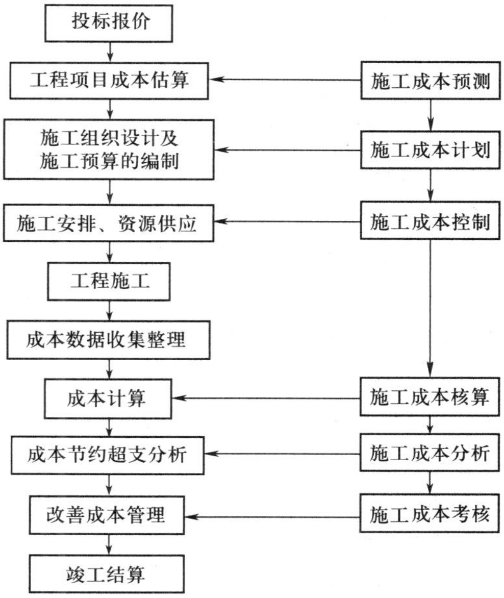

图 7–7　施工成本管理流程

成本预测是成本计划的编制基础，成本计划是开展成本控制和核算的基础；成本控制能对成本计划的实施进行监督，保证成本计划的实现，而成本核算又是成本计划是否实现的最后检查，成本核算所提供的成本信息又是成本预测、成本计划、成本控制和成本考核等的依据；成本分析为成本考核提供依据，也为未来的成本预测与成本计划指明方向；成本考核是实现成本目标责任制的保证和手段。

（二）施工成本管理要求

1. 施工成本预测

施工成本预测是指根据成本信息和施工项目具体情况，运用专门的预测方法，对未来的成本水平及可能的发展趋势作出科学估计。进行施工成本预测时，需要收集、整理施工成本预测所需资料，对影响施工项目成本的因素进行分析，比照近期已完工程项目或将完工程项目的成本（单位成本），预测这些因素对施工成本的影响程度，估算出施工项目的单位成本或总成本。

2. 施工成本计划

施工成本计划是以施工组织设计和有关生产成本资料为基础，对施工项目成本水平进行的筹划。具体而言，施工成本计划是以货币形式表达的施工项目在计划期内的生产费用、成本水平、成本降低率，以及为降低成本所采取的主要措施和规划的具体方案。施工成本计划是目标成本的一种表达形式，是建立施工项目成本管理责任制、开展成本控制和核算的基础，也是施工成本控制的主要依据。施工成本计划的主要形式有：整个工程项目施工成本计划，施工项目年、季、月成本计划，分部、分项工程施工成本计划等。

3. 施工成本控制

施工成本控制是指在工程项目实施过程中，对影响施工项目成本的各项要素，即施工生产所耗费的人力、物力和各项费用开支，采取一定措施进行监督、调节和控制，及时预防、发现和纠正偏差，保证施工成本目标的实现。施工成本控制是施工成本管理的核心内容，也是施工成本管理中不确定因素最多、最复杂、最基础的管理内容。施工成本控制应结合施工项目实际情况，在事前、事中和事后均采取行之有效的控制方法和手段。

4. 施工成本核算

施工成本核算是指对工程项目施工过程中所发生的各项费用进行归集，统计其实际发生额，并计算施工项目总成本和单位工程成本的管理活动。施工成本核算包括两个基本环节：一是按照规定的成本开支范围对施工费用进行归集，计算出施工费用实际发生额；二是根据成本核算对象，采用适当方法计算施工项目总成本和单位成本。

为充分发挥施工成本核算的作用，成本核算应满足以下要求：①正确划分成本费用支出和非成本费用支出；②正确划分施工成本和期间成本；③正确划分各成本核算对象的成本界限；④正确划分本期施工成本和非本期施工成本；⑤正确划分已完工程项目成本和未完工程项目成本。

5. 施工成本分析

施工成本分析是指揭示施工项目成本变化情况及变化原因的过程。施工成本分析需要利用施工成本核算资料，与目标成本、预算成本及类似工程实际成本等进行比较，分析施工成本变动情况，同时分析主要技术经济指标对施工成本的影响，系统研究施工成本变动因素，深入揭示施工成本变动规律，寻找降低施工成本的途径，以便有效地进行成本控制。

6. 施工成本考核

施工成本考核是指施工项目完成后，按施工成本目标责任制有关规定，对施工成本管理绩效进行总结评价并给予相应奖惩的过程。建筑企业应建立和健全施工成本考核制度，考核制度应对考核的目的、时间、范围、对象、方式、依据、指标、组织领导及奖惩原则等作出明确规定。

三、施工成本管理内容和方法

（一）施工成本预测

1. 施工成本预测内容

（1）根据工料分析表、技术措施（例如钢筋搭接方式、混凝土配合比、掺和料的应用等），结合市场调研掌握的材料价格信息，预测构成工程实体的材料费。

（2）根据技术方案（包括脚手架搭设方案、模板方案、工期网络计划、周转料具进出场计划等），结合租赁价格或摊销计划，预测不能构成工程实体但有助于工程形成的其他材料费。

（3）根据工料分析表和劳务单价信息等，预测人工费。

（4）根据施工组织设计的设备计划、工期网络计划、设备进出场计划和租赁价格等，预测计划期内施工机械台班费。

（5）根据临建搭设计划，预测临时设施费。

（6）根据项目管理人员及其他非生产人员的配备计划及工期计划，预测计划期内管理人员工资费用、办公费用和差旅费用。

（7）根据检验试验计划、测量方案、工具用具计划、安全措施、材料二次转运计划、场地清理、文明施工计划，预测其他直接费用。

（8）参考上期计划成本情况，预测其他不可预见性费用。

2. 施工成本预测方法

施工成本预测方法分为定性预测法和定量预测法两大类。

（1）定性预测法。定性预测是指成本管理人员根据专业知识和实践经验，通过调查研究，利用已有资料，对成本费用发展趋势及可能达到的水平进行的分析和推断。采用这种方法的前提是对施工成本费用的历史资料、现状及影响因素有比较深入的了解。常用的定性预测法有座谈会法和函询调查法。

（2）定量预测法。定量预测是指利用历史成本费用统计资料及成本费用与影响因素之间的数量关系，通过建立数学模型，对未来成本费用进行的推测和计算。常用的定量预测法有加权平均法、时间序列预测法、回归分析法和量本利分析法等。

这里主要介绍量本利分析法。"量"是指工程产值，即建筑企业的建造合同收入或主营业务收入；"本"是指施工成本；"利"是指实际成本降低额。通过分析产值、成本、利润三者之间关系，可预测施工目标成本。

采用量本利分析法预测施工成本时，其计算公式为：

$$y_1=a+bx \tag{7–19}$$

$$y_2=cx \tag{7–20}$$

$$x_G=\frac{a}{c-b} \tag{7–21}$$

式中：a——当期固定成本总额；

b——单位产值变动成本率；

c——预算成本与产值的比值；

x——产值；

x_G——盈亏分界点产值，即预算成本与实际成本相等的保本点产值；

y_1——实际成本；

y_2——预算成本。

用量本利分析法预测施工成本的基本原理如图 7–8 所示。

由图 7–8 可知：

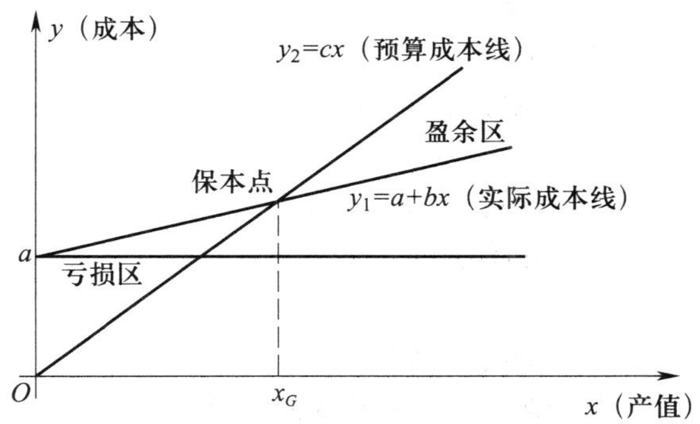

图 7–8　量本利分析法预测施工成本的基本原理

1）当预计施工产值大于保本点产值（$x>x_G$）时，企业可盈利；当预计施工产值等于保本点产值（$x=x_G$）时，企业盈亏平衡；当预计施工产值小于保本点产值（$x<x_G$）时，企业将会亏损。

2）固定成本 a 越小，保本点产值越低，获利可能性则越大；反之，获利可能性则越小。

3）单位产值变动成本率 b 越小，保本点越低，获利可能性则越大；反之，获利可能性则越小。

4）预算成本与产值的比值 c 越小，保本点越高，获利可能性则越小；反之，获利可能性则越大。

【例 7–4】 某建筑企业去年全年施工产值和工程成本构成情况如下：施工产值 8 153.5 万元，预算成本 7 664.29 万元，实际成本 7 511 万元（其中变动成本 6 035.38 万元，固定成本 1 475.62 万元）。根据今年生产经营形势，预计固定成本支出将净增 70.8 万元。试计算：（1）该企业今年保本产值；（2）若预计今年产值为 9 000 万元，则预测今年预算成本、实际成本和实际成本降低率。

【解】

（1）预计今年保本产值：

固定成本：$a=1\,475.62+70.8=1\,564.42$（万元）

单位产值变动成本率：$b=6\,035.38 \div 8\,153.5 \approx 0.74$

预算成本与产值比例：$c=7\,664.29 \div 8\,153.5 \approx 0.94$

保本产值：$x_G=\dfrac{a}{c-b}=1\,546.42 \div (0.94-0.74)=7\,732.1$（万元）

（2）预测今年产值为 9 000 万元时的施工成本：

预算成本：$y_2=cx=0.94 \times 9\,000=8\,460$（万元）

实际成本：$y_1=a+bx=1\,546.42+0.74 \times 9\,000=8\,206.42$（万元）

实际成本降低率 $=(y_2-y_1) \div y_2=(8\,460-8\,206.42) \div 8\,460 \approx 3\%$

（二）施工成本计划

1. 施工成本计划内容

施工成本计划一般由直接成本计划和间接成本计划组成。

（1）直接成本计划。直接成本计划主要反映施工项目直接成本的预算值、计划降低额及计划降低率，主要包括：施工成本目标及核算原则、降低成本计划表或总控制方案、对成本计划估算过程的说明及对降低成本途径的分析等。

（2）间接成本计划。间接成本计划主要反映施工项目间接成本的预算值及计划降低额，在编制计划时，施工成本项目应与会计核算中间接成本项目的内容一致。

此外，施工成本计划还应包括项目经理对可控责任目标成本进行分解后形成的各个实施性计划成本，即各责任中心的责任成本计划。责任成本计划又包括年度、季度和月度责任成本计划。

2. 施工成本计划方法

（1）目标利润法。目标利润法是指根据施工项目合同价格扣除目标利润后得到目标成本的方法。采用正确的投标策略和方法以最理想的合同价中标后，从标价中扣除预期利润、税金、应上缴的管理费等后的余额即为工程项目实施中所能支出的最大限额。

（2）技术进步法。技术进步法是指以工程项目计划采取的技术组织措施和节约措施所能取得的经济效果作为项目成本降低额，来求得项目目标成本的方法。项目目标成本的计算公式为：

项目目标成本 = 项目成本估算值 – 技术节约措施计划节约额（或降低成本额）（7–22）

（3）按实计算法。按实计算法是指以施工项目实际资源消耗测算为基础，根据所需资源的实际价格，详细计算各项活动或各项成本组成的目标成本的方法。计算公式为：

人工费 = Σ（各类人员计划用工量 × 实际工资标准）（7–23）

材料费 = Σ（各类材料计划用量 × 实际材料基价）（7–24）

施工机具使用费 = Σ（各类机具计划台班量 × 实际台班单价）（7–25）

在此基础上，结合施工技术和管理方案等测算措施费、项目经理部管理费等，最后构成施工项目目标成本。

（4）定率估算法（历史资料法）。定率估算法是当施工项目非常庞大和复杂而需要分为几个部分时采用的方法。首先将施工项目分为若干子项目，参照同类项目的历史数据，采用算术平均法计算子项目目标成本降低率和降低额；其次再汇总整个施工项目的目标成本降低率、降低额。在确定子项目成本降低率时，可采用加权平均法或三点估算法。

（三）施工成本控制

1. 施工成本控制内容

施工成本控制包括计划预控、过程控制和纠偏控制三个重要环节。

（1）计划预控。计划预控是指运用计划管理手段事先做好各项施工活动的成本安排，使施工项目预期成本目标的实现建立在有充分技术和管理措施保障的基础上，为施工项目技术与资源的合理配置和消耗控制提供依据。计划预控的重点是优化施工项目实施方案、合理配置资源和控制生产要素的采购价格。

（2）过程控制。过程控制是指控制实际成本的发生，包括实际采购费用发生过程的控制、劳动力和生产资料使用过程的消耗控制、质量成本及管理费用的支出控制。应充分发挥施工项目成本责任体系的约束和激励机制，提高施工过程的成本控制能力。

（3）纠偏控制。纠偏控制是指在施工项目实施过程中，对各项成本进行动态跟踪核算，发现实际成本与目标成本产生偏差时，分析原因，采取有效措施予以纠偏。

2. 施工成本控制方法

（1）成本分析表法。成本分析表法是指利用各种表格进行成本分析和控制的方法。应用成本分析表法可以清晰地进行成本比较研究。常见的成本分析表有：月成本分析表、成本日报或周报表、月成本计算及最终预测报告表。

（2）工期 – 成本同步分析法。由于施工成本是伴随着工程进展而产生的，因此，施工成本与施工进度之间有着必然的同步关系。如果施工成本与施工进度不对应，说明施工项目进展中出现了虚盈或虚亏不正常的现象。

施工成本的实际开支与计划不相符，往往是由两个因素引起的：一是在某道工序上的成本开支超出计划；二是某道工序的施工进度与计划不符。因此，要想找出成本变化的真正原因，采取良好有效的成本控制措施，必须与进度计划的适时更新相结合。

（3）挣值分析法。挣值分析法（the Earned Value Method，EVM）是对施工成本 / 进度进行综合控制的一种分析方法。

1）三个基本参数。为了进行实际成本与预算成本（计划成本）的比较分析，首先需要计算以下三个基本参数。

a. 已完工程预算成本（Budget Cost of the Work Performed，BCWP），也被称为挣值或赢得值（Earned Value，EV），这是施工承包单位可按施工合同约定获得的工程价款，其计算公式为：

$$EV=BCWP=\sum 已完工程量（实际工程量）\times 预算单价 \quad (7\text{-}26)$$

b. 已完工程实际成本（Actual Cost of the Work Performed，ACWP），也被称为实际成本（Actual Cost，AC），其计算公式为：

$$AC=ACWP=\sum 已完工程量（实际工程量）\times 实际单价 \quad (7\text{-}27)$$

c. 拟完工程预算成本（Budget Cost of the Work Scheduled，BCWS），也被称为计划价值（Plan Value，PV），其计算公式为：

$$PV=BCWS=\sum 拟完工程量（计划工程量）\times 预算单价 \quad (7\text{-}28)$$

2）四项分析指标。通过分析比较三个基本参数，即可得到施工成本偏差，还可通过计算后续未完工程的计划成本，预测尚需成本数额，从而为后续工程施工成本、进度控制及寻求降低成本挖潜途径指明方向。

a. 成本偏差（Cost Variance，CV），其计算公式为：

成本偏差（CV）= 已完工程预算成本（BCWP）－已完工程实际成本（ACWP）（7–29）

当 CV>0 时，说明施工成本节约；当 CV<0 时，则说明施工成本超支。

b. 进度偏差（Schedule Variance，SV），其计算公式为：

进度偏差（SV）= 已完工程预算成本（BCWP）－拟完工程预算成本（BCWS）（7–30）

当 SV>0 时，说明施工进度超前；当 SV<0 时，则说明施工进度拖后。

c. 成本绩效指数（Cost Performance Index，CPI），其计算公式为：

成本绩效指数（CPI）= 已完工程预算成本（BCWP）÷ 已完工程实际成本（ACWP）（7–31）

当 CPI>1 时，表示施工成本节约；当 CPI<1 时，则表示施工成本超支。

d. 进度绩效指数（Schedule Performance Index，SPI），其计算公式为：

进度绩效指数（SPI）= 已完工程预算成本（BCWP）÷ 拟完工程预算成本（BCWS）（7–32）

当 SPI>1 时，表示实际进度超前；当 SPI<1 时，则表示实际进度拖后。

这里的绩效指数是相对值，既可用于施工项目内部的偏差分析，也可用于不同施工项目之间的偏差比较。而偏差（费用偏差和进度偏差）主要适用于施工项目内部的偏差分析。

挣值分析法的三个基本参数和偏差可以用挣值分析法曲线表示，如图 7–9 所示。

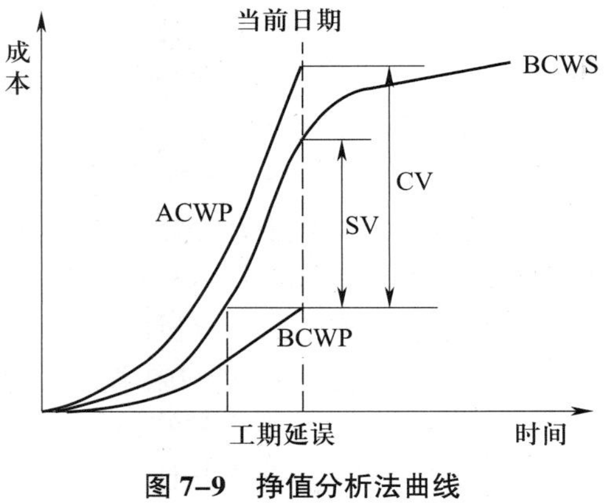

图 7–9　挣值分析法曲线

【例 7–5】 某工程计划成本 600 万元，工期 12 个月，每月预算成本及统计得到的实际施工成本数据见表 7–5。试分析该工程在第 2 个月末和第 9 个月末的成本偏差 CV、进度偏差 SV、成本绩效指数 CPI 和进度绩效指数 SPI。

【解】

（1）工程进行到第 2 个月末时：

成本偏差（CV）=BCWP–ACWP=30–60=–30（万元）

进度偏差（SV）=BCWP–BCWS=30–60=–30（万元）

表明施工合同执行到第 2 个月末时，施工成本超支 30 万元，施工进度拖后 30 万元（用成本表示）。

表 7–5　　预算成本及实际成本统计表　　单位：万元

成本	月份											
	1	2	3	4	5	6	7	8	9	10	11	12
预算成本（按月）	20	40	60	70	80	80	70	60	40	30	30	20
拟完工程预算成本（BCWS）	20	60	120	190	270	350	420	480	520	550	580	600
实际成本（按月）	20	40	60	80	90	100	70	60	50	40	30	—
已完工程实际成本（ACWP）	20	60	120	200	290	390	460	520	570	610	640	—
已完工程预算成本（按月）	10	20	50	60	70	110	80	70	60	40	30	—
挣值（BCWP）	10	30	80	140	210	320	400	470	530	570	600	—

$$成本绩效指数（CPI）=BCWP \div ACWP=30 \div 60=50\%$$

$$进度绩效指数（SPI）=BCWP \div BCWS=30 \div 60=50\%$$

说明工程实际支出费用高于预算成本，实际施工进度落后于计划进度。

（2）工程进行到第 9 个月末时：

$$成本偏差（CV）=BCWP-ACWP=530-570=-40（万元）$$

$$进度偏差（SV）=BCWP-BCWS=530-520=10（万元）$$

表明施工合同执行到第 9 个月末时，施工成本超支 40 万元，施工进度超前 10 万元（用成本表示）。

$$成本绩效指数（CPI）=BCWP \div ACWP=530 \div 570 \approx 92.98\%$$

$$进度绩效指数（SPI）=BCWP \div BCWS=530 \div 520 \approx 101.92\%$$

说明工程实际支出费用仍高于预算成本，但成本绩效指数相对于 2 月末有明显改善；实际施工进度超前，进度绩效指数相对于 2 月末有明显改善。

（4）价值工程法。价值工程法是对施工成本进行事前控制的重要方法，在工程设计阶段，研究工程设计的技术合理性，探索有无改进的可能性，在提高功能的条件下降低成本。在工程施工阶段，也可通过价值工程活动，进行施工方案的技术经济分析，确定最佳施工方案，降低施工成本。

（四）施工成本核算

1. 施工成本核算对象和范围

施工成本核算应以单位工程为对象，以施工项目责任成本目标为基本核算范围，进行全过程分月跟踪核算。根据工程当月形象进度，对已完工程实际成本按照分部分项工程进行归集，并与相应范围的计划成本进行比较，分析各分部分项工程成本偏差的原因，在后续工程中采取有效控制措施并进一步寻找降低成本、深度挖掘潜力的途径。

2. 施工成本核算方法

（1）表格核算法。表格核算法是指建立在内部各项成本核算基础上，由各要素部门和核算单位定期采集信息，按有关规定填制一系列表格，完成数据比较、考核和简单的核算，形成施工成本核算体系，作为支撑施工成本核算的平台。表格核算法需要依靠众多部门和单位的支持，专业性要求不高。其优点是比较简洁明了、直观易懂、易于操作、适时性较好。缺点是覆盖范围较窄，核算债权债务等比较困难；且较难实现科学严密的审核制度，有可能造成数据失实，精度较差。

（2）会计核算法。会计核算法是指建立在会计核算基础上，利用会计核算所独有的借贷记账法和收支全面核算的综合特点，按工程项目施工成本内容和收支范围，组织工程项目施工成本核算。不仅要核算工程施工的直接成本，还要核算工程施工过程中出现的债权债务、为施工生产而自购的工具和器具摊销、向建设单位的报量和收款、分包完成和分包付款等。其优点是核算严密、逻辑性强、人为调节的可能因素较小、核算范围较大，但对核算人员的专业水平要求较高。

由于表格核算法具有便于操作和表格格式自由等特点，可以根据企业管理方式和要求设置各种表格，因而对于工程项目内各岗位成本的责任核算比较实用。建筑企业应在工程项目上设成本会计，进行工程项目成本核算，减少数据传递，提高数据获取的及时性，便于与表格核算数据接口。

总之，用表格核算法进行工程项目施工各岗位成本的责任核算和控制，用会计核算法进行工程项目施工成本核算，二者互补，相得益彰，确保工程施工成本核算工作的开展。

（五）施工成本分析

1. 施工成本分析内容

（1）随着工程施工进展而进行的成本分析，包括分部分项工程施工成本、月（季）度工程施工成本、年度工程施工成本、竣工工程施工成本等。

（2）按成本项目进行的成本分析，包括人工费、材料费、施工机具使用费、其他直接成本费、间接成本费等。

（3）针对特定问题和与成本有关事项的分析，如分析不列入自行完成产值的分包工程成本、工期成本、资金成本、技术组织措施节约效果等。

2. 施工成本分析方法

常用的施工成本分析方法有：对比分析法、比率分析法、因素分析法、抽查法、实地测量法和估算法等。这里主要介绍前三种方法。

（1）对比分析法。对比分析法是指通过成本对比找出差距、计算确定成本问题、研究查找成本差异原因，提出改进意见，以便在施工过程中加以克服，达到提高效益、改善管理的目的。

（2）比率分析法。比率分析法是指通过计算成本指标的比值进行成本分析的方法，可分为相关比率分析、构成比率分析等。相关比率分析是把两个性质不同而又相关的指标进行组合，重新计算新的指标，如计划成本降低率等；构成比率分析是计算具有内在联系的各种因素的构成情况，或是某一因素占总量的比重。

（3）因素分析法。因素分析法也被称为连环替代法，是确定引起某个目标值变动的各个因素影响程度的一种分析方法。这种方法是在假定其他因素保持不变的条件下，分析一个因素发生变动产生的影响。采用因素分析法时，必须按一定顺序进行。首先确定差异总额和方向，其次分析差异构成和各因素的关系，然后从价差和量差上测定因素变动对差异的影响程度和方向。

例如，某种材料的结算量为 40 t，每吨结算单价 5 000 元；实际耗用量为 38 t，每吨购入单价为 6 000 元。需要分别计算量差和价差变动对成本节约额的影响。

$$节约额=结算量\times结算单价-实际耗用量\times购入单价$$
$$=40\times5\,000-38\times6\,000=200\,000-228\,000=-28\,000（元）$$
$$量差变动影响=（结算量-实际耗用量）\times结算单价$$
$$=（40-38）\times5\,000=10\,000（元）$$
$$价差变动影响=（结算单价-购入单价）\times实际耗用量$$
$$=（5\,000-6\,000）\times38=-38\,000（元）$$
$$差异合计=10\,000-38\,000=-28\,000（元）$$

从以上分析可以看出，材料成本超支的主要原因是购入单价影响。

在利用因素分析法进行分析时，要按构成因素的顺序依次替代。一般是先变动数量指标，后变动价值指标。

（六）施工成本考核

1. 施工成本考核内容

施工成本考核包括：企业对项目成本的考核和企业对项目经理部可控责任成本的考核。

企业对项目成本的考核包括：对施工成本目标（降低额）完成情况的考核和成本管理工作业绩的考核。

企业对项目经理部可控责任成本的考核包括以下五个方面：①项目成本目标和阶段成本目标完成情况；②建立以项目经理为核心的成本管理责任制的落实情况；③成本计划的编制和落实情况；④对各部门、各施工队和班组责任成本的检查和考核情况；⑤在成本管理中贯彻责权利相结合原则的执行情况。

除此之外，为层层落实项目成本管理工作，项目经理对所属各部门、各施工队和班组也要进行成本考核，主要考核其责任成本的完成情况。

2. 施工成本考核指标

（1）项目成本考核指标包括：

$$项目施工成本降低额=项目施工合同成本-项目实际施工成本 \tag{7-33}$$

$$项目施工成本降低率=\frac{项目施工成本降低额}{项目施工合同成本}\times100\% \tag{7-34}$$

（2）项目经理部可控责任成本考核指标包括：

1）项目经理责任目标总成本降低额和降低率：

$$目标总成本降低额=项目经理责任目标总成本-项目竣工结算总成本 \tag{7-35}$$

$$目标总成本降低率=\frac{目标总成本降低额}{项目经理责任目标总成本}\times100\% \tag{7-36}$$

2）施工责任目标成本实际降低额和降低率：

$$施工责任目标成本实际降低额=施工责任目标总成本-工程竣工结算总成本 \tag{7-37}$$

$$施工责任目标成本实际降低率=\frac{施工责任目标成本实际降低额}{施工责任目标总成本}\times100\% \tag{7-38}$$

3）施工计划成本实际降低额和降低率：

$$\text{施工计划成本实际降低额}=\text{施工计划总成本}-\text{工程竣工结算总成本} \tag{7-39}$$

$$\text{施工计划成本实际降低率}=\frac{\text{施工计划成本实际降低额}}{\text{施工计划总成本}}\times 100\% \tag{7-40}$$

建筑企业应充分利用施工成本核算资料和报表，由企业财务审计部门对项目经理部的成本和效益进行全面审核，在此基础上做好工程项目成本效益的考核与评价，并按照项目经理部绩效，落实成本管理责任制的奖惩措施。

2022 年版全国经济专业技术资格考试用书防伪标识鉴别方法：

1. 防伪印刷：防伪标识中的“RSKS”采用特殊烫金工艺，内含微缩文字。紫外光源下观察，防伪标识中可见红色的“RS”（自然光下不可见）。

2. 网站防伪查询及增值服务获取：刮开防伪标识中的涂层，获取防伪码。登录中国人事考试图书网（http://rsks.class.com.cn），即可按照提示查询真伪。也可以用微信扫一扫防伪标识上的二维码验证真伪并获取出版单位提供的免费增值服务。

3. 粘贴位置：封面左下方。

第八章　建设工程进度管理

为了对建设工程进度实施有效管理，首先，需要在分析建设工程进度影响因素的基础上，采用科学的方法编制进度计划，其次，要在进度计划执行过程中，采取有效措施进行动态跟踪检查和控制。

第一节　建设工程进度管理过程

一、工程进度影响因素

实施工程进度管理，需要对影响工程进度的各种因素进行调查和全面分析，预测其对进度可能产生的影响，以便事先编制一个切实可行、科学合理的进度计划，指导工程建设按计划进行，并对工程进度进行主动和更有效的控制。

影响建设工程进度的不利因素有很多，包括：人为因素，技术因素，设备、材料及构配件因素，机具因素，资金因素，水文、地质与气象因素，以及其他自然与社会环境等方面的因素。其中，人为因素是最大的干扰因素。从产生根源看，有的来源于建设单位及其上级主管部门；有的来源于勘察设计、施工及材料、设备供应单位；有的来源于政府主管部门、有关协作单位和社会；有的来源于各种自然条件；也有的来源于工程监理单位。在工程建设过程中，常见的影响因素如下。

（1）建设单位因素。如建设单位使用要求改变而进行设计变更，应提供的施工场地条件不能及时提供或所提供的场地不能满足工程正常需要，不能及时向施工承包单位或材料供应商付款等。

（2）勘察设计因素。如勘察资料不准确，特别是地质资料错误或遗漏；设计内容不完善，规范应用不恰当，设计有缺陷或错误；设计对施工的可能性未考虑或考虑不周；施工图纸供应不及时、不配套，或出现重大差错等。

（3）施工技术因素。如施工工艺错误，不合理的施工方案，施工安全措施不当，不可靠技术的应用等。

（4）自然环境因素。如复杂的工程地质条件，不明确的水文气象条件，地下埋藏文物的保护、处理，洪水、地震、台风等不可抗力的因素等。

（5）社会环境因素。如外单位邻近工程施工干扰；节假日交通、市容整顿的限制；临时停水、停电、断路，以及在国外常见的社会环境因素，如法律及制度变化，经济制裁，战争、骚乱、罢工、企业倒闭等。

（6）组织管理因素。如向有关部门提出各种申请审批手续的延误；合同签订时遗漏条款、表达失当；计划安排不周密，组织协调不力，导致停工待料、相关作业脱节；领导不力，指挥失当，使参加工程建设的各个单位、各个专业、各个施工过程之间交接、配合上发生矛盾等。

（7）材料、设备因素。如材料、构配件、机具、设备供应环节的差错，品种、规格、质量、数量、时间不能满足工程的需要；特殊材料及新材料的不合理使用；施工设备不配套、选型失当、安装失误、故障等。

（8）资金因素。如相关方拖欠资金，资金不到位，资金短缺；汇率浮动和通货膨胀等。

二、工程进度计划系统

为了确保建设工程进度控制目标的实现，工程参建各方都要编制进度计划，并控制进度计划的实施。

（一）建设单位进度计划系统

建设单位编制（或委托咨询单位编制）的进度计划包括：工程项目前期工作计划、工程建设总进度计划和工程项目年度计划等。

（1）工程项目前期工作计划。工程项目前期工作计划是指对工程项目策划、可行性研究及其评估、决策审批或核准/备案等工作进度的安排。细致周密的安排可使工程项目前期策划决策阶段各项工作相互衔接，时间得到有效控制。

（2）工程建设总进度计划。工程建设总进度计划是指工程项目决策立项后，对工程项目从开始建设（设计、施工准备）至竣工投产（动用）全过程的统一部署。其主要目的是安排各单位工程建设进度，合理分配年度投资，组织各方面的协作，保证工程建设各项任务的完成。工程建设总进度计划除编制说明外，主要包括：工程项目一览表、工程项目总进度计划、投资计划年度分配表和工程项目进度平衡表等。

（3）工程项目年度计划。工程项目年度计划是指依据工程建设总进度计划和批准的设计文件，按年编制的进度计划。既要满足工程建设总进度计划要求，又要与当年可能获得的资金、设备、材料、施工力量相匹配。工程项目年度计划除编制说明外，主要包括：年度计划项目表、年度竣工投产交付使用计划表、年度建设资金平衡表和年度设备平衡表等。

（二）勘察设计单位进度计划系统

勘察设计单位编制的进度计划包括：勘察设计总进度计划、阶段性勘察设计进度计划和勘察设计作业进度计划。

（1）勘察设计总进度计划。勘察设计总进度计划主要用来安排自勘察设计准备开始至施工图设计完成的整个勘察设计过程中所包含的各阶段工作进度，以确保勘察设计进度控制总目标的实现。

（2）阶段性勘察设计进度计划。阶段性勘察设计进度计划主要包括：勘察工作进度计划、初步设计（技术设计）工作进度计划和施工图设计工作进度计划。这些计划是用来控制勘察进度及各阶段设计进度的，从而实现阶段性勘察、设计进度目标。

（3）勘察设计作业进度计划。为了控制各专业的勘察设计作业进度，并为勘察设计人员承担工作任务提供依据，应根据阶段性勘察设计进度计划、勘察设计工日定额及所投入的勘察设备及勘察设计人员数量，编制勘察设计作业进度计划。

（三）施工单位进度计划系统

施工单位编制的进度计划包括：施工总进度计划、单位工程施工进度计划及分部分项工程进度计划等。

（1）施工总进度计划。施工总进度计划是指根据施工部署中的施工方案和工程项目开展程序，对全工地所有单位工程作出的时间安排。其目的在于确定各单位工程及全工地工程的施工期限及开竣工日期，进而确定施工现场劳动力、材料、成品、半成品、施工机械的需要数量和调配情况，以及现场临时设施的数量、水电供应量和能源、交通需求量等。

（2）单位工程施工进度计划。单位工程施工进度计划是指在既定施工方案的基础上，根据规定的工期和各种资源供应条件，遵循各施工过程合理的施工顺序，对单位工程中各施工过程作出的时间和空间安排。合理安排单位工程施工进度，是保证在规定工期内完成符合质量要求工程任务的重要前提，同时也是编制各种资源需要量计划和施工准备工作计划的依据。

（3）分部分项工程进度计划。分部分项目工程进度计划是指针对工程量较大或施工技术比较复杂的分部分项工程，在依据工程具体情况所制订的施工方案基础上，对其施工过程作出的时间安排。

此外，为了有效地控制建设工程施工进度，施工单位还应编制年度施工计划、季度施工计划和月（旬）作业计划，将施工进度计划逐层细化，形成一个旬保月、月保季、季保年的计划体系。

（四）工程监理单位计划系统

工程监理单位除监控施工单位进度计划外，也应编制工程进度计划，包括工程监理总进度计划及其分解计划。

（1）工程监理总进度计划。工程监理总进度计划是指依据工程监理合同约定的监理范围，结合工程施工进度计划，对全部监理工作作出的时间安排。

（2）工程监理总进度分解计划。工程监理总进度分解计划包括：①按工程进展阶段分解的监理工作计划；②按时间（年、季、月）分解的监理工作计划。

三、工程进度计划的编制程序和方法

（一）工程进度计划的编制程序

尽管建设工程参建主体进度计划编制的具体内容有所不同，但其编制程序基本相似。工程进度计划的编制程序如图 8–1 所示。

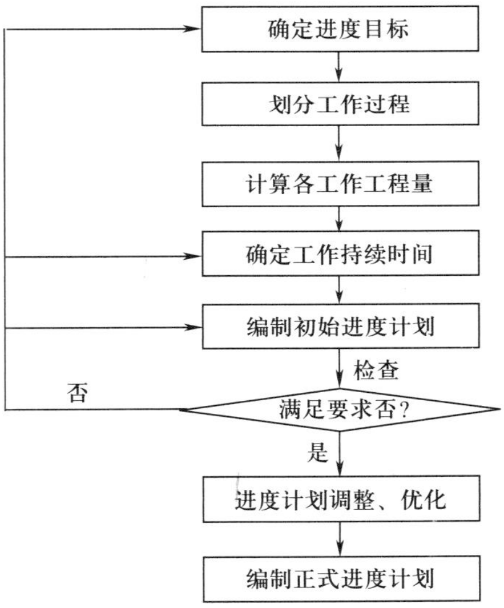

图 8–1　工程进度计划的编制程序

（二）工程进度计划的编制方法

建设工程进度计划编制方法有多种，最常用的有横道图法和网络图法两种。

1. 横道图法

横道图法（又称甘特图）是人们非常熟悉、最常用的进度计划编制方法，被广泛用于工程进度管理工作中。横道图中，一般用横坐标表示时间，各项工作按纵向排列，在带有时间坐标的表格中用横道线条来表示各项工作的起始和结束时间，使得整个进度计划都由一系列横道线条组成。图 8–2 所示即为用横道图编制的某基础工程施工进度计划。

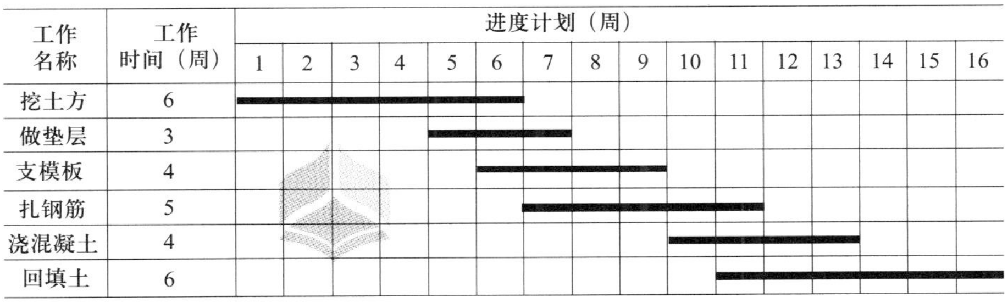

图 8–2　某基础工程施工进度计划横道图

采用横道图法编制工程进度计划，具有形象直观、编制简单、使用方便等优点。其缺点包括：用横道图表示的进度计划不能反映各项工作之间相互联系、相互制约的关系；无法确定影响工程总进度目标的关键工作；无法判断哪些工作在时间安排上可以灵活变动而对总进度目标没有影响。特别是对于大型工程项目，因其工作构成及逻辑关系复杂、无法利用计算机来进行计算分析，从而使得计划实施过程中的检查和调整变得较为困难。因此，采用横道图法进行工程进度管理，有一定的局限性和不足之处。

2. 网络图法

利用网络图法编制建设工程进度计划，可以弥补横道图法的许多不足。所谓网络图，是指由箭线和节点组成的，用来表示各项工作及其逻辑联系的有向、有序的网状图形。在网络图上加注工作的时间参数编制而成的进度计划称为网络计划。按其表示方法不同，网络图又分为：双代号网络图和单代号网络图；对应的网络计划又分为：双代号网络计划和单代号网络计划。

（1）网络计划的基本表示方法。

1）双代号网络计划。工作由箭线及两端带有编号的节点表示，工作持续时间标注在箭线下方。用双代号网络计划表示的某基础工程施工进度计划如图 8–3 所示。

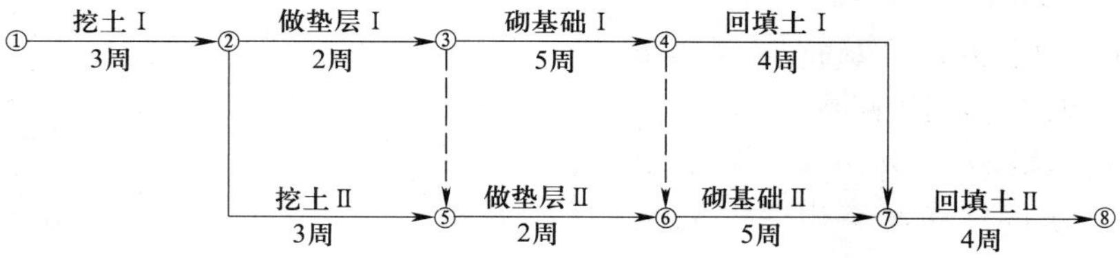

图 8–3　某基础工程施工进度双代号网络计划

2）单代号网络计划。工作由带有编号的节点表示，箭线表示工作之间的逻辑关系，节点下方标注工作持续时间。用单代号网络计划表示的某钢筋混凝土工程施工进度计划如图 8–4 所示。

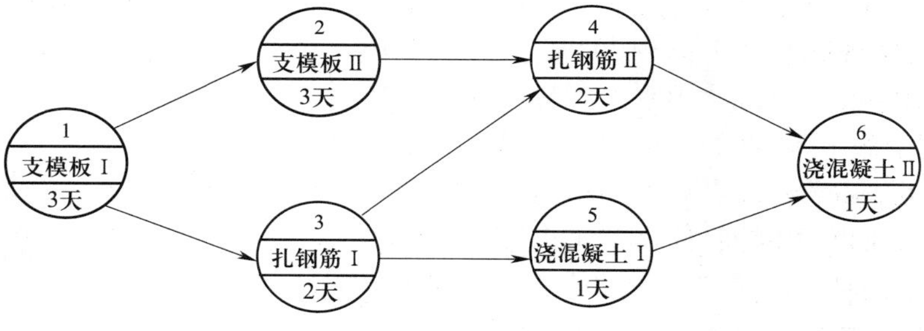

图 8–4　某钢筋混凝土工程施工进度单代号网络计划

（2）网络计划的特点。与横道图法相比，采用网络图法编制工程进度计划具有以下四个特点。

1）能够将工程项目中的各项工作作为一个有机整体统筹进行安排，能全面而清楚地表达各项工作之间相互联系、相互制约的逻辑关系。

2）能够通过时间参数的计算，找出影响工程进度的关键工作和关键线路，从而集中力量抓住主要矛盾，确保工程总进度目标的实现。

3）能够通过时间参数的计算，确定非关键工作具有的机动时间，便于计划管理者挖潜力、保重点，还可用来进行网络计划的优化。

4）能够利用电子计算机技术和有关项目管理软件对工程进度计划进行绘制、计算、优化及调整，实现对工程进度的动态控制。

当然，网络计划也有不足之处，如不像横道图计划那样简单明了、形象直观等。但这些可通过编制时标网络计划得到弥补。

四、工程进度的控制措施

为确保工程进度目标的顺利实现，必须制定工程进度控制措施。进度控制措施可分为组织措施、技术措施、经济措施、合同措施和信息管理措施。

（一）组织措施

进度控制的组织措施主要包括：建立相应的进度管理组织机构，并由专门的工作部门和符合进度控制岗位资格的专人负责进度控制工作；分析、论证和分解工程进度目标，形成进度管理目标体系；明确各层次或各部门进度管理人员的具体任务和职责分工；编制进度计划和进度控制工作流程、建立进度管理工作制度；分析影响进度目标实现的干扰和风险因素等。

（二）技术措施

进度控制的技术措施主要包括：对实现进度目标有利的设计技术、施工技术方案的选用。如在评选设计方案时，应对设计技术与工程进度的关系进行分析比较，当工程进度受阻时，应分析是否存在设计技术的影响因素，为实现进度目标有无设计变更的可能性；施工方案对工程进度有直接影响，在确定施工方案时，不仅应分析技术的先进性和经济的合理性，还应考虑其对进度的影响，尽量选用积极、可靠的施工方案；当工程进度受阻时，应分析是否存在施工技术的影响因素，为实现进度目标，有无改变施工技术、施工方法和施工机械的可能性；是否可选用新技术、新工艺、新方法等以加快工程进度；采用网络计划技术及其他科学适用的计划方法，并结合相应的进度管理软件对工程进度实施动态控制。

（三）经济措施

进度控制的经济措施主要包括：编制与进度计划相协调的资源需求计划（包括资金需求计划和人、材、机等资源需求计划），以反映工程实施各时段所需要的资源，保证进度计划实现的可能性；落实实现进度目标的建设资金，保证工程项目用款能及时拨付；对应急赶工应给予相应的赶工费用补偿，对工期超前或延误建立相应的奖惩机制。

（四）合同措施

进度控制的合同措施主要包括：选择合理的合同结构、加强合同管理、严格控制合同变更、协调合同工期与进度计划之间的关系；采用适当的工程发承包模式，如采用DB/EPC总承包模式等，可有效减少合同界面；采用CM模式，对工程实行分段设计、分段发包、分段施工，以缩短建设工期；加强工程风险管理与索赔管理等。

（五）信息管理措施

进度控制的信息管理措施主要包括：建立进度信息收集和报告制度，即通过收集与工程实际进度有关的数据、资料，经加工整理后与计划进度进行比较，及时提供进度比较分析报告，为计划的检查和调整提供依据，从而提高进度信息处理效率，促进进度信息的交流和工程参建各方协同工作。

第二节　建设工程流水施工

流水施工是一种科学、有效的工程施工组织方法，可以充分利用工作时间和操作空间，减少非生产性劳动消耗，提高劳动生产率，保证工程施工连续、均衡、有节奏地进行，从而对提高工程质量、降低工程造价、缩短工程工期有着显著的作用。

一、组织施工的基本方式

根据工程施工特点、工艺流程、资源利用、平面或空间布置等要求，工程施工可采用依次施工、平行施工和流水施工的组织方式。举例说明三种施工方式及其特点。

【例 8–1】 某建设项目由四幢结构相同的建筑物组成，其工程编号分别为Ⅰ、Ⅱ、Ⅲ、Ⅳ。各建筑物基础工程均可分解为：挖土方、做垫层、砌基础和回填土四个施工过程，分别由相应的专业队伍按照施工工艺要求依次完成。各支专业工作队在每幢建筑物的施工时间均为 5 日，其人数分别为：8 人、6 人、14 人和 5 人。四幢建筑物基础工程分别采用依次施工、平行施工和流水施工三种施工组织方式，如图 8–5 所示。

（一）依次施工

依次施工是一种最基本、最原始的施工组织方式。它是将拟建工程分解为若干个施工过程，按照工艺顺序依次完成每一个施工过程。当一个施工对象（建筑物）完成后，再按照同样的顺序完成下一个施工对象（建筑物），依次类推，直至完成所有施工对象（建筑物）。该组织方式的施工进度安排、劳动力动态分布及总工期如图 8–5 中"依次施工"栏所示。

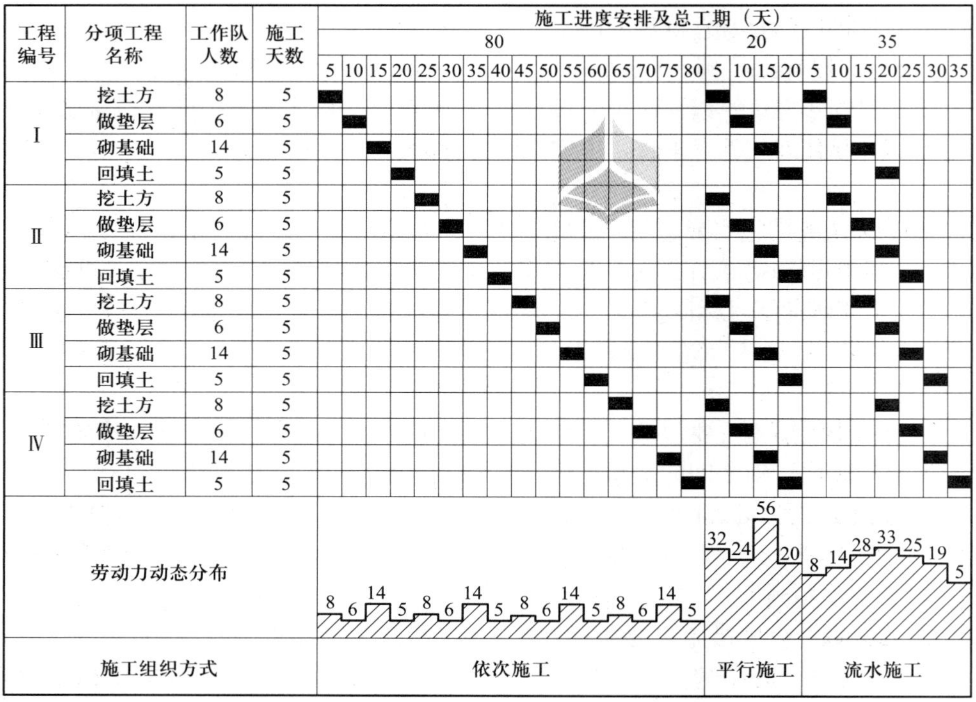

图 8–5　三种施工组织方式比较图

由图中可以看出，依次施工组织方式具有以下特点。

（1）单位时间内投入的资源量较少，有利于资源供应的组织。

（2）每一时段仅有一支专业队在现场施工，施工现场组织、管理比较简单。

（3）没有充分利用工作面进行施工，工期拖得较长。

（4）如果按专业组建工作队，则会出现各专业工作队不能连续作业、工作出现间歇、劳动力和机具设备等资源无法均衡使用等问题。

（5）如果由一支工作队完成全部施工任务，则不能实现专业化施工，不利于提高劳动生产率和工程质量。

（二）平行施工

平行施工是组织多支同类型专业工作队，在同一时间、不同工作层面上按照施工工艺要求，同时完成各施工对象（建筑物）的施工。该组织方式的施工进度安排、劳动力动态曲线及总工期如图 8–5 中“平行施工”栏所示。

由图中可以看出，平行施工组织方式具有以下特点。

（1）充分利用工作面进行施工，施工工期短。

（2）每一时段有多支专业队伍在现场施工，施工现场组织、管理比较复杂。

（3）单位时间内投入的资源量成倍增加，不利于资源供应的组织，工程成本增加。

（4）如果每一个施工对象均按专业组建工作队，则会出现各专业工作队不能连续作业、工作出现间歇、劳动力和机具设备等资源无法均衡使用等问题。

（5）如果由一支工作队完成一个施工对象的全部施工任务，则不能实现专业化施工，不利于提高劳动生产率和工程质量。

（三）流水施工

流水施工是将拟建工程施工对象（建筑物）分解为若干施工过程，并按照施工过程组建相应的专业工作队，各专业队伍按照施工顺序依次完成各个施工对象（建筑物）的施工过程，同时保证施工在时间和空间上连续、均衡、有节奏地进行，并使相邻的两支专业工作队能最大限度地搭接施工。该组织方式的施工进度安排、劳动力动态曲线及总工期如图 8–5 中“流水施工”栏所示。

由图中可以看出，流水施工组织方式具有以下特点。

（1）充分利用工作面，能够为施工进度争取时间，相对依次施工而言，施工工期较短。

（2）专业工作队能够连续施工、相邻专业工作队之间进行最大限度的搭接施工。

（3）各工作队实现专业化施工，有利于提高工人的技术水平和劳动效率，能更好地保证工程质量。

（4）单位时间投入的劳动力和机具设备等资源较为均衡，有利于资源供应的组织。

（5）为文明施工和现场科学管理创造了有利条件。

二、流水施工的主要参数

组织流水施工，需要在研究工程特点和施工条件的基础上，通过确定一系列流水参数来实现。按其性质不同，流水施工主要参数可分为工艺参数、空间参数和时间参数。

（一）工艺参数

组织流水施工时，首先应将工程对象划分为若干个施工过程。工艺参数是指参与流水施工的施工过程数目，一般用“n”表示。在划分施工过程时，只有那些对工程施工有直接影响的施工内容才予以考虑。施工过程所包括的范围可大可小，既可以是一道工序，也可以是分部、分项工程，还可以是单位、单项工程，其粗细程度根据计划需要而确定。

（二）空间参数

在组织流水施工时，用以表达流水施工在空间布置上所处状态的参数，被称为空间参数。空间参数一般又包括施工段数和施工层数。

（1）施工段数。施工段也被称为流水段，是指在组织流水施工时，将拟建工程在平面上划分成若干个劳动量相等或大致相等的施工区段。施工段数一般用“m”来表示。

（2）施工层数。施工层是指为满足竖向流水施工的需要，在建筑物垂直方向上划分的施工区段。施工层的划分将视工程对象的具体情况加以确定，一般以建筑物的结构层作为施工层的分界线。在多层建筑流水施工中，总的施工段数是各层施工段数之和。

划分施工段应符合以下五个基本要求。

1）有利于保持结构整体性。为了保证拟建工程结构的整体性，施工段的分界线应尽可能地与结构的自然界线（如伸缩缝、沉降缝等）相一致，或设在对结构整体性影响较小的门窗洞口等部位。

2）各施工段的劳动量相等或大致相等。划分施工段应尽量使各段工程量相等或者大致相等，其相差幅度不宜超过 15%，以保证施工在连续、均衡的条件下进行。

3）要有足够的工作面。施工段的大小应保证工人施工有足够的作业空间（工作面），以便充分发挥专业工人和机械设备的生产效率。

4）施工段数目应与主导施工过程相协调。施工段划分宜以主导施工过程（即对整个流水施工起决定性作用的施工过程）为主，形成工艺组合，合理确定施工段数目。

5）组织多层建筑物流水施工时，施工段数应大于或等于施工过程数。在组织多层建筑物流水施工时，既要划分施工段，又要划分施工层。为了保证相应的专业工作队在施工段与施工层之间组织有节奏、连续、均衡的流水施工，每一层施工段数应大于或等于参加流水作业的施工过程数，即 $m \geqslant n$。

（三）时间参数

在组织流水施工时，用以表达流水施工在时间排列上所处状态的参数，被称为时间参数。时间参数主要包括：流水节拍、流水步距、技术间歇时间、平行搭接时间、流水施工工期等。

（1）流水节拍。流水节拍是指某一支专业工作队在一个施工段上完成一个施工过程的持续时间。流水节拍根据工程量、工作效率（或定额）和专业工作队的人数三个因素进行计算或估算，其计算公式为：

$$t=\frac{Q}{RS}=\frac{P}{R} \tag{8-1}$$

式中：t——流水节拍；

Q——某施工段的工程量；

R——专业工作队的人数或机械台数；

S——产量定额，即：单位时间（工日或机械台班）完成的工程量；

P——某施工段的劳动量或机械台班量。

（2）流水步距。流水步距是指两支相邻专业工作队相继进入同一施工段开始施工的最小间隔时间，通常用“K”表示。流水步距的大小应根据需要及采用的流水施工方式种类经过计算确定。

确定流水步距时，一般应遵循以下四项原则：①要满足相邻两支专业工作队在施工顺序上的相互制约关系；②要保证各专业工作队都能够连续作业；③要保证相邻两支专业工作队在工作时间上最大限度、合理地搭接；④要保证工程质量、满足安全生产要求。

（3）技术间歇时间。在组织流水施工时，除考虑相邻两支专业工作队之间的流水步距外，还应考虑合理的工艺等待间歇时间，这个等待间歇时间被称为技术间歇时间。如混凝土浇筑后的养护时间，抹灰、油漆粉刷后的干燥时间等。技术间歇时间通常用“Z”表示。

（4）平行搭接时间。平行搭接时间也被称为提前插入时间，是指在组织流水施工时，有时为了缩短工期，在工作面允许的条件下，前一支专业工作队完成部分作业后，为后一支专业工作队提供了一定工作面，使后者可提前进入前一个施工段，二者在同一个施工段上平行搭接施工，该搭接时间被称为平行搭接时间或提前插入时间，通常可用“C”来表示。

（5）流水施工工期。流水施工工期是指从第一支专业队投入流水施工开始，到最后一支专业队完成最后一个施工过程为止的整个持续时间，即完成一个流水组施工所需要的时间。流水施工工期可用“T”来表示。当作出流水施工安排时，可通过计算确定流水施工工期；如果已绘制流水施工进度图，在图上可直接观察到流水施工工期。

三、流水施工的基本组织方式

为了适应工程具体情况和进度计划安排需要，应根据拟建工程各施工过程时间参数的不同特点，采用适宜的流水施工组织方式，以取得更好的效果。

（一）全等节拍流水施工

全等节拍流水施工也被称为等节奏流水施工或固定节拍流水施工，是指各个施工过程在各个施工段上的流水节拍彼此相等的流水施工组织方式。

1. 基本特点

（1）各个施工过程的流水节拍全部相等。如果有 n 个施工过程，则有：

$$t_1=t_2=\cdots=t_{n-1}=t_n=t\text{（常数）}$$

（2）相邻施工过程之间的流水步距均相等，且等于流水节拍。即：

$$K_1=K_2=\cdots=K_{n-1}=K_n=t\text{（常数）}$$

（3）每支专业工作队都能够连续施工，施工段上无空闲时间。

（4）专业工作队的数量（N）等于施工过程的数量（n）。

2. 流水施工组织步骤

（1）将施工对象分解为若干施工过程，确定其施工顺序。

（2）确定施工起点流向，划分施工段。

（3）根据全等节拍流水作业要求，确定各施工过程的流水节拍。

（4）确定流水步距，即 $K=t$。

（5）计算流水施工工期。其计算公式为：

$$T=(m+n-1)K+\sum Z-\sum C \tag{8-2}$$

式中：$\sum Z$——技术间歇时间之和；

$\sum C$——平行搭接时间之和。

（6）绘制流水施工进度计划图。

3. 应用举例

【例 8-2】 某工程按照施工工艺可分解为 A、B、C、D 四个施工过程，各施工过程的流水节拍均为 4 日，其中，施工过程 A 与 B 之间有 2 日平行搭接时间，C 与 D 之间有 2 日技术间歇时间，试组织流水施工并绘制流水施工进度计划图。

【解】 由已知条件可知：$t_1=t_2-t_3=t_4=t=4$（日）。因此，本工程宜组织全等节拍流水施工。

（1）取施工段：$m=n=4$（段）。

（2）确定流水步距：$K=t=4$（日）。

（3）计算流水施工工期：$T=(m+n-1)K+\sum Z-\sum C=(4+4-1)\times 4+2-2=28$（日）。

（4）绘制流水施工进度计划图。某工程全等节拍流水施工进度计划图如图 8-6 所示。

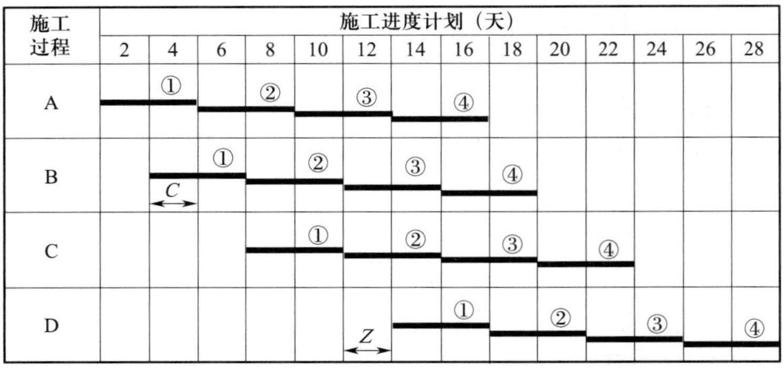

图 8–6　某工程全等节拍流水施工进度计划图

（二）成倍节拍流水施工

成倍节拍流水施工是指同一施工过程在各个流水段上的流水节拍彼此相等，不同施工过程在同一施工段上的流水节拍之间存在一个最大公约数，能使各施工过程的流水节拍成为整倍数。为了加快施工进度，对流水节拍长的施工过程可相应增加专业工作队，按全等节拍方式组织施工。因此，成倍节拍流水施工有时也被称为加快的成倍节拍流水施工。

1. 基本特点

（1）同一施工过程在各个流水段上的流水节拍均相等，不同施工过程在同一施工段上的流水节拍为整倍数关系。

（2）所有施工过程之间的流水步距都相等，且等于各施工过程流水节拍的最大公约数。

（3）各专业工作队都能连续施工，施工段上无空闲时间。

（4）专业工作队的数量（N）大于施工过程的数量（n），即 $N > n$。

2. 流水施工组织步骤

（1）划分施工过程，确定施工顺序。

（2）根据成倍节拍流水作业要求，确定各施工过程的流水节拍。

（3）确定流水步距 K。取各施工过程流水节拍的最大公约数。

（4）确定第 i 个施工过程所需专业工作队数 b_i。其计算公式为：

$$b_i=\frac{t_i}{K} \qquad (8\text{–}3)$$

式中：t_i——第 i 个施工过程流水节拍（i=1，2，…，n）。

（5）确定参加流水作业的专业工作队数：

$$N=\sum_{i=1}^{n} b_i（i=1，2，\cdots，n）。\qquad (8\text{–}4)$$

（6）划分施工段，可取 $m \geqslant N$。

（7）计算流水施工工期：

$$T=(m+N-1)K+\sum Z-\sum C \qquad (8\text{–}5)$$

式中：$\sum Z$——技术间歇时间之和；

$\sum C$——平行搭接时间之和。

（8）绘制流水施工进度计划图。

3. 应用举例

【例 8–3】 某工程由 A、B、C 三个施工过程组成，各施工过程流水节拍分别为：t_1=2 周、

t_2=4 周、t_3=6 周，试组织成倍节拍流水施工并绘制流水施工进度计划图。

【解】

（1）确定流水步距 K。取各流水节拍的最大公约数，即 K=2（周）。

（2）由公式（8–3）确定各施工过程所需专业工作队数：

$$b_1=t_1/K=2/2=1（队）$$
$$b_2=t_2/K=4/2=2（队）$$
$$b_3=t_3/K=6/2=3（队）$$

（3）确定参加流水作业的专业工作队数：$N=b_1+b_2+b_3=1+2+3=6$（队）。

（4）确定施工段数：$m=N=6$（段）。

（5）计算流水施工工期：$T=(m+N-1)K=(6+6-1)\times 2=22$（周）。

（6）绘制流水施工进度计划图，如图 8–7 所示。

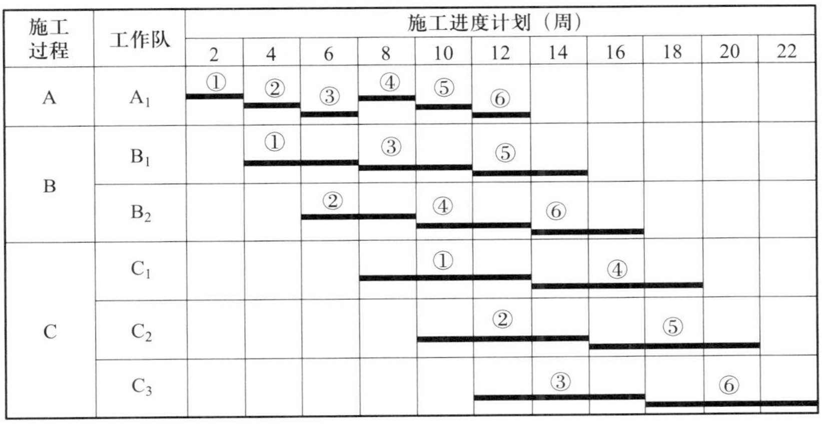

图 8–7　某工程成倍节拍流水施工进度计划图

（三）分别流水施工

分别流水施工也被称为无节奏流水施工，是指参加流水作业的各施工过程在各施工段上的流水节拍无特定规律的流水施工组织方式。在工程实践中，通常每个施工过程在各个施工段上的工程量彼此不相等，或各专业工作队的生产效率相差较大，导致多数流水节拍彼此不相等，而难以组织全等节拍或成倍节拍流水施工。此时，只能按照施工顺序要求，使相邻两个专业工作队在开始时间上最大限度地搭接，形成每个专业工作队都能连续作业的流水施工组织方式。分别流水施工是最为普遍的流水施工组织形式。

1. 基本特点

（1）各个施工过程在各个施工段上的流水节拍不完全相等。

（2）相邻施工过程之间的流水步距也不完全相等。

（3）每一个施工过程在各个施工段上的工作均由一支专业工作队独立完成，专业工作队的数量等于施工过程的数量（$N=n$）。

（4）各支专业工作队都能够连续施工，但有些施工段之间可能有空闲时间。

2. 流水施工组织步骤

组织分别流水施工的关键是确定各施工过程相邻专业工作队之间的流水步距，使其在开始的时间上能够最大限度地进行搭接。可采用最简便、易掌握的“累加数列错位相减取大差法”来确定相邻专业工作队之间的流水步距，由于这种方法是由潘特考夫斯基（译音）首先提出的，故又被称为“潘特考夫斯基法”。其步骤如下。

（1）累加各施工过程的流水节拍，形成累加数列。

（2）将相邻两个施工过程的累加数列错位相减，得到一系列差值。

（3）取差值中的最大者作为该两个相邻施工过程之间的流水步距（$K_{i,\ i+1}$）。

（4）计算流水施工工期：

$$T=\sum K_{i,\ i+1}+\sum t_{nj} \tag{8-6}$$

式中：$\sum K_{i,\ i+1}$——相邻施工过程之间流水步距之和；

$\sum t_{nj}$——最后一个施工过程在各个施工段上的流水节拍之和。

（5）绘制流水施工进度计划图。

3. 应用举例

【例 8-4】 将某工程分解为甲、乙、丙、丁 4 个施工过程，划分为 4 个施工段组织流水施工，各施工过程在各个流水段上的流水节拍见表 8-1，试安排流水施工并绘制流水施工进度计划图。

表 8-1　　某工程各施工过程在各流水段上的流水节拍　　单位：日

施工过程	流水段			
	Ⅰ	Ⅱ	Ⅲ	Ⅳ
甲	2	3	3	2
乙	3	4	4	3
丙	4	2	3	4
丁	3	4	3	2

【解】 根据上述条件，本工程宜组织分别流水施工。

（1）求各施工过程流水节拍累加数列：

甲：	2	5	8	10
乙：	3	7	11	14
丙：	4	6	9	13
丁：	3	7	10	12

（2）将相邻两个施工过程的累加数列错位相减：

甲与乙：	2	5	8	10	
－）		3	7	11	14
	$\boxed{2}$	2	1	−1	−14
乙与丙：	3	7	11	14	
－）		4	6	9	13
	3	3	$\boxed{5}$	5	−13
丙与丁：	4	6	9	13	
－）		3	7	10	12
	$\boxed{4}$	3	2	3	−12

（3）确定流水步距。流水步距等于各累加数列错位相减所得差值中数值最大者，即：

$$K_{1,2}=\max(2,2,1,-1,-14)=2(日)$$

$$K_{2,3}=\max(3,3,5,5,-13)=5(日)$$

$$K_{3,4}=\max(4,3,2,3,-12)=4(日)$$

（4）计算流水施工工期：

$$T=\sum K_{i,i+1}+\sum t_{4j}$$

$$=(2+5+4)+(3+4+3+2)=23(日)$$

（5）绘制流水施工进度计划图。某工程分别流水施工进度计划如图 8–8 所示。

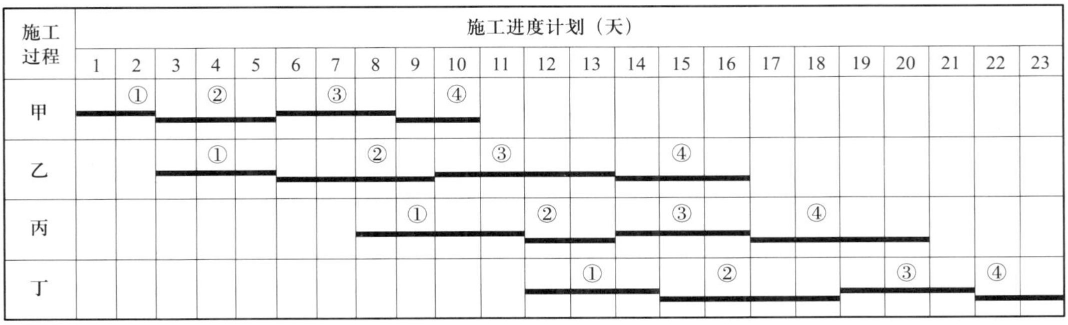

图 8–8　某工程分别流水施工进度计划图

以上几种流水施工组织方式，仅仅是一种组织手段，在施工过程中究竟应采用哪一种组织形式，除要分析流水节拍特点外，还要考虑施工工期要求和施工条件，其最终目的是要确保工程进度目标的顺利实现。

第三节　建设工程进度控制

确定建设工程进度目标，编制一个科学、合理的进度计划是实现进度控制的首要前提。但在工程实施过程中，工程进度计划会受到外部环境和条件变化的影响，就可能会造成实际进度偏离计划进度。如果实际进度与计划进度的偏差得不到及时纠正，势必会影响工程进度总目标的实现。因此，在工程进度计划执行过程中，必须采取有效的监测手段对进度计划实施过程进行监控，以便及时发现问题，并运用行之有效的进度调整方法来解决问题。

一、进度计划实施中的检查

在工程进度计划实施过程中，应经常、定期地对进度计划执行情况进行跟踪检查，以便发现问题，及时采取措施加以解决。工程进度计划的检查程序如图 8–9 所示。

（一）跟踪检查进度计划执行情况

对进度计划执行情况进行跟踪检查是计划执行信息的主要来源，是进度分析和调整的依据，也是进度控制的关键步骤。跟踪检查的主要工作是经常、定期地收集反映工程实际进度的有关数据，收集的数据应当全面、真实、可靠，不完整或不准确的进度数据将导致判断不正确或决策失误。收集数据的方式主要有以下两种。

（1）工程进度报表。定期收集工程进度报表是反映工程实际进度的主要方式。工程实施单位应按照进度管理制度规定的时间和报表内容，填写工程进度报表。进度管理人员可根据工程进度报表的数据了解工程实际进展情况。

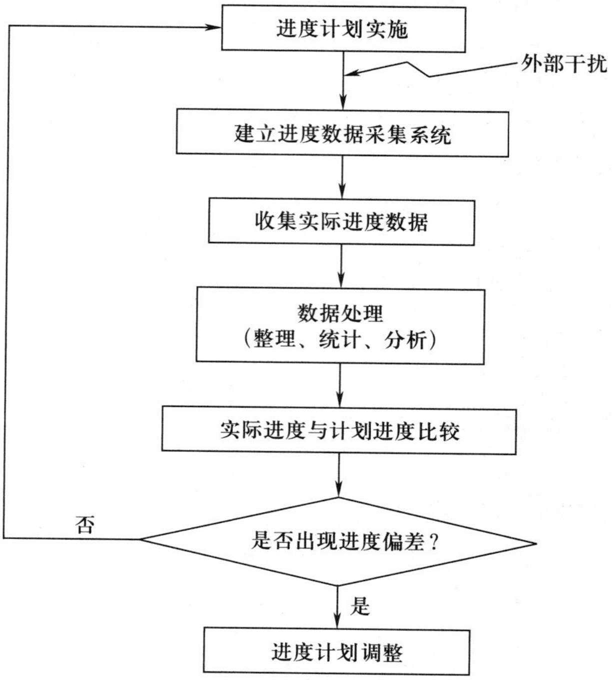

图 8–9　工程进度计划的检查程序

（2）现场实地检查。在现场实地检查进度计划的实际执行情况，可以加强进度监测工作，掌握工程实际进度的第一手资料，使获取的数据更加及时、准确。

一般来说，进度控制效果与收集信息资料的时间间隔有关，究竟多长时间进行一次进度检查，这是进度管理者应当掌握的问题，如不能经常、定期地收集进度信息、资料，就难以实现进度控制效果。此外，进度检查的时间间隔与工程类型、规模、施工条件和进度执行要求程度等多方面因素有关。可视工程具体情况，每月、每半月或每周进行一次检查，在某些特殊情况下，检查的时间间隔还需要临时缩短。

（二）加工处理所收集数据

实际进度的原始数据范围广、数量多，必须对其进行加工处理，形成与计划进度具有可比性的数据。例如，对检查时段实际完成工作量的进度数据进行收集整理、统计和分析，确定本期完成工作量、本期已完成工作量累计值占总计划工作量的百分比等数据资料。

（三）比较实际进度与计划进度

将工程实际进度数据与计划进度数据进行比较，可以确定工程建设实际进展状况与计划目标的偏差。通常可利用表格和图形方式来直观反映实际进度与计划进度之间的差距，从而得出实际进度比计划进度超前、滞后还是一致的结论，为进度调整提供依据。

二、实际进度与计划进度的比较方法

比较工程实际进度与计划进度的常用方法有：横道图比较法、S 曲线比较法、前锋线比较法等。

（一）横道图比较法

横道图比较法是最常用的比较方法，它是指用横道图编制工程进度计划，并将工程实施过程中检查实际进度收集的数据、信息，经过加工整理后直接用横道线平行绘制于原进度计划横道线下面，用两种图例进行对比，可以直观、清楚地反映工程实际进度与计划进度的对比情况。

【例 8–5】 某基础工程由挖土方、做垫层、支模板、绑扎钢筋、浇筑混凝土和回填土 6 个施工过程组成。各施工过程的流水节拍分别为 6 周、3 周、4 周、5 周、4 周和 5 周。根据施工方案编制的基础工程施工进度计划如图 8–10 中粗黑线条所示。

在工程实施过程中进行跟踪检查，将检查收集到的实际进度数据经过加工整理后，并列标注于原进度计划横道线的下方，如图 8–10 中带斜线条的横道线所示。

通过图 8–10 中基础工程实际进度与计划进度横道线的直观比较可以看出：在第 8 周末进行施工进度检查时，挖土方和做垫层两项工作已完成；支模板工作的实际进度比计划进度超前 0.5 周；绑扎钢筋工作的实际进度比计划进度拖后 1 周。

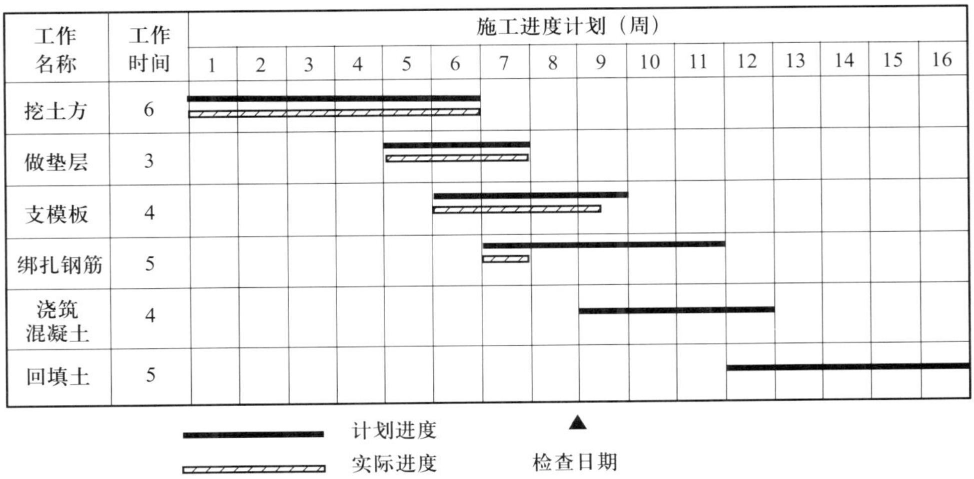

图 8–10　某基础工程实际进度与计划进度横道比较图

图 8–10 中的记录和比较显示出基础工程实际进度与计划进度之间的偏差，为进度管理人员采取调整措施提供了明确方向。由此看出，横道图比较法具有形象直观、编制简单、应用方便等优点，被广泛用于工程进度控制中。

（二）S 曲线比较法

S 曲线比较法是指以横坐标表示时间，纵坐标表示累计完成工程量，进行实际进度与计划进度比较的一种方法。由于在通常情况下按工程进展时间绘制出的累计完成工程量曲线形状像 S 而得名。在同一坐标系中，将计划 S 曲线与工程实施过程中各检查时点累计完成的实际工程量曲线进行比较，即可对比分析工程实际进度与计划进度情况，如图 8–11 所示。在图 8–11 中，表示在工程实施过程中的 T_b 时刻对实际进度进行检查，通过与计划进度进行比较，可获得如下信息。

（1）工程实际进展速度（如图中 b 点表示实际进度落后于计划进度）。

（2）工程进度超前或拖延的时间（如图中 $\triangle T_b$ 为检查时刻实际进度拖延的时间）。

（3）工程量实际完成情况（如图中 b 点为累计完成工程量的百分比）。

（4）工程量超额完成或拖欠的数量（如图中 $\triangle Q_b$ 为检查时刻拖欠的工程量）。

（5）后期工程进度预测（如图中 $\triangle T_c$ 为检查时刻预测工期将拖延的时间）。

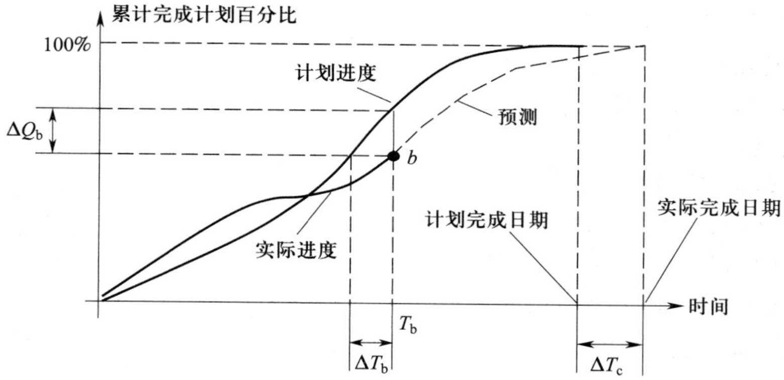

图 8-11　某工程实际进度与计划进度 S 曲线比较图

（三）前锋线比较法

前锋线比较法是指在时标网络计划中，根据某检查时刻各项工作的实际进展状况绘制一条实际进度前锋线，将工程计划进度与实际进度进行比较的方法。例如，如图 8-12 所示的时标网络计划中，计划执行到第 6 周末检查实际进度时，发现工作 A 和 B 已全部完成，工作 D、E 分别完成计划任务量的 20% 和 50%，工作 C 尚需 3 周完成，则根据工程实际进度情况绘制的前锋线如图 8-12 中点划线所示。

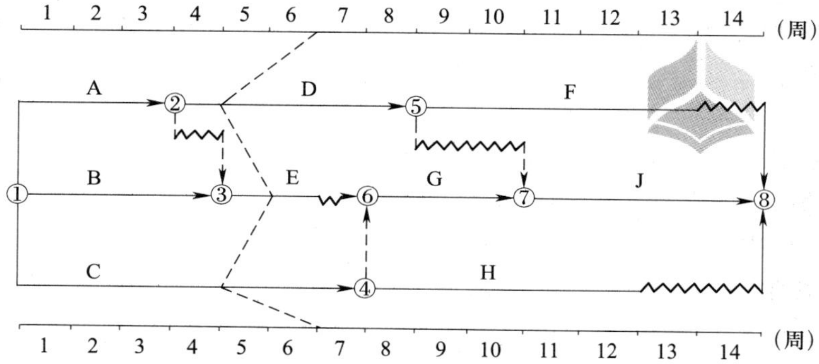

图 8-12　某工程实际进度前锋线比较图

由图 8-12 中实际进度前锋线可获得以下信息。

（1）工作 D 实际进度拖后 2 周，将使其后续工作 F 的最早开始时间推迟 2 周，并使总工期延长 1 周。

（2）工作 E 实际进度拖后 1 周，既不影响总工期，也不影响其后续工作的正常进行。

（3）工作 C 实际进度拖后 2 周，将使其后续工作 G、H、J 的最早开始时间推迟 2 周。由于工作 G、J 开始时间的推迟，从而使总工期延长 2 周。

综上所述，如果不采取措施加快进度，该工程总工期将延长 2 周。

三、进度计划的调整措施

（一）进度计划调整过程

通过对工程实施过程进行跟踪检查，一旦发现工程实际进度偏离计划进度，即出现进度偏差时，首先应分析产生进度偏差的原因，其次确定进度偏差对总工期和后续工作的影响程度，以便及时采取纠偏措施修改原计划。接下来，实施调整、更新后的进度计划，再进行检查、调整，如此不断循环，直至工程竣工验收，实现工程进度目标。工程进度计划调整过程如图 8–13 所示。

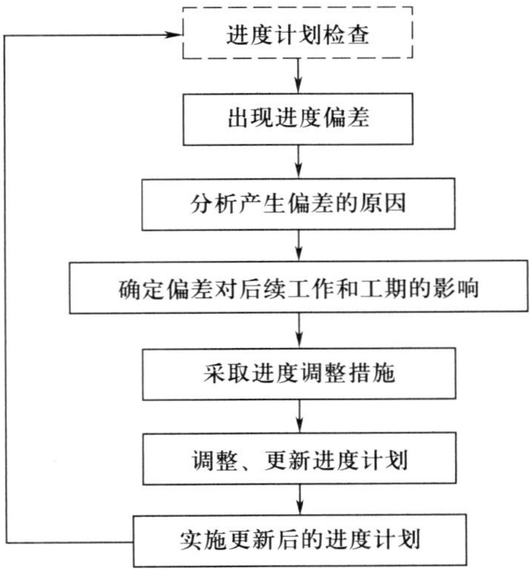

图 8–13　工程进度计划调整过程

（二）进度计划调整方法及措施

当实际进度偏差影响到后续工作、总工期而需要调整进度计划时，其调整方法主要有两种：一是通过压缩某些工作的持续时间来缩短工期；二是通过改变某些工作间的逻辑关系来缩短工期。在实际工作中应根据具体情况选用上述方法或综合应用上述方法调整工程进度计划。

1. 压缩某些工作的持续时间

这种方法的特点是不改变工作之间的先后顺序关系，而是通过缩短网络计划中关键线路上工作（关键工作）的持续时间来缩短工期，这时通常需要采取一定的措施来达到目的。具体措施包括以下四个方面。

（1）组织措施。如：增加工作面，组织更多施工队伍；延长每日施工时间，采用加班或多班制施工；加大资源投入，增加劳动力和施工机械数量等。

（2）技术措施。如：改进施工工艺和施工技术，缩短工艺技术间歇时间；修改施工方案，将现浇混凝土方案改为预制装配方案，以减少施工过程数量；采用更先进的施工机械等。

（3）经济措施。如：实行包干奖励；提高奖金数额；对所采取的技术措施给予相应的经济补偿等。

（4）其他配套措施。如：改善外部配合条件；改善工作环境；实施强有力的组织调度等。

2. 改变某些工作间的逻辑关系

当工程计划中影响工程总工期的关键工作之间的逻辑关系允许被改变时，可以通过改变其逻辑关系达到缩短工期的目的。例如，将顺序进行的工作改为平行作业、搭接作业或分段组织流水作业等，都可以有效地缩短工期。

采取相应措施对原进度计划进行调整后，将执行调整后的进度计划，在此过程中，进度管理人员应采取相应的组织、技术、经济、合同措施，以确保调整后进度计划的顺利实施和进度目标的实现。

第九章　建设工程安全生产与环境管理

建设工程安全生产与环境管理是建设工程项目管理的重要内容。随着可持续发展理念被广泛认同，绿色建造作为落实我国绿色发展理念的重要组成部分，已成为发展趋势。

第一节　建设工程安全生产管理

一、职业健康安全管理体系

职业健康安全管理体系是从 20 世纪 80 年代后期兴起的。当时，一些跨国公司和大型现代化联合企业为了更好地满足自身发展需求，开始建立自律性职业健康与环境保护管理制度。自 1996 年起，英国、美国、澳大利亚、新西兰、日本、挪威等国家先后制定了职业健康安全管理体系。1999 年，英国标准协会（BSI）、挪威船级社（DNV）等 13 个组织提出了《职业健康安全管理体系——规范》（OHSAS 18001）和《职业健康安全管理体系——实施指南》（OHSAS 18002）。2007 年，修订后的 OHSAS 18001 与国际标准化组织（ISO）的质量管理体系（ISO 9001）和环境管理体系（ISO 14001）在语言和架构方面得到进一步融合。

我国等同采用国际标准 OHSAS 18000 体系建立了国家标准，包括《职业健康安全管理体系 要求》（GB/T 28001）和《职业健康安全管理体系 实施指南》（GB/T 28002）。企业普遍采用国家标准建立了职业健康安全管理体系。

2018 年 3 月，国际标准化组织发布了《职业健康安全管理体系 要求及使用指南》（ISO 45001：2018），用于取代 OHSAS 18001 标准。目前，我国等同转换的新版国家标准正在制定中。

（一）ISO 45001 标准体系结构

ISO 45001 标准是以 OHSAS 18001 标准为基础建立的，二者的主要目标相同，都是用来提高组织的职业健康安全绩效。与 OHSAS 18001 标准相比，ISO 45001 标准的特点体现在以下五个方面：①更加关注“组织环境”，设专章提出“组织环境”；②强调最高管理者的职责和领导作用，设专章提出“领导作用和工作人员参与”；③更加关注管理职责，明确了“组织的岗位、职责和权限”；④强调基于风险的思维，全面阐释“应对机遇和风险的措施”；⑤强调持续改进，在“改进”专章中专门提出“持续改进”。

ISO 45001 标准体系结构与 OHSAS 18001 标准体系结构对比见表 9–1。

表 9–1　ISO 45001 标准体系结构与 OHSAS 18001 标准体系结构对比

ISO 45001 标准体系结构		OHSAS 18001 标准体系结构	
条款	标题	条款	标题
1	范围	1	范围
2	规范性引用文件	2	规范性引用文件
3	术语和定义	3	术语和定义

续表

<table>
<tr><th colspan="2">ISO 45001 标准体系结构</th><th colspan="2">OHSAS 18001 标准体系结构</th></tr>
<tr><th>条款</th><th>标题</th><th>条款</th><th>标题</th></tr>
<tr><td>4</td><td>组织环境</td><td></td><td></td></tr>
<tr><td>4.1</td><td>理解组织及其环境</td><td></td><td></td></tr>
<tr><td>4.2</td><td>理解工作人员和其他相关方需求和期望</td><td></td><td></td></tr>
<tr><td>4.3</td><td>确定职业健康安全管理体系范围</td><td></td><td></td></tr>
<tr><td rowspan="2">4.4</td><td rowspan="2">职业健康安全管理体系</td><td>4</td><td>职业健康安全管理体系要求</td></tr>
<tr><td>4.1</td><td>总要求</td></tr>
<tr><td>5</td><td>领导作用和工作人员参与</td><td>4.4.1</td><td>资源、作用、职责、责任和权限</td></tr>
<tr><td>5.1</td><td>领导作用和承诺</td><td></td><td></td></tr>
<tr><td>5.2</td><td>职业健康安全方针</td><td>4.2</td><td>职业健康安全方针</td></tr>
<tr><td>5.3</td><td>组织的岗位、职责和权限</td><td></td><td></td></tr>
<tr><td>5.4</td><td>工作人员协商和参与</td><td>4.4.3</td><td>沟通、参与和协商</td></tr>
<tr><td>6</td><td>策划</td><td>4.3</td><td>策划</td></tr>
<tr><td>6.1</td><td>应对机遇和风险的措施</td><td></td><td></td></tr>
<tr><td>6.1.1</td><td>总则</td><td></td><td></td></tr>
<tr><td>6.1.2</td><td>危险源辨识、风险和机遇评估</td><td>4.3.1</td><td>危险源辨识、风险评价和控制措施的确定</td></tr>
<tr><td>6.1.3</td><td>法律法规要求和其他要求</td><td>4.3.2</td><td>法律法规要求和其他要求</td></tr>
<tr><td>6.1.4</td><td>措施策划</td><td></td><td></td></tr>
<tr><td>6.2</td><td>职业健康安全目标及其实现策划</td><td>4.3.3</td><td>目标和方案</td></tr>
<tr><td>7</td><td>支持</td><td></td><td></td></tr>
<tr><td>7.1</td><td>资源</td><td></td><td></td></tr>
<tr><td>7.2</td><td>能力</td><td rowspan="2">4.4.2</td><td rowspan="2">能力、培训和意识</td></tr>
<tr><td>7.3</td><td>意识</td></tr>
<tr><td>7.4</td><td>沟通</td><td>4.4.3</td><td>沟通、参与和协商</td></tr>
<tr><td>7.5</td><td>文件化信息</td><td>4.4.4</td><td>文件</td></tr>
<tr><td>8</td><td>运行</td><td>4.4</td><td>实施和运行</td></tr>
<tr><td>8.1</td><td>运行策划和控制</td><td>4.4.6</td><td>运行控制</td></tr>
<tr><td>8.2</td><td>应急准备和响应</td><td>4.4.7</td><td>应急准备和响应</td></tr>
</table>

续表

ISO 45001 标准体系结构		OHSAS 18001 标准体系结构	
条款	标题	条款	标题
9	绩效评价	4.5	检查
9.1	监视、测量、分析和评价	4.5.1	绩效测量和监视
9.1.1	总则		
9.1.2	合规性评价	4.5.2	合规性评价
9.2	内部审核	4.5.5	内部审核
9.3	管理评审	4.6	管理评审
10	改进		
10.1	总则		
10.2	事件、不合格和纠正措施	4.5.3	事件调查、不符合、纠正措施和预防措施
10.3	持续改进		

（二）组织保持职业健康安全的基本程序

组织可通过以下程序使其工作人员在工作过程中保持健康和安全。

（1）识别工作场所的所有过程和活动。

（2）在工作人员的帮助下，检查某些活动中是否有可能造成伤害的重大危险源，包括高处作业、机械、电气设备、化学品、建筑活动等。

（3）通过消除危险源、变更工作流程、保护工作人员等方式降低可能导致严重损伤（事故或长期病痛）的风险。

（4）验证保护工作人员而采取的措施是否正常运行，是否遵守相关规定。

（5）寻求做得更好、更加安全的方法进行持续改进。

二、工程参建各方主体安全生产责任

工程参建各方主体包括：建设单位、勘察单位、设计单位、施工单位、工程监理单位及其他有关单位，应根据相关法律法规要求，依法承担建设工程安全生产责任。根据《建设工程安全生产管理条例》及《危险性较大的分部分项工程安全管理规定》（住房和城乡建设部令第 37 号），工程参建各方主体安全生产责任如下。

（一）建设单位安全责任

1. 提供工程建设相关资料

建设单位应当向施工单位提供施工现场及毗邻区域内供水、排水、供电、供气、供热、通信、广播电视等地下管线资料，气象和水文观测资料，相邻建筑物和构筑物、地下工程的有关资料，并保证资料的真实、准确、完整。

2. 提供工期和费用保障

建设单位不得对勘察、设计、施工、工程监理等单位提出不符合建设工程安全生产法律、法规和强制性标准规定的要求，不得压缩合同约定的工期。建设单位在编制工程概算时，应当确定建设工程安全作业环境及安全施工措施所需费用。

3. 不干扰施工单位自主使用施工机具设备

建设单位不得明示或者暗示施工单位购买、租赁、使用不符合安全施工要求的安全防护用具、机械设备、施工机具及配件、消防设施和器材。

4. 提供安全施工措施资料

建设单位在申请领取施工许可证时,应当提供建设工程有关安全施工措施的资料。依法批准开工报告的建设工程,建设单位应当自开工报告批准之日起 15 日内,将保证安全施工的措施报送建设工程所在地县级以上地方人民政府建设行政主管部门或者其他有关部门备案。

5. 组织确定危险性较大的分部分项工程清单

建设单位应当组织勘察、设计等单位在施工招标文件中列出危险性较大的分部分项工程清单,要求施工单位在投标时补充完善危险性较大的分部分项工程清单并明确相应的安全管理措施。建设单位在申请办理安全监督手续时,应当提交危险性较大的分部分项工程清单及其安全管理措施等资料。

6. 保证拆除工程安全

建设单位应当将拆除工程发包给具有相应资质等级的施工单位,并在拆除工程施工 15 日前,将下列资料报送建设工程所在地的县级以上地方人民政府建设行政主管部门或者其他有关部门备案:①施工单位资质等级证明;②拟拆除建筑物、构筑物及可能危及毗邻建筑的说明;③拆除施工组织方案;④堆放、清除废弃物的措施。

实施爆破作业的,应当遵守国家有关民用爆炸物品管理的规定。

(二)勘察、设计、工程监理及其他有关单位安全责任

1. 勘察单位安全责任

勘察单位应当按照法律、法规和工程建设强制性标准进行勘察,提供的勘察文件应当真实、准确,满足建设工程安全生产的需要。勘察单位在勘察作业时,应当严格执行操作规程,采取措施保证各类管线、设施和周边建筑物、构筑物的安全。

勘察单位应当根据工程实际及工程周边环境资料,在勘察文件中说明地质条件可能造成的工程风险。

2. 设计单位安全责任

设计单位应当按照法律、法规和工程建设强制性标准进行设计,防止因设计不合理导致生产安全事故的发生。

设计单位应当考虑施工安全操作和防护的需要,对涉及施工安全的重点部位和环节在设计文件中注明,并对防范生产安全事故提出指导意见。采用新结构、新材料、新工艺的建设工程和特殊结构的建设工程,设计单位应当在设计中提出保障施工作业人员安全和预防生产安全事故的措施建议。

设计单位应当在设计文件中注明涉及危险性较大的分部分项工程的重点部位和环节,提出保障工程周边环境安全和工程施工安全的意见,必要时进行专项设计。

3. 工程监理单位安全责任

工程监理单位应当审查施工组织设计中的安全技术措施或者专项施工方案是否符合工程建设强制性标准。在实施监理过程中,发现存在安全事故隐患的,应当要求施工单位整改;情况严重的,应当要求施工单位暂时停止施工,并及时报告建设单位。施工单位拒不整改或者不停止施工的,工程监理单位应当及时向有关主管部门报告。

工程监理单位和监理工程师应当按照法律、法规和工程建设强制性标准实施监理,并对建

设工程安全生产承担监理责任。

工程监理单位应当结合危险性较大的分部分项工程专项施工方案编制监理实施细则，并对危险性较大的分部分项工程施工实施专项巡视检查。

工程监理单位应当建立危险性较大的分部分项工程安全管理档案，并将监理实施细则、专项施工方案审查、专项巡视检查、验收及整改等相关资料纳入档案管理。

4. 其他有关单位安全责任

（1）为建设工程提供机械设备和配件的单位，应当按照安全施工的要求配备齐全有效的保险、限位等安全设施和装置。

（2）出租的机械设备和施工机具及配件，应当具有生产（制造）许可证、产品合格证。出租单位应当对出租的机械设备和施工机具及配件的安全性能进行检测，在签订租赁协议时，应当出具检测合格证明。禁止出租检测不合格的机械设备和施工机具及配件。

（3）在施工现场安装、拆卸施工起重机械和整体提升脚手架、模板等自升式架设设施，必须由具有相应资质的单位承担，并编制拆装方案、制定安全施工措施，由专业技术人员现场监督。施工起重机械和整体提升脚手架、模板等自升式架设设施安装完毕后，安装单位应当自检，出具自检合格证明，并向施工单位进行安全使用说明，办理验收手续并签字。

（4）施工起重机械和整体提升脚手架、模板等自升式架设设施的使用达到国家规定的检验检测期限的，必须经具有专业资质的检验检测机构检测。经检测不合格的，不得继续使用。

（5）检验检测机构对检测合格的施工起重机械和整体提升脚手架、模板等自升式架设设施，应当出具安全合格证明文件，并对检测结果负责。

（三）施工单位安全责任

1. 施工单位资质等级许可

施工单位从事建设工程的新建、扩建、改建和拆除等活动，应当具备国家规定的注册资本、专业技术人员、技术装备和安全生产等条件，依法取得相应等级的资质证书，并在其资质等级许可的范围内承揽工程。

2. 施工单位安全生产责任制度

（1）施工单位主要负责人安全责任。施工单位主要负责人依法对本单位的安全生产工作全面负责。施工单位应当建立健全安全生产责任制度和安全生产教育培训制度，制定安全生产规章制度和操作规程，保证本单位安全生产条件所需资金的投入，对所承担的建设工程进行定期和专项安全检查，并做好安全检查记录。

（2）施工单位项目负责人安全责任。施工单位项目负责人应当由取得相应执业资格的人员担任，对建设工程项目的安全施工负责，落实安全生产责任制度、安全生产规章制度和操作规程，确保安全生产费用的有效使用，并根据工程的特点组织制定安全施工措施，消除安全事故隐患，及时、如实报告生产安全事故。

（3）施工单位安全生产管理人员安全责任。施工单位应当设立安全生产管理机构，配备专职安全生产管理人员。专职安全生产管理人员负责对安全生产进行现场监督检查。发现安全事故隐患，应当及时向项目负责人和安全生产管理机构报告；对违章指挥、违章操作的，应当立即制止。

3. 施工安全费用保障

施工单位对列入建设工程概算的安全作业环境及安全施工措施所需费用，应当用于施工安全防护用具及设施的采购和更新、安全施工措施的落实、安全生产条件的改善，不得挪作他用。

4. 总分包单位安全责任划分

建设工程实行施工总承包的,由总承包单位对施工现场的安全生产负总责。总承包单位应当自行完成建设工程主体结构的施工。总承包单位依法将建设工程分包给其他单位的,分包合同中应当明确各自的安全生产方面的权利、义务。总承包单位和分包单位对分包工程的安全生产承担连带责任。分包单位应当服从总承包单位的安全生产管理,分包单位不服从管理导致生产安全事故的,由分包单位承担主要责任。

5. 特种作业人员上岗要求

垂直运输机械作业人员、安装拆卸工、爆破作业人员、起重信号工、登高架设作业人员等特种作业人员,必须按照国家有关规定经过专门的安全作业培训,并取得特种作业操作资格证书后,方可上岗作业。

6. 危险性较大的分部分项工程施工安全管理

(1)专项施工方案编制。施工单位应当在施工组织设计中编制安全技术措施和施工现场临时用电方案,对下列达到一定规模的危险性较大的分部分项工程编制专项施工方案,并附具安全验算结果:①基坑支护与降水工程;②土方开挖工程;③模板工程;④起重吊装工程;⑤脚手架工程;⑥拆除、爆破工程;⑦国务院建设行政主管部门或者其他有关部门规定的其他危险性较大的工程。上述工程中涉及深基坑、地下暗挖工程、高大模板工程的专项施工方案,施工单位还应当组织专家进行论证、审查。

实行施工总承包的,专项施工方案应当由施工总承包单位组织编制。危险性较大的分部分项工程实行分包的,专项施工方案可以由相关专业分包单位组织编制。

(2)专项施工方案审查。专项施工方案应当由施工单位技术负责人审核签字、加盖单位公章,并由总监理工程师审查签字、加盖执业印章后方可实施。危险性较大的分部分项工程实行分包并由分包单位编制专项施工方案的,专项施工方案应当由总承包单位技术负责人及分包单位技术负责人共同审核签字并加盖单位公章。

(3)专项施工方案实施。施工单位应当在施工现场显著位置公告危险性较大的分部分项工程名称、施工时间和具体责任人员,并在危险区域设置安全警示标志。专项施工方案实施前,编制人员或者项目技术负责人应当向施工现场管理人员进行方案交底。施工现场管理人员应当向作业人员进行安全技术交底,并由双方和项目专职安全生产管理人员共同签字确认。

施工单位应当严格按照专项施工方案组织施工,不得擅自修改专项施工方案。施工单位应当对危险性较大的分部分项工程施工作业人员进行登记,项目负责人应当在施工现场履职。项目专职安全生产管理人员应当对专项施工方案实施情况进行现场监督,对未按照专项施工方案施工的,应当要求立即整改,并及时报告项目负责人,项目负责人应当及时组织相关人员限期整改。

施工单位应当按照规定对危险性较大的分部分项工程进行施工监测和安全巡视,发现危及人身安全的紧急情况,应当立即组织作业人员撤离危险区域。

(4)第三方监测。对于按照规定需要进行第三方监测的危险性较大的分部分项工程,建设单位应当委托具有相应勘察资质的单位进行监测。监测单位应当编制监测方案。监测方案由监测单位技术负责人审核签字并加盖单位公章,报送监理单位后方可实施。监测单位应当按照监测方案开展监测,及时向建设单位报送监测成果,并对监测成果负责;发现异常时,及时向建设、设计、施工、监理单位报告,建设单位应当立即组织相关单位采取处置措施。

7. 施工安全技术交底

建设工程施工前，施工单位负责项目管理的技术人员应当对有关安全施工的技术要求向施工作业班组、作业人员作出详细说明，并由双方签字确认。

8. 施工现场安全防护

施工单位应当在施工现场入口处、施工起重机械、临时用电设施、脚手架、出入通道口、楼梯口、电梯井口、孔洞口、桥梁口、隧道口、基坑边沿、爆破物及有害危险气体和液体存放处等危险部位，设置明显的安全警示标志。安全警示标志必须符合国家标准。

施工单位应当根据不同施工阶段和周围环境及季节、气候的变化，在施工现场采取相应的安全施工措施。施工现场暂时停止施工的，施工单位应当做好现场防护，所需费用由责任方承担，或者按照合同约定执行。

施工单位对因建设工程施工可能造成损害的毗邻建筑物、构筑物和地下管线等，应当采取专项防护措施。

9. 施工作业违章管理

施工单位应当向作业人员提供安全防护用具和安全防护服装，并书面告知危险岗位的操作规程和违章操作的危害。作业人员有权对施工现场的作业条件、作业程序和作业方式中存在的安全问题提出批评、检举和控告，有权拒绝违章指挥和强令冒险作业。

作业人员应当遵守安全施工的强制性标准、规章制度和操作规程，正确使用安全防护用具、机械设备等。在施工中发生危及人身安全的紧急情况时，作业人员有权立即停止作业或者在采取必要的应急措施后撤离危险区域。

10. 施工机具设备安全管理

施工单位采购、租赁的安全防护用具、机械设备、施工机具及配件，应当具有生产（制造）许可证、产品合格证，并在进入施工现场前进行查验。施工现场的安全防护用具、机械设备、施工机具及配件必须由专人管理，定期进行检查、维修和保养，建立相应的资料档案，并按照国家有关规定及时报废。

施工单位在使用施工起重机械和整体提升脚手架、模板等自升式架设设施前，应当组织有关单位进行验收，也可以委托具有相应资质的检验检测机构进行验收；使用承租的机械设备和施工机具及配件的，由施工总承包单位、分包单位、出租单位和安装单位共同进行验收。验收合格的方可使用。

《特种设备安全监察条例》规定的施工起重机械，在验收前应当经有相应资质的检验检测机构监督检验合格。施工单位应当自施工起重机械和整体提升脚手架、模板等自升式架设设施验收合格之日起30日内，向建设行政主管部门或者其他有关部门登记。登记标志应当置于或者附着于该设备的显著位置。

11. 安全教育培训

（1）施工单位的主要负责人、项目负责人、专职安全生产管理人员应当经建设行政主管部门或者其他有关部门考核合格后方可任职。施工单位应当对管理人员和作业人员每年至少进行一次安全生产教育培训，其教育培训情况记入个人工作档案。安全生产教育培训考核不合格的人员，不得上岗。

（2）作业人员进入新的岗位或者新的施工现场前，应当接受安全生产教育培训。未经教育培训或者教育培训考核不合格的人员，不得上岗作业。

（3）施工单位在采用新技术、新工艺、新设备、新材料时，应当对作业人员进行相应的安全生产教育培训。

12. 意外伤害保险

施工单位应当为施工现场从事危险作业的人员办理意外伤害保险。意外伤害保险费由施工单位支付。实行施工总承包的，由总承包单位支付意外伤害保险费。意外伤害保险期限自建设工程开工之日起至竣工验收合格止。

三、建设工程施工安全管理

建设工程施工安全管理包括两个层面：一是建筑企业安全生产管理；二是施工现场安全生产管理。根据《建筑施工企业安全生产管理规范》（GB 50656—2011），建筑企业及施工现场安全生产管理主要包括以下内容。

（一）施工企业安全生产管理

1. 安全生产管理目标

建筑企业应依据企业总体发展目标，制定企业安全生产年度及中长期管理目标。安全管理目标应包括生产安全事故控制指标、安全生产隐患治理目标，以及安全生产、文明施工管理目标等，安全管理目标应予量化。

安全管理目标应分解到各管理层及相关职能部门，并定期进行考核。企业各管理层和相关职能部门应根据企业安全管理目标要求制定自身管理目标和措施，共同保证目标实现。

2. 安全生产管理组织和责任体系

（1）安全生产管理组织体系。建筑企业必须建立和健全安全生产管理组织体系，明确各管理层、职能部门、岗位的安全生产责任。建筑企业安全生产管理组织体系应包括各管理层的主要负责人、专职安全生产管理机构及各相关职能部门、专职安全管理及相关岗位人员。

建筑企业应依据《建筑施工企业安全生产管理机构设置及专职安全生产管理人员配备办法》（建质〔2008〕91 号），设立安全生产管理机构，并配备专职安全生产管理人员。建筑企业安全生产管理机构专职安全生产管理人员的配备要求见表 9–2，并应根据企业经营规模、设备管理和生产需要予以增加。

表 9–2　建筑企业专职安全生产管理人员配备要求

资质序列	资质等级	专职安全生产管理人员数量
建筑施工总承包企业	特级	≥6 人
	一级	≥4 人
	二级及以下	≥3 人
建筑施工专业承包企业	一级	≥3 人
	二级及以下	≥2 人
建筑施工劳务分包企业	—	≥2 人
建筑施工企业 分公司、区域公司	—	≥2 人 （依据实际生产情况配备）

（2）安全生产责任体系。建筑企业应按下列要求建立安全生产责任体系。

1）应设立由企业主要负责人及各部门负责人组成的安全生产决策机构，负责领导企业安全管理工作，组织制定企业安全生产中长期管理目标，审议、决策重大安全事项。

2）各管理层主要负责人中应明确安全生产第一责任人，对本管理层安全生产工作全面负责。

3）各管理层主要负责人应明确并组织落实本管理层各职能部门和岗位的安全生产职责，实现本管理层安全管理目标。

4）各管理层职能部门及岗位人员负责落实职能范围内与安全生产相关的职责，实现相关安全生产管理目标。

5）各管理层专职安全生产管理机构应承担以下安全管理职责：①宣传和贯彻国家安全生产法律法规和标准规范；②编制并适时更新和监督实施安全生产管理制度；③组织或参与企业生产安全相关活动；④协调配备工程项目专职安全生产管理人员；⑤制订企业安全生产考核计划，查处安全生产问题，建立管理档案。

建筑企业各管理层、职能部门、岗位的安全生产责任应形成责任书，并经责任部门或责任人确认。责任书的内容应包括安全生产职责、目标、考核奖惩规定等。

3. 安全生产管理制度

建筑企业应以安全生产责任制为核心，建立健全安全生产管理制度。这些制度包括：安全生产教育培训制度，安全生产资金保障制度，安全生产技术管理制度，施工设施、设备及临时建（构）筑物安全管理制度，分包安全生产管理制度，施工现场安全生产管理制度，事故应急救援制度，生产安全事故管理制度、安全检查和改进制度，安全考核和奖惩制度等。

建筑企业各项安全生产管理制度应明确规定以下内容：①工作内容；②责任人（部门）的职责与权限；③基本工作程序及标准。

4. 安全生产教育培训

建筑企业安全生产教育培训应贯穿于生产经营全过程，教育培训工作内容包括计划编制、组织实施和人员资格审定等。安全生产教育培训计划应依据教育培训类型、对象、内容、时间安排、形式等需求进行编制。安全生产教育培训包括岗前教育培训、日常教育培训、年度继续教育培训，以及针对各类证书的培训等。

（1）岗前教育培训。建筑企业新上岗操作工人必须进行岗前教育培训，教育培训内容包括：①安全生产法律法规和规章制度；②安全操作规程；③针对性安全防范措施；④违章指挥、违章作业、违反劳动纪律产生的后果；⑤预防、减少安全风险及紧急情况下应急救援的基本措施。

（2）日常教育培训。建筑企业应结合季节施工要求及安全生产形势对从业人员进行安全生产日常教育培训。日常教育培训贯穿于管理工作全过程，并根据安全教育培训对象的不同特点，采取多层次、多渠道和多种方式进行。主要方式有：每天班前班后的会上强调安全注意事项；安全活动日；安全生产会议；事故现场会；张贴安全生产宣传画、宣传标语及标志等。

（3）年度继续教育培训。建筑企业每年应按规定对所有相关人员进行安全生产继续教育培训，教育培训内容包括：①新颁布的安全生产法律法规、安全技术标准规范、安全生产规范性文件；②先进的安全生产管理经验和典型事故案例分析。

（4）针对各类证书的培训，包括以下三个方面。

1）企业主要负责人、项目负责人和专职安全生产管理人员必须经安全生产知识和管理能力考核合格，依法取得安全生产考核合格证书。

2）企业的技术和相关管理人员必须具备与岗位相适应的安全管理知识和能力，依法取得必要的岗位资格证书。

3）特种作业人员必须经安全技术理论和操作技能考核合格，依法取得建筑施工特种作业人员操作资格证书。

5. 安全生产费用管理

建筑企业应按规定储备安全生产所需费用。根据财政部、原国家安全生产监督管理总局发布的《关于印发〈高危行业企业安全生产费用财务管理暂行办法〉的通知》(财企〔2006〕478号),建筑企业可分不同工程类别,以建筑安装工程造价为依据计提安全生产费用。具体计提标准有以下三类。

(1)房屋建筑工程、矿山工程为2%。

(2)电力工程、水利水电工程、铁路工程为1.5%。

(3)市政公用工程、冶炼工程、机电安装工程、化工石油工程、港口与航道工程、公路工程、通信工程为1%。

建筑企业安全生产费用主要用于:①完善、改造和维护安全防护设备、设施支出;②配备必要的应急救援器材、设备和现场作业人员安全防护物品支出;③安全生产检查与评价支出;④重大危险源、重大事故隐患的评估、整改、监控支出;⑤安全生产教育培训及进行应急救援演练支出;⑥其他与安全生产直接相关的支出。

建筑企业各管理层应根据安全生产管理需要,编制相应的安全生产费用使用计划,明确费用使用的项目、类别、额度、实施单位及责任者、完成期限等内容,经审核批准后执行。建筑企业各管理层相关负责人必须在其管辖范围内,按专款专用、及时足额的要求,组织实施安全生产费用使用计划。

6. 施工机械设备和劳动防护用品安全管理

(1)施工机械设备安全管理。建筑企业获取施工机械设备通常有两种方式:一是购置新设备,二是租赁。建筑企业应根据实际情况制定施工机械设备的购置和租赁管理制度,严把安全关,重点关注机械设备的性能和安全装置等。

根据《建筑起重机械安全监督管理规定》(建设部令第166号),有下列情形之一的建筑起重机械,不得出租、使用:

1)属于国家明令淘汰或者禁止使用的;

2)超过安全技术标准或制造厂家规定的使用年限的;

3)经检验达不到安全技术标准规定的;

4)没有完整安全技术档案的;

5)没有齐全有效的安全保护装置的。

(2)劳动防护用品安全管理。建筑企业施工作业人员劳动防护用品配备应符合《建筑施工作业劳动防护用品配备及使用标准》(JGJ 184—2009)的要求。要结合施工作业人员的工作特点,为其配备能同时防御各种危险有害因素的防护用品。劳动防护用品的配备还应考虑佩戴的合适和基本舒适性,其型号、大小和式样可根据个人需求和特点进行选择。

7. 施工安全技术管理

建筑企业应明确各管理层对施工组织设计、专项施工方案、安全技术方案(措施)进行的编制、修改以及审核和审批的权限、程序和时限。根据权限,按方案涉及内容,由企业技术负责人组织相关职能部门进行审核,技术负责人本人进行审批。审核、审批应有明确意见并签名盖章。编制、审批应在施工前完成。

建筑企业应明确安全技术交底分级的原则、内容、方法及确认手续。根据施工组织设计和专项施工方案(措施)编制和审批权限的设置,组织相关人员参与安全技术交底、验收和检查,并明确参与交底、验收和检查的其他人员。

8. 施工安全检查评价

建筑企业可根据《建筑施工安全检查标准》（JGJ 59—2011）进行施工安全检查评价。施工安全检查评价的内容包括：安全管理、文明施工、脚手架、基坑支护、模板工程、“三宝”及“四口”防护、施工用电、物料提升机、外用电梯、塔吊、起重吊装和施工机具共计 12 项内容。

（1）安全管理检查评价。安全管理检查评价是对施工单位安全管理工作的检查评价，检查评价内容包括：安全生产责任制、目标管理、施工组织设计、分部（分项）工程安全技术交底、安全检查、安全教育、班前安全活动、特种作业持证上岗、工伤事故处理和安全标志等。

（2）文明施工检查评价。文明施工检查评价是对施工现场文明施工的检查评价。检查评价内容包括：现场围挡、封闭管理、施工场地、材料堆放、现场宿舍、现场防火、治安综合治理、施工现场标牌、生活设施、保健急救、社区服务等。

（3）脚手架安全检查评价。分别针对扣件式钢管脚手架、门式钢管脚手架、碗扣式钢管脚手架、承插型盘扣式钢管脚手架、满堂脚手架、悬挑式脚手架、附着式升降脚手架、高处作业吊篮进行安全检查评价。

（4）基坑支护安全检查评价。基坑支护安全检查评价是对施工现场基坑支护工程安全的检查评价。检查评价内容包括：施工方案、临边防护、坑壁支护、排水措施、坑边荷载、上下通道、土方开挖、基坑支护变形监测和作业环境等。

（5）模板工程安全检查评价。模板工程安全检查评价是对施工过程中模板工程安全的检查评价，评价内容包括：施工方案、支撑系统、立柱稳定、施工荷载、模板存放、支拆模板、模板验收、混凝土强度、运输道路和作业环境等。

（6）“三宝”及“四口”防护安全检查评价。“三宝”是指安全帽、安全带和安全网；“四口”是指通道口、预留洞口、楼梯口、电梯井口。“三宝”及“四口”防护安全检查评价是对以上内容及阳台、楼板、屋面等临边使用及防护情况的检查评价。

（7）施工用电安全检查评价。施工用电安全检查评价是对施工现场临时用电情况的检查评价，评价内容包括：外电防护、接地与接零保护系统、配电箱、开关箱、现场照明、配电线路、电器装置、变配电装置和用电档案等。

（8）物料提升机（龙门架、井字架）安全检查评价。物料提升机安全检查评价是对物料提升机的设计制作、搭设和使用情况的检查评价，评价内容包括：架体制作、限位保险装置、架体稳定、钢丝绳、楼层卸料平台防护、吊篮、安装验收、架体、传动系统、联络信号、卷扬机操作棚和避雷等。

（9）外用电梯（人货两用电梯）安全检查评价。外用电梯安全检查评价是对施工现场外用电梯的安全状况及使用管理的检查评价，评价内容包括：安全装置、安全防护、司机、荷载、安装与拆卸、安装验收、架体稳定、联络信号、电气安全和避雷等。

（10）塔吊安全检查评价。塔吊安全检查评价是对塔式起重机使用情况的检查评价，评价内容包括：力矩限制器、限位器、保险装置、附墙装置与夹轨钳、安装与拆卸、塔吊指挥、路基与轨道、电气安全、多塔作业和安装验收等。

（11）起重吊装安全检查评价。起重吊装安全检查评价是对施工现场起重吊装作业和起重吊装机械的安全检查评价，评价内容包括：施工方案、起重机械、钢丝绳与地锚、吊点、司机、指挥、地耐力、起重作业、高处作业、作业平台、构件堆放、警戒和操作工等。

（12）施工机具安全检查评价。施工机具安全检查评价是对施工中使用的平刨、圆盘锯、手持电动工具、钢筋机械、电焊机、搅拌机、气瓶、翻斗车、潜水泵和打桩机械等施工机具安全状况的检查评价。

安全检查评价内容包括保证项目和一般项目。保证项目为一票否决项目，是指在检查评定项目中，对施工人员生命安全、设备设施及环境安全起关键性作用的项目。在实施安全检查时，保证全数检查项目。施工安全检查评定结果分为优良、合格、不合格三个等级。当建筑施工安全检查评定等级为不合格时，必须限期整改达到合格。

9. 分包安全生产管理

建筑企业应依据安全生产管理责任和目标，明确对分包单位及人员的选择和清退标准、合同条款约定和履约过程控制的管理要求。

（1）建筑企业对分包单位的安全管理要求为：①选择合法的分包单位；②与分包单位签订安全协议；③对分包单位施工过程的安全生产实施检查和考核；④及时清退不符合安全生产要求的分包单位；⑤分包工程竣工后对分包单位安全生产能力进行评价。

（2）建筑企业对分包单位安全生产检查和考核的内容：①分包单位人员配置及履职情况；②分包单位违约、违章记录；③分包单位安全生产绩效。

10. 应急救援管理

建筑企业应建立应急救援组织机构，明确领导小组，设立专家库，组建救援队伍，并进行日常管理。建筑企业还应建立应急物资保障体系，明确应急设备和器材储存、配备的场所、数量，并定期对应急设备和器材进行检查、维护、保养。

（1）应急救援预案。建筑企业应根据施工管理和环境特征，组织各管理层制定应急救援预案。应急救援预案内容包括：①紧急情况、事故类型及特征分析；②应急救援组织机构与人员职责分工；③应急救援设备和器材的调用程序；④与企业内部相关职能部门和外部政府、消防、救险、医疗等相关单位与部门的信息报送、联系方式；⑤抢险急救的组织、现场保护、人员撤离及疏散等活动的具体安排。

（2）应急救援预案相关工作。建筑企业各管理层应针对应急救援预案，开展下列工作：①对全体从业人员进行针对性的培训和交底；②定期组织专项应急演练；③接到相关报告后，及时启动应急救援预案。

建筑企业应根据应急救援预案演练、实战结果，对事故应急救援的适宜性和可操作性组织评价，必要时进行修改和完善。

（二）施工现场安全生产管理

1. 施工现场安全生产管理制度及责任体系

（1）施工现场安全生产管理制度。建筑企业的工程项目部应根据企业安全生产管理制度，实施施工现场安全生产管理，主要包括以下内容。

1）制定项目安全管理目标，建立安全生产责任体系，实施责任考核。

2）配置满足要求的安全生产、文明施工措施的资金、从业人员和劳动防护用品。

3）选用符合要求的安全技术措施、应急预案、设施与设备。

4）有效落实施工过程中的安全生产，发现隐患要及时整改。

5）使施工现场场容场貌、作业环境和生活设施安全文明达标。

6）组织事故应急救援抢险。

7）对施工现场安全生产管理活动进行必要的记录，保存应有的资料和记录。

（2）施工现场安全生产责任体系。施工现场安全生产责任体系应符合以下要求。

1）项目经理是工程项目施工现场安全生产第一责任人，负责组织落实安全生产责任，实施考核，实现项目安全管理目标。

2）工程项目施工实行总承包的，应成立由总承包单位、专业承包和劳务分包单位项目经理、技术负责人和专职安全生产管理人员组成的安全管理领导小组。

3）按规定配备项目专职安全生产管理人员，负责施工现场安全生产日常监督管理。

4）工程项目部其他管理人员应承担其岗位管理范围内与安全生产相关的职责。

5）分包单位应服从总包单位管理，落实总包企业的安全生产要求。

6）施工作业班组应在作业过程中实施安全生产要求。

7）作业人员应严格遵守安全操作规程，做到不伤害自己、不伤害他人和不被他人所伤害。

2. 施工现场专职安全生产管理人员

（1）人员配备。依据《建筑施工企业安全生产管理机构设置及专职安全生产管理人员配备办法》（建质〔2008〕91 号）的规定，总承包单位及分包单位在工程项目中配备的专职安全生产管理人员数量应分别满足表 9–3 和表 9–4 要求。

表 9–3　　总承包单位工程项目专职安全生产管理人员配备要求

工程分类	工程等级	专职安全生产管理人员配备要求
建筑工程、装饰工程	建筑面积 10 000m^2 以下	≥1 人
	建筑面积 10 000 ～ 50 000m^2	≥2 人
	建筑面积 50 000m^2 以上	≥3 人，应按专业、规模和危险程度增加专职安全生产管理人员
土木工程、线路管道、设备安装工程	工程合同 5 000 万元以下	≥1 人
	工程合同 5 000 万元 ～ 1 亿元	≥2 人
	工程合同 1 亿元以上	≥3 人，应按专业、规模和危险程度增加专职安全生产管理人员

表 9–4　　分包单位工程项目专职安全生产管理人员配备要求

分包资质序列	工程等级	专职安全生产管理人员配备要求
专业承包单位	—	≥1 人，根据所承担工程的工程量和施工危险程度增加专职安全生产管理人员
劳务分包	施工人员 50 人以下	≥1 人
	施工人员 50 ～ 200 人	≥2 人
	施工人员 200 人以上	≥3 人，根据所承担工程的施工危险实际情况增加专职安全生产管理人员，不得少于工程施工人员总数的 5‰

（2）安全生产管理职责。工程项目专职安全生产管理人员应由建筑企业委派，并承担以下安全生产管理职责：①监督项目安全生产管理要求的实施，建立项目安全生产管理档案；②对危险性较大的分部分项工程实施现场监护并做好记录；③阻止和处理违章指挥、违章作业和违反劳动纪律等现象；④定期向企业安全生产管理机构报告项目安全生产管理情况。

3. 施工安全技术措施及交底

（1）施工安全技术措施。在工程项目开工前，工程项目部应组织编制安全技术措施，主要包括：①进入施工现场的安全规定；②地面及深槽作业防护；③高处及立体交叉作业防护；④施工用电安全；⑤施工机械设备安全使用；⑥采用"四新"（新材料、新工艺、新技术、新设备）技术时有针对性的安全技术措施；⑦预防自然灾害的安全措施；⑧预防有毒、有害、易燃、易爆等作业造成危害的安全技术措施；⑨现场消防措施等。

（2）施工安全技术交底。工程项目部应实行逐级安全技术交底制度，纵向延伸到班组全体作业人员。安全技术交底必须具体、明确、针对性强。安全技术交底的主要内容应包括：工程项目施工作业特点和危险点；针对危险点的具体预防措施；应注意的安全事项；相应安全操作规程和标准；发生事故后应及时采取的避难和急救措施等。

4. 专项施工方案

工程项目开工前，工程项目部应根据施工特征，针对危险性较大的分部分项工程组织编制专项施工方案，并按规定进行报批、论证、交底、检查。专项施工方案的内容包括：工程概况、编制依据、施工计划、施工工艺、施工安全技术措施、检查验收内容及标准、计算书及附图等。

四、生产安全事故报告与调查处理

（一）生产安全事故等级划分

根据《生产安全事故报告和调查处理条例》规定，生产安全事故分为特别重大事故、重大事故、较大事故和一般事故四个等级。

（1）特别重大事故。特别重大事故是指造成 30 人及以上死亡，或者 100 人及以上重伤（包括急性工业中毒，下同），或者 1 亿元及以上直接经济损失的事故。

（2）重大事故。重大事故是指造成 10 人及以上、30 人以下死亡，或者 50 人及以上、100 人以下重伤，或者 5 000 万元及以上、1 亿元以下直接经济损失的事故。

（3）较大事故。较大事故是指造成 3 人及以上、10 人以下死亡，或者 10 人及以上、50 人以下重伤，或者 1 000 万元及以上、5 000 万元以下直接经济损失的事故。

（4）一般事故。一般事故是指造成 3 人以下死亡，或者 10 人以下重伤，或者 1 000 万元以下直接经济损失的事故。

（二）生产安全事故报告

1. 生产安全事故报告程序

建筑企业应按照有关规定及时、如实上报生产安全事故。实行施工总承包的，应由总承包企业负责上报。生产安全事故发生后，事故现场有关人员应当立即向本单位负责人报告；单位负责人接到报告后，应当于 1 小时内向事故发生地县级以上人民政府安全生产监督管理部门和负有安全生产监督管理职责的有关部门报告。

情况紧急时，事故现场有关人员可直接向事故发生地县级以上人民政府安全生产监督管理部门和负有安全生产监督管理职责的有关部门报告。

2. 生产安全事故报告内容

事故报告应当及时、准确、完整，任何单位和个人对事故不得迟报、漏报、谎报或者瞒报。

生产安全事故报告的内容包括：①事故发生单位概况；②事故发生的时间、地点及事故现场情况；③事故简要经过；④事故已经造成或者可能造成的伤亡人数（包括下落不明的人数）和初步估计的直接经济损失；⑤已经采取的措施；⑥其他应当报告的情况。

事故报告后又出现新情况的，应当及时补报。自事故发生之日起30日内，事故造成的伤亡人数发生了变化的，应当及时补报。

（三）生产安全事故调查处理

生产安全事故发生后，建筑企业应当采取措施防止事故扩大，保护事故现场。需要移动现场物品时，应当做出标记和书面记录，妥善保管有关证物。

事故调查组有权向有关单位和个人了解与事故有关的情况，并要求其提供相关文件、资料，有关单位和个人不得拒绝。事故发生单位的负责人和有关人员在事故调查期间不得擅离职守，应当随时接受事故调查组的询问，并如实提供有关情况。

生产安全事故调查处理，应做到"四不放过"，即事故原因未查清楚不放过，事故责任者和从业人员未受到教育不放过，事故责任者未受到处理不放过，未采取防范事故再次发生的措施不放过。

第二节 建设工程施工环境管理与绿色建造

一、建设工程施工环境管理

（一）环境管理体系标准

环境是指"组织运行活动的外部存在，包括空气、水、土地、自然资源、植物、动物、人，以及它（他）们之间的相互关系"。为加强环境管理，国际标准化组织于1996年首次发布ISO 14000环境管理体系标准，之后分别于2004年和2015年进行修订。我国等同采用ISO 14000环境管理体系标准，形成了国家标准《环境管理体系 要求及使用指南》（GB/T 24001—2016）和《环境管理体系 通用实施指南》（GB/T 24004—2017）。

1. 环境管理体系结构

根据《环境管理体系 要求及使用指南》（GB/T 24001—2016），组织应根据环境管理标准要求建立环境管理体系，形成文件，实施、保持和持续改进环境管理体系。环境管理体系结构由"范围""规范性引用文件""术语和定义""组织环境""领导作用""策划""支持""运行""绩效评价"和"改进"10部分组成，详见表9-5。

表9-5 环境管理体系结构

条款	标题	条款	标题
1	范围	4.3	确定环境管理体系范围
2	规范性引用文件	4.4	环境管理体系
3	术语和定义	5	领导作用
4	组织环境	5.1	领导作用和承诺
4.1	理解组织及其环境	5.2	环境方针
4.2	理解相关方需求和期望	5.3	组织的岗位、职责和权限

续表

条款	标题	条款	标题
6	策划	7.5.1	总则
6.1	应对机遇和风险的措施	7.5.2	创建和更新
6.1.1	总则	7.5.3	文件化信息控制
6.1.2	环境因素	8	运行
6.1.3	合规义务	8.1	运行策划和控制
6.1.4	措施策划	8.2	应急准备和响应
6.2	环境目标及其实现策划	9	绩效评价
6.2.1	环境目标	9.1	监视、测量、分析和评价
6.2.2	实现环境目标措施的策划	9.1.1	总则
7	支持	9.1.2	合规性评价
7.1	资源	9.2	内部审核
7.2	能力	9.2.1	总则
7.3	意识	9.2.2	内部审核方案
7.4	信息交流	9.3	管理评审
7.4.1	总则	10	改进
7.4.2	内部信息交流	10.1	总则
7.4.3	外部信息交流	10.2	不符合与纠正措施
7.5	文件化信息	10.3	持续改进

2. 环境管理体系运行模式

环境管理体系运行模式由“策划—支持和运行—绩效评价—改进”构成一个动态循环过程，如图 9–1 所示。这套运行模式与戴明的 PDCA 循环模式相一致，为环境管理提供了一套系统化方法，指导组织合理有效地推行环境管理工作。

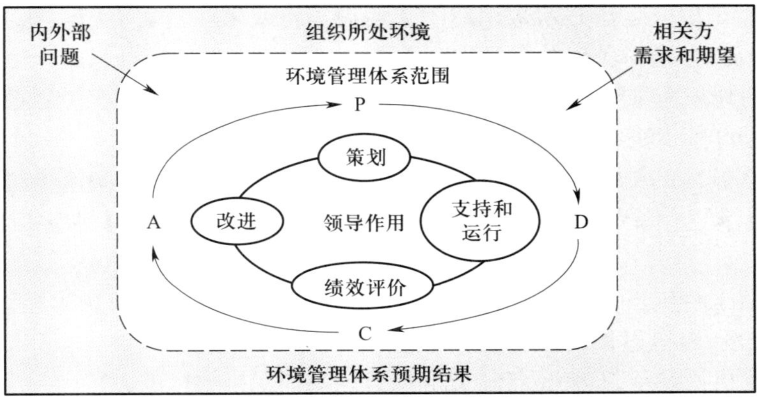

图 9–1　环境管理体系运行模式

(二)施工环境管理的要求和内容

《建筑法》规定,施工单位应当遵守有关环境保护的法律、法规,采取措施控制和处理施工现场各种粉尘、废气、废水、固体废弃物及噪声、振动对环境的污染和危害。施工单位应建立以项目经理为第一责任人的环境管理责任体系,制定施工环境管理制度,定期开展自检、考核和评比工作。当施工现场发生有关环境、卫生等突发事件时,应按相关规定及时向工程所在地建设行政主管部门和相关部门报告,并应配合调查处置。

1. 施工环境因素识别

环境因素是指一个组织的活动、产品或服务中可能与环境发生相互作用的要素。施工环境因素则是指施工现场生产和管理活动中可能与环境发生相互作用的要素。环境因素会给环境造成两种影响:一种是有益影响,另一种是有害影响。有害的环境因素是导致环境污染的根源。

施工环境因素通常包括以下七个方面。

(1)噪声。噪声主要包括施工机械、运输设备、电动工具、模板与脚手架等周转材料的装卸、安装、拆除、清理和修复等产生的噪声。

(2)粉尘。粉尘主要包括场地平整作业、土堆、砂堆、石灰、现场路面、水泥搬运、混凝土搅拌、土工房锯木、现场清扫、车辆进出等引起的粉尘。

(3)废水。废水主要包括混凝土搅拌站、洗车处等产生的生产废水,生活区域的食堂、厕所产生的生活废水。

(4)废气。废气主要包括油漆、油库、化学材料泄漏或是挥发排放的有毒有害气体。

(5)固体废弃物。固体废弃物主要包括建筑渣土、生活垃圾、废包装物、含油抹布等。

(6)振动。振动主要包括打桩、爆破等施工对周边建筑物、构筑物、道路桥梁等市政公共设施的影响。

(7)光污染。光污染主要包括施工现场夜间照明灯光的光污染。

2. 施工环境保护措施

(1)大气污染防治。粉尘和废气是施工现场大气污染的主要来源,防治措施主要包括以下九个方面。

1)施工现场主要道路进行硬化处理。裸露的场地和堆放的土方应采取覆盖、固化或绿化等措施。

2)施工现场土方作业应采取防止扬尘措施,主要道路应定期清扫、洒水。

3)拆除建筑物或者构筑物时,应采用隔离、洒水等降噪、降尘措施,并及时清理废弃物。

4)土方和建筑垃圾运输必须采用封闭式运输车辆或采取覆盖措施。施工现场出口处应设置车辆冲洗设施,并应对驶出的车辆进行清洗。

5)建筑物内垃圾应采用容器或搭设专用封闭式垃圾道的方式清运,严禁凌空抛掷。

6)施工现场严禁焚烧各类废弃物。

7)在规定区域内的施工现场应使用预拌混凝土及预拌砂浆。现场搅拌混凝土或砂浆的场所应采取封闭、降尘、降噪措施。水泥和其他易飞扬的细颗粒建筑材料应密闭存放或采取覆盖等措施。

8)市政道路工程施工进行铣刨、切割等作业时,应采取有效的防扬尘措施。灰土和无机料应采用预拌进场,碾压过程中应洒水降尘。

9)施工现场机械设备、车辆尾气排放应符合国家环保排放标准。

(2)水土污染防治。水土污染防治措施主要包括以下五个方面。

1）施工现场应设置排水管及沉淀池，施工污水应经沉淀处理达到排放标准后，方可排入市政污水管网。

2）废弃的降水井应及时回填，并应封闭井口，防止污染地下水。

3）施工现场临时厕所的化粪池应进行防渗漏处理。

4）施工现场存放的油料和化学溶剂等物品应设置专用库房，地面应进行防渗漏处理。

5）施工现场的危险废物应按国家有关规定处理，严禁填埋。

（3）噪声污染防治。噪声控制技术可从声源、传播途径、接收者防护等方面来考虑。

1）声源控制。在声源上降低噪声是防止噪声污染最根本的措施。尽量采用低噪声设备和加工工艺代替高噪声设备和加工工艺，如低噪声振捣器、风机、电动控压机、电锯等。在声源处安装消声器消声，即在通风机、鼓风机、压缩机、燃气机、内燃机及各类排气放空装置等进出风管的适当位置设置消声器。

2）传播途径控制。传播途径控制主要有吸声、隔声、消声三种措施。①吸声：利用吸声材料（大多由多孔材料制成）或由吸声结构形成的共振结构（金属或木质薄板钻孔制成的空腔体）吸收声能，降低噪声。②隔声：应用隔声结构，阻碍噪声向空间传播，将接收者和噪声声源分隔。隔声结构包括隔音室、隔声罩、隔声屏障、隔声墙等。③消声：利用消声器阻止声音传播而允许气流通过的消声降噪，是防治空气动力性噪声的主要装置。如对空气压缩机、内燃机安装消声装置。

3）接收者防护管理。让处于噪声环境下的人员使用耳塞、耳罩等防护用品，减少相关人员在噪声环境中暴露的时间，以减轻噪声对人体的伤害。

4）人为噪声管理。进入施工现场后，不得高声喊叫、吹哨等。应建立相应的噪声管理制度，增强施工人员防治噪声意识。

在人口稠密的地方进行噪声作业时，应严格控制作业时间，一般晚 10 点至早 6 点之间应停止强噪声作业。遇到特殊情况，确需在夜间施工时，应尽量采取降噪措施，经相关部门同意后方可施工。

（4）光污染防治。光污染防治措施主要包括以下三个方面。

1）尽量避免或减少施工过程中的光污染。夜间室外照明加设灯罩，透光方向集中在施工范围。

2）控制照明光线的角度，灯光尽可能地集中照射，避免干扰周边场所。

3）电焊作业采取遮挡措施，避免电焊光外泄。

（5）固体废弃物处理。固体废弃物处理的基本原则是：采用资源化、减量化和无害化处理，对固体废弃物产生的全过程进行控制。

1）回收利用。回收利用是对固体废弃物进行资源化的重要手段之一，如对建筑渣土可视其情况加以利用，废钢可按需要用作金属原材料。

2）减量化处理。减量化处理是对已经产生的固体废弃物进行分选、破碎、压实浓缩、脱水等以减少其最终处置量，降低处理成本，减少对环境的污染。在减量化处理的过程中，也可采用与其他处理技术相关的工艺方法，如焚烧、热解、堆肥等。

3）焚烧。焚烧用于不适合再利用且不宜直接予以填埋处置的废弃物，除有符合规定的装置外，不得在施工现场熔化沥青和焚烧油毡、油漆，也不得焚烧其他会产生有毒有害和恶臭气体的废弃物。垃圾焚烧处理应使用符合环境要求的处理装置，避免对大气的二次污染。

4）稳定和固化。稳定和固化处理是利用水泥、沥青等胶结材料，将松散的废弃物胶结包裹起来，减少有害物质从废弃物中向外迁移、扩散，减少废弃物对环境的污染。

5）填埋。填埋是将经过无害化、减量化处理的废弃物残渣集中到填埋场进行处置。禁止将有毒有害废弃物现场填埋，填埋场应采用天然或人工屏障。

二、绿色建造

绿色建造是指着眼于建设工程设计和施工全过程，在保证质量和安全的前提下，通过科学管理和技术进步，最大限度地节约资源、保护环境，生产健康、适用和高效的建筑产品的活动。绿色建造是工程建设领域贯彻落实绿色发展理念的重要环节和必要条件。

（一）绿色设计

绿色设计是指在工程设计过程中体现可持续发展理念，在满足建筑功能的基础上，实现建筑全寿命期的资源节约和环境保护，为人类提供健康、适用和高效的使用空间。绿色设计需要综合考虑建筑产品的安全耐久、健康舒适、生活便利、资源节约和环境宜居。

1. 安全耐久

（1）应满足场地安全，避开滑坡、泥石流等地质危险地段，易发生洪涝地区应有可靠的防洪涝基础设施；场地应无危险化学品、易燃易爆危险源的威胁，应无电磁辐射、含氡土壤的危害。

（2）主体结构、非结构构件、设备和附属设施应满足安全性、耐久性和防护要求。

（3）能提供保障人员安全的措施，走廊、疏散通道等通行空间应满足紧急疏散、应急救护等要求，且应保持畅通；应具有安全防护的警示和引导标识系统。

2. 健康舒适

（1）室内空气品质、水质、声环境、光环境、热环境和热湿环境应符合国家相关标准规范的要求。

（2）各功能区域布局合理，避免厨房、餐厅、打印复印室、卫生间、地下车库等区域的空气和污染物串通到其他空间；应防止厨房、卫生间的排气倒灌。

3. 生活便利

（1）出行便捷，场地人行出入口 500 m 内应设有公共交通站点，或配备联通公共交通站点的专用接驳车。

（2）室内外公共区域满足全龄化、无障碍设计要求。

（3）提供便利的公共服务，城市绿地、广场、公共运动场、学校步行可达。

（4）提供智慧运行系统，对能源、空气质量、用水、用电和其他环境条件进行监测和查询服务。

（5）建立完善的物业管理制度，贯彻能源节约、绿色环保的物业管理文化。

4. 资源节约

（1）应结合场地自然条件和建筑功能需求，对建筑形体、平面布局、空间尺度、围护结构等进行节能设计，且应符合国家有关节能设计要求。

（2）建筑造型要素应简约，应无大量装饰性构件，并应符合下列规定：住宅建筑的装饰性构件造价占建筑总造价的比例不应大于 2%；公共建筑的装饰性构件造价占建筑总造价的比例不应大于 1%。

（3）建筑材料应符合 500 km 以内生产的建筑材料重量占建筑材料总重量的比例大于 60% 的要求；现浇混凝土应采用预拌混凝土，建筑砂浆应采用预拌砂浆。

（4）节约集约利用土地，合理开发利用地下空间。

（5）优化维护结构的热工性能；提高供暖、制冷设备的性能；结合当地气候和自然资源条件，合理利用可再生能源。

（6）提高卫生器具的用水效率；绿化灌溉及空调冷却水系统采用节水设备或技术；结合雨水综合利用设施营造室外景观水体，室外景观水体利用雨水的补水量大于水体蒸发量的60%；使用非传统水源。

（7）所有区域实施土建工程与装修工程一体化设计及施工；选用可再循环材料、可再利用材料及利废建材；选用绿色建材。

5. 环境宜居

（1）建筑规划布局应满足日照标准，室外热环境应满足国家有关标准；场地内不应有排放超标的污染源。

（2）场地生态和景观应符合工程所在地城乡规划要求，应合理选择绿化方式。

（3）室外环境噪声满足相关标准规范要求；建筑及照明设计避免产生光污染；场地内风环境有利于室外行走、活动舒适和建筑的自然通风；降低热岛强度。

（二）绿色施工

绿色施工是指在保证质量、安全等基本要求的前提下，以人为本，因地制宜，通过科学管理和技术进步，最大限度地节约资源，减少对环境负面影响的工程施工活动。

1. 绿色施工基本要求

绿色施工应遵循以人为本、因地制宜、环保优先、资源高效利用的原则。工程项目部应建立以项目经理为第一责任人的绿色施工管理体系，包括环境保护、节材与材料资源利用、节水与水资源利用、节能与能源利用、节地与土地资源保护、人力资源节约与保护六大要素。

（1）环境保护。应符合下列基本要求：

1）应建立环境保护管理制度；

2）绿色施工策划文件中应包含环境保护内容；

3）施工现场应在醒目位置设环境保护标识；

4）工程项目部应对施工现场的古迹、文物、墓穴、树木、森林及生态环境等采取有效保护措施，制定地下文物保护应急预案；

5）施工现场不应焚烧废弃物；

6）土方回填不得采用有毒有害废弃物。

（2）节材与材料资源利用。应符合下列基本要求：

1）应建立材料采购、限额领料、建筑垃圾再生利用等管理制度；

2）绿色施工策划文件中应涵盖节材与材料资源利用的内容；

3）应具有满足工程进度要求的具体材料进场计划；

4）应就近选择工程材料，并有进场和运输消耗记录。

（3）节水与水资源利用。应符合下列基本要求：

1）应建立水资源保护和节约管理制度；

2）绿色施工策划文件中应涵盖节水与水资源利用的内容；

3）应制定水资源消耗总目标和不同施工区域及阶段的水资源消耗指标；

4）施工现场的办公区、生活区、生产区用水应单独计量，并建立台账；

5）施工现场供水线路及末端不得有渗漏问题；

6）签订标段分包或劳务合同时，应将节水指标纳入合同条款。

（4）节能与能源利用。应符合下列基本要求：

1）应建立节能和能源利用管理制度；

2）绿色施工策划文件中应涵盖节能与能源利用的内容；

3）应编制施工设备总体耗能计划，对进场重大设备进行能耗评估，设备进场后建立主要耗能设备清单；

4）施工现场的办公区、生活区、生产区用电应单独计量，并建立台账。

（5）节地与土地资源保护。应符合下列基本要求：

1）应建立节地与土地资源保护管理制度；

2）绿色施工策划文件中应涵盖节地与土地资源保护的内容；

3）应了解施工场地及毗邻区域内人文景观、特殊地质及基础设施管线分布情况，制定相应的用地计划和保护措施，并报请相关方核准；

4）应合理布置施工场地，并实施动态管理；

5）未经相关政府管理部门许可，不得在农田、耕地、河流、湖泊、湿地弃渣；

6）在生态脆弱地区施工完成后，应进行施工区域内的植被和地貌复原。

（6）人力资源节约与保护。应符合下列基本要求：

1）应建立人力资源节约和保护管理制度；

2）绿色施工策划文件中应涵盖人力资源节约与保护的内容；

3）施工现场人员应实行实名制管理；

4）现场食堂应有卫生许可证，炊事员应持有有效健康证明；

5）关键岗位人员应持证上岗；

6）应针对空气污染程度，采取相应措施；严重污染时，应停止施工。

2. 绿色施工评价

绿色施工评价可根据《建筑工程绿色施工评价标准》（GB/T 50640—2010）进行。

（1）绿色施工评价基本要求。

1）绿色施工项目应符合下列规定：①应建立健全的绿色施工管理体系和制度；②应具有齐全的绿色施工策划文件；③现场应设立清晰醒目的绿色施工宣传标识；④应建立专业培训和岗位培训相结合的绿色施工培训制度，并有实施记录；⑤应开展绿色施工批次和阶段评价，并记录完整，评价频次符合要求；⑥在实施过程中，应注重采集和保存绿色施工典型图片或影像资料，覆盖面满足要求；⑦应保存齐全的批次和阶段评价中持续改进的资料；⑧应推广应用建筑业十项新技术，重视“四新”技术应用；⑨签订分包或劳务合同时，应包含绿色施工指标要求。

2）发生下列事故之一的，不得被评为绿色施工合格项目：①发生安全生产死亡责任事故；②发生重大质量事故，并造成社会影响；③发生群体传染病、食物中毒等责任事故；④施工中因“环境保护与资源节约”问题被政府管理部门处罚；⑤违反国家有关“环境保护与资源节约”的法律、法规，造成社会影响；⑥施工扰民造成社会影响。

（2）绿色施工评价框架体系。绿色施工评价应在对绿色施工影响因素分析的基础上，依据绿色施工策划文件，对工程实施过程进行评价。建筑工程绿色施工评价框架体系如图 9-2 所示。

1）评价阶段：宜按地基与基础工程、结构工程、装饰装修与机电安装工程三个阶段进行。

2）评价要素：包括环境保护、节材与材料资源利用、节水与水资源利用、节能与能源利用、节地与土地资源保护、人力资源节约与保护六个要素。

3）评价指标：应由控制项、一般项、优选项三类评价指标组成。其中，控制项是绿色施工过程中必须达到的基本要求条款；一般项是绿色施工过程中根据实施情况进行评价，难度和要求适中的条款；优选项是绿色施工过程中实施难度较大、要求较高的条款。

4）评价等级：分为不合格、合格和优良三个等级。

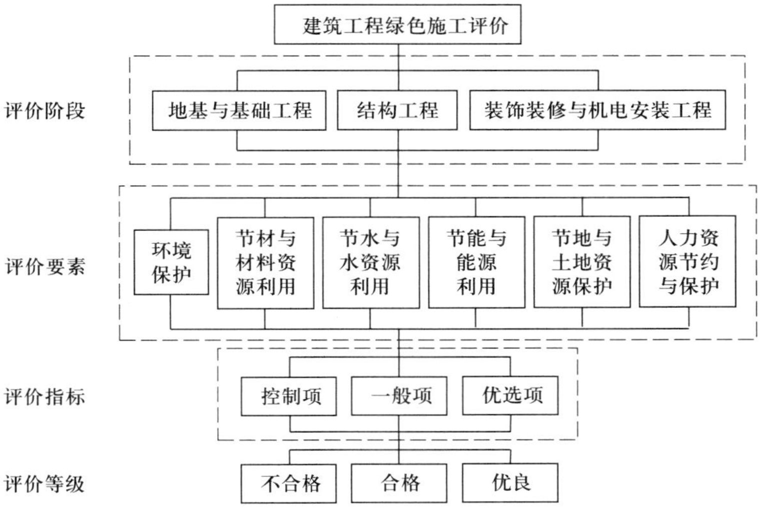

图 9-2　建筑工程绿色施工评价框架体系

第十章 建设工程项目管理信息化

工程项目策划决策和建设实施过程，不仅是物质生产过程，而且还是信息的生产、处理、传递和应用过程。工程项目信息资源的组织与管理对项目成功实施有着重要作用。工程项目的实施需要人力资源和物质资源，信息资源也是工程项目实施的重要资源。信息是工程项目实施和管理的依据，是决策的基础，是组织要素之间联系的主要内容，是工作过程之间逻辑关系的桥梁。反过来，工程项目的实施又不断地产生新的信息。事实上，工程项目的实施过程是物质过程和信息过程的高度融合。

第一节 工程项目信息管理与信息系统

一、信息与数据

（一）信息的内涵与特点

1. 信息的内涵

信息（Information）一词来源于拉丁文，意思是解释、陈述。自美国贝尔实验室的申农第一次将其作为通信理论的专门术语进行深入研究并提出科学概念以来，信息这一概念已广泛渗透到其他各门学科，成为一个内容丰富、运用极广的概念。信息在自然界、社会以及人体自身都广泛存在着，人类进行的每一次社会实践、生产实践和科学实验都在接触信息、获得信息、处理信息和利用信息。

信息是指用口头方式、书面方式或电子方式传输（传达、传递）的知识、新闻，以及或可靠或不可靠的情报。声音、文字、数字和图像等都是信息的表达形式。在管理科学领域，信息通常被认为是一种已被加工或处理成特定形式的数据。信息的接收者将依据信息对当前或未来行为作出决策。工程项目信息是指反映和控制工程项目管理活动的信息，包括各种报表、数字、文字、图像等。

2. 信息的特点

与人们一般意义上理解的消息不同，信息在产生、传递和处理过程中具有以下特性和要求。

（1）信息的准确性。信息客观反映现实世界事物的程度被称为准确性。通常人们希望获得的信息是准确的，而事实并非总是如此。信息的准确与否增加了信息收集鉴别的工作量，此外，信息的准确性还要求传送和储存时不能失真。

（2）信息的时效性。信息是有生命周期的，在生命周期内信息有效。为保证信息有效，要求配备有快速传递消息的通道，同时也要求信息流经处理的道路最短，而且中间的停顿最少。

（3）信息的有序性。信息的有序性即信息发生前后之间存在一定的关系，在时间上是连贯的、相关的和动态的。人们可以利用过去信息的有序性分析现在，并依据过去和现在预测将来。为保证信息的有序性，需要连续收集信息、存储信息和快速进行信息检索。

（4）信息的共享性。信息的共享性表现在许多单位、部门和个人都能使用同样的信息。如在工程项目决策和实施过程中，许多信息可以被各个部门所使用，这样既可以保证各个部门使用信息的统一性，也保证了决策的一致性。为保证信息的共享性，需要利用网络技术和通信设备。

（5）信息的可储存性。它是指信息存储的可能性。信息的多种形式必然产生多种存储方式，并影响其可存储性。信息的可存储性主要表现在以下五个方面：①能存储信息的真实内容而不畸变；②能在较小空间中存储更多信息；③能安全存储而不丢失；④能在不同形式和内容之间很方便地进行转换和连接；⑤能在已存储的信息中随时随地以最快的速度检索出所需信息。

（6）信息的适用性。信息是一种资源，但用来辅助决策的信息资源的利用价值可因人、因事、因时和因地而异，这就是信息的适用性。也就是说，信息资源的价值与不同的时空和用户有关。

（7）信息的系统性。信息的系统性包含信息构成的整体性、信息构成的全面性、信息运动的连续性和信息运动的双向性等方面内容。

（二）数据及其与信息的关系

数据是用来记录客观事物的性质、形态、数量和特征的抽象符号。不仅文字、数字和图形可以看作是数据，声音、信号和语言也可以被认为是数据。

信息是根据需求，将数据进行加工处理转换的结果。可以将同一组数据按管理层次和职能不同，加工成不同形式的信息；不同数据如采用不同的处理方式，也可以得到相同的信息。数据转化为信息的方式，如图 10–1 所示。

图 10–1　数据转化为信息的方式示意图

二、工程项目信息管理及其发展

（一）工程项目信息管理

工程项目信息包括：在项目决策过程、实施过程（设计准备、设计、施工和物资采购过程等）和运行过程中产生的信息，以及其他与项目建设有关的信息，包括项目的组织类信息、管理类信息、经济类信息、技术类信息和法规类信息。每类信息根据工程建设各阶段项目管理的工作内容又可进一步细分。如工程项目的组织类信息可以包含所有项目建设参与单位、项目分解及编码信息、管理组织信息等。工程项目的管理类信息包括项目投资管理、进度管理、合同管理、质量管理、风险管理和安全管理等各方面信息。工程项目的经济类信息包括资金使用计划，工程款支付，材料、设备和人工市场价格等信息。工程项目的技术类信息包括国家或地区的技术规范标准、项目设计图纸、施工技术方案和材料设备技术指标等信息。工程项目的法规类信息包括国家或地方的建设程序法规要求等。工程项目信息有很多分类方法，如可以按照信息产生的阶段、信息的管理层次和适用对象信息的稳定程度（相对固定和变动信息）等进行划分。进行工程项目信息分类标准化的研究和实践对整个建筑行业的发展有重要的理论和实践意义。

信息管理是对信息的收集、加工、整理、存储、传递与应用等一系列工作的总称。信息管理的目的就是通过有组织的信息流通，使决策者能及时、准确地获得相应的信息。为了达到信息管理的目的，就要把握信息管理的各个环节，并做到：①了解和掌握信息来源，对信息进行分类；②掌握和正确运用信息管理的手段（如计算机）；③掌握信息流程的不同环节，建立信息管理系统。

工程项目信息管理是指通过对各个系统、各项工作和各种数据的管理，使工程项目信息能方便和有效地获取、存储、存档、处理和交流。工程项目信息管理旨在通过信息传输的有效组织管理和控制为工程项目建设提供增值服务。

（二）工程项目信息管理的发展

工程项目管理信息化随着信息技术的不断进步而有了快速发展，自 20 世纪 70 年代开始，信息技术不断地迅速发展，在工程项目管理中的应用也日益广泛。工程项目管理信息系统（Project Management Information System，PMIS）、项目信息门户（Project Information Portal，PIP）、建筑信息模型（Building Information Modeling，BIM）则是各个阶段代表性的技术应用，工程项目信息管理的发展如图 10–2 所示。

图 10–2　工程项目信息管理的发展

1. 工程项目管理信息系统（PMIS）

20 世纪七八十年代，最初出现的是以解决某一问题为目的的单纯程序，如财务、材料、进度管理等软件。随着信息技术的发展，这些单项程序开始逐步集合形成程序系统，而后发展成为工程项目管理信息系统。PMIS 随着项目管理理论、实践和信息技术的发展而产生，为工程建设管理和实施方（业主、设计方、承包商、供货商和咨询机构等）的项目管理工作提供信息处理结果和管理依据，为实现工程项目管理目标而服务，成为工程项目管理人员进行信息管理的重要手段。

PMIS 主要运用工程项目管理理论和方法，采用动态控制原理，将项目管理的投资、进度和质量等实际值与计划值相比较，找出偏差，分析原因，采取措施，从而达到目标控制的目的。因此，PMIS 主要包括项目投资控制、进度控制、质量控制、合同管理和系统维护等功能模块。运用 PMIS 是为了及时、准确和完整地收集、存储和处理工程项目的投资、进度、质量及合同等计划与实际信息，以迅速采取措施，尽可能好地实现工程项目目标。

2. 项目信息门户（PIP）

项目信息门户是 20 世纪 80 年代末、90 年代初发展起来的基于网络平台的工程项目管理，其技术基础是网络平台，是在局域网或互联网上构建的信息沟通平台。

项目信息门户是指在网络基础上对项目信息进行集中存储和管理的系统，它为项目用户提供个性化的项目信息入口，并提供相互之间信息交流和沟通的渠道，从而为工程参建各方营造一个高效、稳定、安全的项目管理工作网络环境。

3. 建筑信息模型（BIM）

20 世纪末、21 世纪初在计算机辅助设计与绘图（CAD）基础上发展起来的建筑信息模型，是以三维数字技术为基础、集成工程项目各种相关信息的数据模型，是对工程项目相关信息的详尽表达，是对一个设施实体和功能特性的数字化表达方式，用以解决建设工程在软件中的描述问题，使设计人员和工程技术人员能够对各种建筑信息作出正确应对，并为建设工程全寿命期集成管理提供坚实基础。因此，从建设工程整个寿命期最开始，BIM就作为一个共享知识资源，成为实施管理和决策的可靠依据。

具体来说，建筑信息模型技术是指建筑信息模型的建立、维护和应用技术。美国国家建筑科学研究院对BIM给出如下三种定义。

（1）第一种定义，BIM可以被认为是描述建筑的结构化数据集（a Structured Dataset Describing a Building），此时BIM的英文全称为Building Information Model。

（2）第二种定义，BIM可以被理解为一种过程——创建建筑信息模型的行为（the Act of Creating a Building Information Model），是建筑信息模型化过程，此时BIM的英文全称为Building Information Modeling。

（3）第三种定义，BIM可以被理解为是提高质量和效率的工作与沟通的业务框架（Business Structures of Work and Communication that Increase Quality and Efficiency），此时BIM的英文全称为Building Information Management。

上述定义中的Building Information Modeling，作为BIM的定义被业界广泛使用，即强调建立建筑模型的活动过程，包括建模技术及流程。

此外，BIM数据在模型中的存在以多种数字技术为依托，且以这一数字信息模型为基础，为工程建设各项相关工作服务。也就是说，BIM模型是一个多种数字技术支撑的数据模型，建设工程项目与之相关的各项工作都可以从建筑信息模型中获取各自需要的信息，既可支持相应工作又能将相应工作信息反馈到模型中。

更为重要的是，BIM结构是一个包含有数据模型和行为模型的复合结构，除包含与几何图形及数据有关的数据模型外，还包含与管理有关的行为模型，两者相结合通过关联为数据赋予意义，因而可用于模拟真实世界的行为，例如，模拟建筑结构应力状况、围护结构传热状况等。应用BIM技术，可以支持项目各种信息的连续应用及实时应用，这些信息质量高、可靠性强、集成程度高且完全协调，可大大提高整个工程建设的质量和效率，成本显著降低。

因此，BIM技术不仅是简单地将数据信息进行集成，它还是将建设工程数据信息应用于设计、建造和管理过程的一种方法，这种方法支持建设工程集成管理环境，可以在整个工程建设进程中显著提高管理效率，并大大减少风险。

三、工程项目管理信息系统

工程项目管理信息系统（PMIS）是以项目管理知识体系思想为指导，在统一框架体系下进行的项目管理业务处理系统，涵盖投资（成本）管理、进度管理、质量管理、安全管理、资源管理、文档管理及事务管理等功能。

工程项目管理信息系统与管理信息系统是两个完全不同的信息系统。工程项目管理信息系统是计算机辅助工程项目目标控制的信息系统，它的功能是针对工程项目的投资（成本）、进度、质量、安全目标的规划和控制而设立的。管理信息系统是计算机辅助企业管理的信息系统，它的功能是针对企业的人、财、物、产、供、销的管理而设立的。

针对工程建设参与各方的工程项目管理，即建设单位（业主方）、设计方、施工方、供货方、建设项目总承包方的工程项目管理，形成了不同类型的项目管理信息系统。

（一）工程项目管理信息系统结构与功能

工程项目管理信息系统结构如图10-3所示，主要由投资（成本）控制、进度控制、质量控制、HSE（职业健康、安全、环境）管理、合同管理五个子系统组成，五个子系统共享数据库，既相对独立又互有联系。

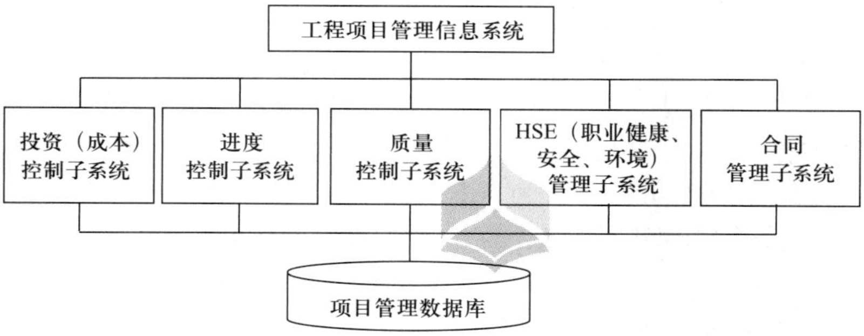

图 10–3　工程项目管理信息系统结构

1. 投资（成本）控制子系统功能

投资（成本）控制子系统的基本设想是通过工程项目的投资（成本）计划和投资（成本）实际值的不断比较，使投资（成本）控制者及时获得信息，以控制项目计划投资（成本）目标的实现。

在工程建设过程中，与项目投资有关的费用有投资估算、设计概算、施工图预算、标底（招标控制价）、投标价、合同价、工程结算、竣工决算等。投资计划值与实际值的比较是一个动态的过程，即将以上与投资有关的费用进行比较，从中发现投资偏差。如果将工程设计概算作为计划投资目标值，在进行概算和预算比较时，概算是计划值，预算是实际值；在进行预算与合同价比较时，预算是计划值，合同价是实际值；在进行合同价与结算比较时，合同价为计划值，结算为实际值。而投资控制子系统的基本功能是开展投资切块分析，编制项目设计概算和预算，进行投资切块与项目设计概算的对比分析、项目设计概算与预算的对比分析、预算与合同价的对比分析、合同价与工程结算的对比分析、项目投资的变化趋势预测、项目投资的各类数据查询，提供针对不同管理平面的项目投资报表等。

投资（成本）控制子系统实施的基本方法是将工程项目总投资按照投资控制项进行切块，求出项目投资（成本）计划值与实际值的差及该差值在投资（成本）计划值中所占比例，尤其应注重占据 80% 项目总投资（成本）额的 20% 的投资（成本）控制项。

2. 进度控制子系统功能

进度控制子系统的基本设想是通过对项目计划进度和实际进度的不断比较，进度控制者可及时获得反馈信息，以控制项目实施进度。

进度控制子系统的基本功能是编制双代号网络计划、单代号搭接网络计划和多平面群体网络计划，进行工程实际进度的统计分析、实际进度与计划进度的动态比较、工程进度变化趋势预测、计划进度的定期调整、工程进度各类数据的查询，提供针对不同管理平面的工程进度报表，绘制网络图和横道图等。

进度控制子系统实施的基本方法是网络计划编制方法、计划进度与实际进度比较方法。计划进度和实际进度的比较可通过工作开始时间、工作完成时间、完成率、形象进度的比较来实现。

3. 质量控制子系统功能

质量控制子系统的基本设想是辅助制定工程项目质量标准和要求，通过工程项目实际质量与质量标准、要求的对比，使质量控制者及时获得信息，以控制工程项目质量。

质量控制子系统的基本功能是制定工程项目建设的质量要求和质量标准，开展分项工程、分部工程和单位工程的验收记录及统计分析，进行工程材料验收记录、机电设备检验记录（包括机电设备的设计质量、监造质量、开箱检验情况、资料质量、安装调试质量、试运行质量、验收及索赔情况)、工程设计质量鉴定记录、安全事故处理记录,提供工程质量报表等。

质量控制子系统实施的基本方法是质量数据的存储、统计和比较。

4. HSE(职业健康、安全、环境)管理子系统功能

HSE 管理子系统的基本设想是将职业健康、安全和环境保护的理念融入工程项目管理活动全过程,通过规范安全健康环境管理业务流程,实现对工程项目建设全过程的监督、管理,保障整个工程安全文明施工和交付。

HSE 管理子系统的基本功能,包括实现对 HSE 类体系、文件及安全方案的审批管理,危险源识别与控制,检查和考核过程控制,人员机具和车辆管理,安全事故报告的记录与统计及其他功能,具体包括以下七个方面的内容。

(1)按照施工过程 WBS、特种资源和区域等对现场的不安全因素进行识别,尽可能全面地找出影响项目目标实现的风险事件,并依其对项目目标的影响程度和潜在损失的大小进行排序,列出详细的危害因素清单,并落实危害因素的责任人。

(2)将项目危害因素的不确定性进行定量化,用概率论来评价项目风险的潜在影响。

(3)安排制订安全计划(损失预防计划)、安全措施和安全预案。

(4)安全法规教育、安全技术培训、安全活动、安检人员、特种作业人员、相关安全作业票、劳保用品领用管理等功能。

(5)HSE 体系和 HSE 类文件审批。项目监理机构对承包商安全管理组织保证体系、施工安全生产保证体系、施工安全生产责任制等 HSE 体系和 HSE 类文件审批并分级共享。

(6)安全检查、考核管理及不合格整改管理功能。

(7)安全事故的记录和统计等。

HSE 管理子系统实施的基本方法包括:安全健康环境保障体系的建立、监督、监察,安全计划、安全教育培训,安全健康环境检查与反馈,不符项管理、安全考核,风险控制及危险点分析,重要物项管理等。

5. 合同管理子系统功能

合同管理子系统的基本设想是对涉及工程项目勘察设计、采购、施工、工程监理、咨询和科研等全部项目实施合同的起草、签订、跟踪管理、归档、索赔等全部环节,进行辅助管理。

合同管理子系统的基本功能是提供和选择标准的合同文本,开展合同文件及资料管理、合同执行情况的跟踪和处理过程管理、涉外合同外汇折算、经济法规库(国内外经济法规)查询,提供合同管理报表等。

合同管理子系统实施的基本方法是用于合同文本起草和修订的公文处理及合同信息的统计,通过合同信息的统计可以获得月度、季度、年度的应付款额、合同总数等信息。

(二)工程项目管理信息系统的实施

应用工程项目管理信息系统的必备条件如图 10-4 所示。

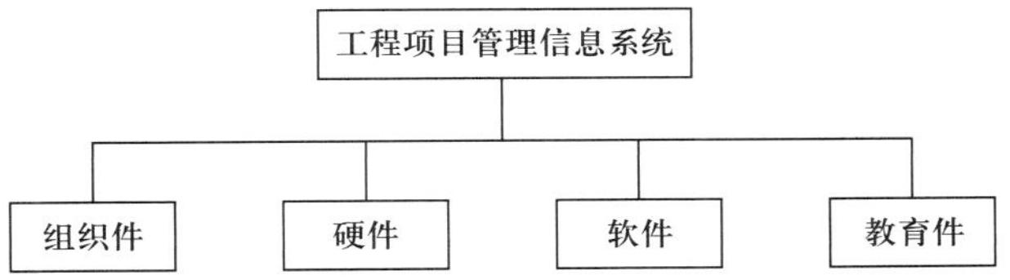

图 10-4　工程项目管理信息系统的必备条件

1. 组织件

组织件即明确的工程项目管理组织结构、工程项目管理工作流程和工程项目信息管理制度。工程项目信息管理制度是实施工程项目管理信息系统的基础，是软件系统能够正常运行的组织保证。

工程项目信息管理制度包含以下三项内容。

（1）项目管理信息结构图，是对项目管理组织结构图中各部门对外主导信息流程的规定。

（2）项目管理信息编码，包含项目编码、参与项目实施的单位和部门的组织编码、投资控制信息编码、进度控制信息编码、质量控制信息编码、HSE 管理信息编码、合同管理信息编码等。

（3）信息卡和信息处理表，即对每一条信息均明确信息分类编号、名称、内容、提供者、提供时间、处理者、处理结果、接收和归档者。

2. 硬件

硬件即计算机设备，一般包括服务器、小型机、微机和微机网络等。

3. 软件

软件即保证工程项目管理信息系统正常运行的操作系统、系统软件和应用软件等软件环境。

4. 教育件

教育件即对计算机操作人员、工程项目管理人员和领导进行培训。

计算机辅助工程项目管理是现代化项目管理的必备手段，许多工程项目的建设单位均有运用工程项目管理信息系统的迫切要求，而要成功地运用工程项目管理信息系统必须在组织件、教育件上下功夫。

第二节　项目信息门户（PIP）

一、项目信息门户的特点和功能

项目信息门户是电子商务技术在工程项目实施中应用的具体表现。作为一种技术工具和技术手段，项目信息门户也是工程项目实施在信息时代的一个重大组织变革，国际学术界和工程界认为它是工程管理的一场革命。

不同于传统意义上的文档管理，项目信息门户可以实现多项目之间的数据关联，更强调项目团队的协作性并为之提供多种工具。项目信息门户可以通过在线查看、批注、讨论和自动通知等工具为项目参与各方创造一个多方的网上交流与协同的工作环境，打破传统的组织障碍，加快项目文档流转和决策支持过程。项目团队还可以利用项目信息门户中内置的表单和标准工作流程，在线进行信息询问、审批提交及变更申请等项目在建设过程中的日常业务，通过任务分派，明确并固化管理职责。

（一）项目信息门户的特点

1. 项目信息门户与工程项目管理信息系统（PMIS）的区别与联系

（1）PMIS 是参与项目的某一方或多方，为有效控制项目投资、进度、质量目标，主要利用信息处理技术，处理与项目目标控制有关的结构化数据，为工程项目管理者提供信息处理结果。项目参与各方有各自的工程项目管理信息系统（PMIS），是一个相对封闭的信息系统，工程项目管理信息系统（PMIS）的核心功能是目标控制。而项目信息门户（PIP）则是项目参与各方为有效地进行信息沟通和共享，利用信息管理和通信技术，提供个性化的信息获取途径和高效协同工作的环境，可以集中存储、处理工程项目管理信息系统（PMIS）所产生的目标控制数据。项目的成功既需要工程项目管理信息系统(PMIS)提供有效的目标控制功能，也需要项目信息门户(PIP)提供良好的信息沟通和协作功能。

(2)工程项目管理信息系统(PMIS)以专业功能见长，而项目信息门户(PIP)在基于Web的跨组织多方协同工作平台、多种应用和信息的集成、决策支持三个方面具有明显优势。

项目信息门户(PIP)的核心是针对项目信息提供的单一入口，为工程项目各参与方通过彼此之间的网络连接进行个人定制化的按需获取项目信息服务，而这些信息服务的收集渠道则是在生产过程中工程项目参与各方随着项目进展产生的各类信息的综合。这是基于互联网自身开放属性下的工作门户交流，同时为工程项目所有参与人员提供详尽周到的项目信息共享结果、信息、交流环境和进行协同合作(Cooperation)的环境构建。

项目信息门户(PIP)改变工程建设过程中的交流方式见图10-5。

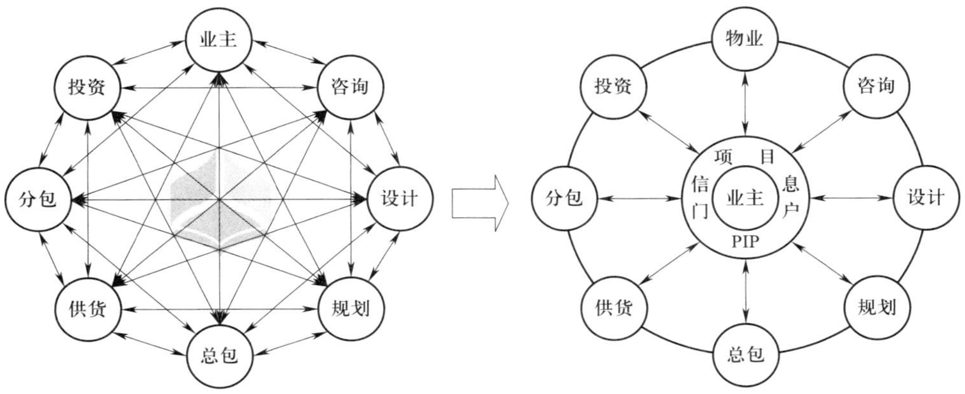

图10-5 项目信息门户(PIP)改变工程建设过程中的交流方式

从总体形势上来看，项目信息门户(PIP)自身并不是由一款或者几款特定的软件构成的，而是当前在国际工程建设领域基于一系列高效的互联网技术和标准进行的信息交流系统构架的综合体。在欧洲和北美等工业发达国家，项目信息门户(PIP)已得到十分广泛的使用且还在继续被大力推广。

2. 项目信息门户(PIP)的管理及交流特点

与传统的工程项目信息管理方式相比，项目信息门户(PIP)的管理及交流方式至少有以下三个全新特点。

(1)项目信息门户(PIP)是对信息自身的存储和沟通进行了各种意义上的增强。项目信息门户(PIP)的核心管理理念就是以项目为整个活动的圆心，对整个信息进行集中及共享式高效存储和管理，与传统方式相比，这种方式对信息自身进行交流的效率及信息交流成本都进行了大幅度优化，使得整体信息的交流具有相当高的稳定性、准确性及对于信息反馈速度极高的按时性。

(2)项目信息门户(PIP)大幅度地提高了信息自身的可获得性和可重视性。如果参与者使用项目信息门户(PIP)并以其作为当前项目信息的主要获取途径，项目信息的基本使用者就可以不受当前时间点和使用位置的限制，也会使得当前的项目信息获取方式更加简化。同时，项目信息门户(PIP)的自身构建可以对信息自身的传送方式进行更改，并且可以根据计算机网络的信息交流构架对当前信息的可重视性及可重复利用性进行增强构建。

(3)项目信息门户(PIP)改变了当前构架下的项目信息自身获取的可使用途径，从被动的信息获取变成主动获取。在传统的工程项目信息管理模式中，项目参与者对于当前必要信息的获取方式是信息推送(Information Push)，而这种方式的特点是面面俱到、大而全、无重点，导致有效信息被埋藏于海量的无效信息中，也就是"信息过载"（Information Overloading）。但项目信息门户（PIP）可以通过对信息的高效聚集表达，以及对于信息进行条理化的高效管理，使得信息可以在参与者有意识的前提下进行个性化的获取，也就是参与者可以根据自身需求对于当前的信息进行"拉取"（pull），这就直接缓解了信息过载的情况。

（二）项目信息门户的功能

1. 核心功能

项目信息门户的核心功能包括：信息交流（Project Communication）、文档管理（Document Management）、协同工作（Project Collaboration）。

（1）项目参与各方的信息交流，主要是使业主方及项目参与各方之间在项目范围内进行信息交流和传递。如电子部件传递信息功能、预定项目文档的变动通知功能等。

（2）项目文档管理，包括文档查询、文档上传和下载、文档在线修改及文档版本控制等功能。如在建设工程项目全寿命管理（BLM）模式下，项目信息门户（PIP）的文档管理功能与BIM的设计文档生成功能必须进行有效集成，保证设计文档的及时更新和正确的版本信息。

（3）项目参与各方的协同工作，主要体现在能够使项目参与各方在项目信息门户（PIP）中在线完成同一份工作，如工程项目相关事项的讨论功能、在线图纸信息编辑功能、在线报批功能。

在进行项目协同工作中，所谓的虚拟现实一般是指通过某种转换，把CAD的3D模型建构转换成虚拟现实模型建构语言且将其放置在网页上，可以让参与者都看到整体建筑完成后可能会出现的三维效果。同时，基于项目管理门户的各类管理及有针对性的软件共享也都会归结到协同工作范畴。

上述功能概括是一种理想状态构建下的系统功能定义。在实际运用中，还需要对具体项目进行分析，探索和研究项目流程的具体情况，以便使整个项目流程在可能的情况下最大程度地增值。

2. 扩展功能

项目信息门户（PIP）的产品还有一些扩展功能，如多媒体信息交互、电子商务功能等。图10-6所示是项目信息门户（PIP）与工程项目管理信息系统（PMIS）之间的关系及工作机制，涵盖了目前一些基于互联网的项目信息门户商品软件和应用服务的主要功能，是较为系统全面的基于互联网的项目信息门户（PIP）的功能架构，在具体工程建设应用中可结合工程实际情况进行适当选择和扩展。

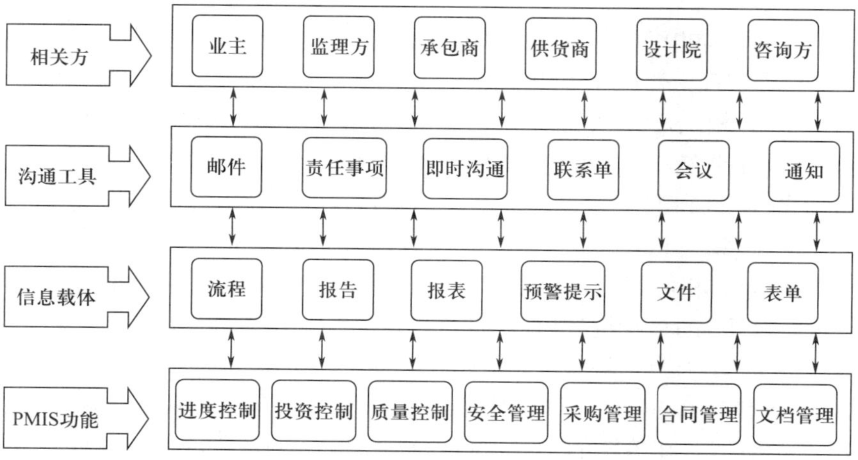

图10-6　项目信息门户（PIP）功能架构及与工程项目管理信息系统（PMIS）关系示意图

项目信息门户（PIP）借助现代信息技术建立一个信息平台，供工程项目参与各方共同使用，通过参与各方之间的协作和沟通，实现优势互补，从而使工程项目的整体效益最大化，进而实现参与各方利益，达到参与各方"共赢"的最终目的。

二、项目信息门户的应用

（一）项目信息门户的应用优势

（1）有利于项目信息的集中存储和管理。与传统的工程项目信息分散保存和管理不同，项目信息门户是以工程项目为中心，对项目信息进行集中存储和管理，在分散的项目参与各方之间实现信息共享，有利于提高信息交流效率，降低信息交流成本，提高信息交流的稳定性、准确性和及时性。项目信息门户不是一个简单的文档系统，它是通过信息的集中管理和门户设置为项目参与各方提供一个开放、协同、个性化的信息交流平台。

（2）为项目用户提供个性化信息入口，有利于相互之间进行信息沟通。根据项目实施需要和项目岗位责任设置情况，项目信息门户为每一项目成员设定了相应的信息处理和信息管理的职责和权限。在职责许可的条件下，项目成员可以从项目信息门户最大限度地获取所需要的工程项目信息，在系统设定的范围和工作流程内有效地处理和利用工程信息，实现对工程项目信息管理全过程的有序和有效参与，从而提高对工程项目信息利用的效率，降低因信息缺损导致的工程决策失误。

（3）有利于形成一个共同、高效、稳定、安全的工作环境。项目信息门户使项目信息的传递和处理变得异常方便和灵活，项目参与各方都可以根据需要，在系统许可的情况下利用系统所提供的便利进行工作，不受时间和地点的限制，从而大大提高工作效率，并形成一个共同、高效的工作环境。同时，由一个系统软件在网络环境下对建设工程项目的信息存储、管理和交流等工作活动进行管理和监控，避免了人为情况下的很多不稳定和不安全因素，从而也为工程项目提供一个稳定和安全的工作环境。

（二）项目信息门户的实施模式

根据项目特点、规模、项目参与方状况及信息化程度不同，项目信息门户实施模式也有所不同。一般来说，可以选择自行开发、购买商品化解决方案及租用应用服务供应商提供的服务（ASP 服务）三种模式。前两种模式可以统称为"in house"模式，实施方一般是工程项目业主、项目管理单位或总承包商，实施后开放给项目其他参与方使用；而后一种模式往往由项目某一方作为发起方，参与各方同时租用某一个 ASP 服务来实现项目信息门户的功能。

1. "in house" 模式的特点

"in house" 模式具有一次性投入费用比较大，同时需要专业人员来进行系统维护的特点，主要针对大中型建设工程项目及要求建设数据高度保密的项目。而对于需要同时管理多个项目的业主、项目管理方和总承包商来说，"in house" 模式也是不错的选择。一般来说，应优先考虑购买成熟的商品化解决方案，只有在无法购买到成熟产品或有特殊需求时才会自行开发。由于工程项目具有一次性的特点，而软件产品的成熟又需要一定时间，自行开发往往会导致当软件可供使用时项目也基本结束的状况。

2. ASP 模式的特点

ASP 模式是指一些第三方服务公司在 Internet 上建立站点，向远程访问的用户提供软件的计算能力。项目参与方不需要拥有自己的服务器和相应软件，只需要支付一定租金，就可通过客户端软件或浏览器来访问相应的应用程序。ASP 模式减少了用户在硬件和软件及管理上的投资，缩短了应用准备时间。而且应用方式比较灵活，用户可以按需使用，对于中小型项目和在费用比较敏感的情况下是比较好的选择。ASP 模式的不足在于当用户距服务提供方较远时，网络延迟比较大，数据的保密性也不及“in house”模式。

（三）项目信息门户的应用案例

目前，在欧美等工业发达国家建筑业中，基于互联网的项目信息门户建设成为建筑业信息技术应用的热点。据统计，在全球范围内，专门为建筑业企业提供基于互联网的项目信息门户软件产品和应用服务的厂商就有 200 多家，其中既有像 Meridian、Primavera、Bentley、Framework technologies 和 Web project 这样著名的项目管理软件供应商，也有像 Bidcom.com、e-Builder Building.com 和 Crephen.com 这样的应用服务提供商。

Project Wise 是一个面向工程企业的三级客户 / 服务器体系结构、运行于 Microsoft Windows NT 网络操作系统上的工程信息管理系统。它是由美国 Bentley 系统公司提供的，可实现工程设计流程控制及图档管理需求。

Project Wise 是典型的三层体系结构，既能提供标准的客户端 / 服务器（C/S）访问方式，以高性能方式（稳定性和速度）满足那些使用专业软件（CAD/GIS 等）的用户需求，包括工程师、测绘人员、设计师等，同时也提供浏览器 / 服务器（B/S）访问方式，以简便、低成本方式满足项目管理人员需求。

1. 大型工程项目业主建立的基于互联网的项目信息门户

著名的 3 com 公司作为一家实力雄厚的业主单位，在 Internet 上建立了自己的基于互联网的项目信息门户，作为管理公司建设项目的平台。它通过这一平台在全球建筑市场上完成的工程造价总额已达到 4.5 亿美元。作为参与投标的条件，要求所有项目的承包商和设计单位都必须与 Internet 连接，使用基于互联网的项目信息门户作为项目信息沟通的工具。使用基于互联网的项目信息门户的工程项目在设计和施工阶段节省了大量时间和费用，而且作为在建项目的业主，3 com 公司在运营维护阶段还可以利用这些存储的信息对工程设施进行有效管理。

2. 实力雄厚的承包商采用基于互联网的项目信息门户进行项目信息交流和沟通

美国著名的建筑公司 Webcor Builders，所承担的一个工程项目是在加州的 Santa Clara 兴建一座 12 层的办公楼，该项目合同总金额为 5 000 万美元，项目业主在纽约，项目设计单位则在旧金山，其他项目参与单位也是分布在全美各地。Webcor Builders 公司使用 Cephren 公司的 Project Net TM 系统进行信息交流和沟通，节省信息交流和沟通成本约 5 万美元。该公司总裁认为，若所有的分包商都采用这一系统进行项目信息交流，总的信息交流和沟通成本可以节约 20 万美元。

（四）项目信息门户应用的关键要素

项目信息门户的实施应当注重实施前的组织与管理准备，包括项目实施各方在思想观念上的准备。以项目信息门户为核心的工程管理信息平台实施的要素可以分为以下四个，其中教育件和组织件是更为关键的要素。

1. 硬件

项目信息门户的软件对硬件系统并没有非常特殊的要求。硬件系统包括系统运行所需要的服务器、个人电脑和相应的互联网设施，不同的系统、不同的软件对硬件有不同的要求，但都需要硬件具有安全性、稳定性和高速度的特点。对大多数拥有局域网络并已习惯使用计算机工作的公司而言，完全不存在技术、设备门槛的问题。

2. 软件

除了德国 Drees and Sommer 公司开发的 PKM 软件以外，国际上知名的项目信息门户应用软件公司还有美国 Buzzsaw 公司、Honeywell 公司等开发的软件。由于开发思路不同,不同公司的软件产品在特点和功能上略有不同。PKM 系统由一个模块化设计(采用 Java 编写)的多层结构构成,通过一个视图管理器将客户端(Web 浏览器)和服务器端组件分离,使设计和显示与内容分开。这样,在修改设计和改变用户界面语言时可以不必改变配置。新语言的描述语句可写成 XML 文件格式存储在系统中,每一个用户可选择自己的特定语言。管理员也可使用 Web 界面修改系统设计。

3. 教育件

项目信息门户是对传统的工程项目管理方式的革命性变革,它需要有关的工程管理人员和工程技术人员在观念上全面更新、在信息处理工作中能自觉行动、在软件运用上能熟练掌握,这些都需要进行充分宣传和系统培训,在领导层、工程管理层和技术层中形成共识、化为行动。

4. 组织件

组织件是指项目信息门户运用过程中所进行的组织结构设置和工程管理信息化工作,如组织结构及岗位责任的设置、有关人员的任务分工及权限设定、工程信息分类和编码及信息处理制度的制定等。

(五)项目信息门户应用的意义

1. 对工程管理和控制提供强有力的支持

项目信息门户的应用从根本上改变了传统工程建设过程中信息交流和传递的方式,使项目业主和参与各方能够在任何地方、任何时间准确及时地掌握工程项目的实际情况和准确信息,从而能够做到对项目实施全过程进行有效监控,极大地提高了对工程项目管理和控制的能力。在工程项目结束后,业主和参与各方可以十分方便地得到项目实施过程中的全部记录信息,这些信息对于项目运营与维护有着极为重要的作用。从项目建设期和建成后运营期全生命周期来看,项目信息门户的应用将极大地提高了工程建设效益。

2. 有利于降低工程项目实施成本

工程项目实施成本的节约来自两个方面:一是可减少花费在纸张、电话、复印、传真、商务旅行及竣工文档准备上的大量费用;二是提高了信息交流和传递效率,从而可减少不必要的工程变更。

3. 有利于缩短项目建设时间

据统计,在现代工程项目中,工程师工作时间的 10% ~ 30% 用在寻找合适的信息上,而项目管理人员则有 80% 的时间用在信息收集和准备上。由于信息管理工作的繁重,有人甚至称项目经理已变成项目信息经理。使用项目信息门户进行项目信息管理和交流,可以大幅度地减少搜寻信息的时间,提高工作和决策效率,从而加快项目建设速度,并可有效减少由于信息延误、错误所造成的工期拖延。

4. 有利于提高工程建设质量

项目信息门户可以为业主、设计单位、施工单位及供货单位提供有关设计、施工和材料设备供货的信息。在一定授权范围内,这些信息对业主、设计单位、施工单位及供货商都是透明的,从而避免了传统信息交流方式带来的弊端,有利于工程设计、施工和材料设备采购的管理与控制,为获得高质量的工程提供有力保障。

5. 有利于降低工程实施风险

在工程建设过程中,采用项目信息门户以保证项目信息交流和传递在任何时间和任何地点都十分通畅,提高了决策人员对工程实施情况把握的准确性和对项目发展变化趋势的预见性，从而可以很好地应对工程实施过程中的风险和各种干扰因素，保证项目目标更好地实现。

第三节　建筑信息模型（BIM）及其应用

一、BIM 技术的特征及应用价值

（一）技术特征

1. 信息存储结构具有多元化特征

相比 2D CAD 设计软件，BIM 最大的特点是摆脱了几何模型束缚，开始在模型中承载更多的非几何信息，如材料耐火等级、材料传热系数、构件造价和采购信息、质量、受力状况等一系列扩展信息。也正是 BIM 构件信息的多元化特征，使其除具有一般 3D 模型的功能外，还可模拟建筑设施的一些非几何属性，如能耗分析、照明分析、冲突检查等。

2. 以参数化建模作为创建模型的主要技术

BIM 的主要技术是参数化建模技术。操作对象不再是点、线、圆这些简单的几何对象，而是墙体、门、窗、梁、柱等建筑构件。BIM 将设计模型（几何形状与数据）与行为模型（变更管理）有效结合起来，在屏幕上建立和修改的不再是一堆没有建立起关联的点和线，而是由一个个建筑构件组成的建筑物整体。

3. 以联合数据库的分类模型作为模型系统的实现方法

由于 BIM 内含的信息覆盖范围包括整个项目建设周期，因此，模型必须包含相当多的建筑元素才能满足项目参与各方对信息的需求，采用联合数据库的分类模型可让不同专业的组织参与方通过一个模型进行交流，从设计准备到初步设计再到施工图设计的各个阶段，项目的不同参与方通过基本模型获取所需的信息来完成自己的专业模型，然后将各自的成果通过 IFC 格式交换反馈到信息模型中，传递到下一个阶段以供使用和参考，这种系统可行性强，而且模型在建设工程全寿命期可以被充分利用。事实上，目前使用的 BIM 系统大都采用联合数据库的分类模型，而最终的信息集成则依靠专门的集成软件来实现，如图 10–7 所示。

4. 以通用数据交换标准作为系统间信息交换的基础

BIM 的核心是信息的交换与共享，而解决信息交换与共享的核心在于标准的建立，有了统一的数据表达和交换标准，不同系统之间才能有共同语言，信息的交换与共享才能实现。

（二）应用价值

BIM 应用对工程项目参建各方均具有重要价值，归纳起来，其应用价值主要包括以下六个方面。

1. 有利于提高生产效率

利用 BIM 技术可以大大加强参与各方协同工作，提高信息交流的有效性，使得决策速度和有效性均有提高，可减少返工次数，提高生产效率，节约成本。此外，基于 BIM 模型的工料测量和预算，相比基于 2D 图纸的费用预算更加快速、准确，可节约大量计算时间和人力、物力。在美国 One Island East Office Tower 项目中，由于采用 BIM 算量方法，业主的不可预见费支出比平常更低。在 Hillwood

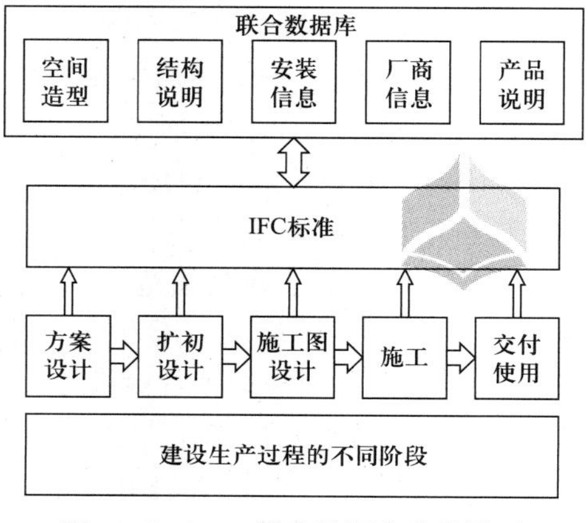

图 10–7　BIM 联合数据库分类模型

项目中，工程造价人员采用 BIM 算量方法节约了 92% 的时间，降低了人工成本，并且误差与手工计算相比只有 1%。

2. 有利于提高业主对设计方案的评估能力

在项目进展的各个阶段，业主都需要有管理和评价设计方案的能力。在传统建设模式下，二维图纸限制了业主对设计方案的理解，业主对设计方案的管理和评价都是依靠设计人员对业主的描述及效果图来判断的，业主需求经常会发生变化，但有时很难判断新的需求是否已被实现。BIM 的可视化功能可以为业主在设计阶段提供建筑产品的模拟效果，极大地提高了业主对设计方案的理解能力，使得使用方在项目建设早期即可对建筑效果、性能进行审视和校核，将许多不满意及隐患（如设计碰撞等）解决在规划设计阶段。同时，有助于业主和设计人员及其他项目参与方之间更好地进行沟通。

3. 有利于提高业主对市场的反应速度

利用 BIM 技术，可以通过可视化交流和信息共享来加强团队合作，改善传统的项目管理模式和信息沟通模式，实现建设工程策划、设计、采购、加工预制、现场施工的无缝对接，减少延误，大大缩短工期。在美国通用汽车厂房扩建工程中，业主需要提高建设速度来抓住市场机遇，但同时又希望预算不要超支。项目团队运用全新的建设流程——基于 BIM 的建设工程项目集成化交付模式（IPD），运用自动化设计出图、模拟、场外构件生产等一系列创新方法，最后比业主要求的工期还提前 12.5%。由此可见，采用 BIM 技术可以有效地提高建设速度，缩短项目工期，从而帮助业主更加快速地对市场变化作出反应。

4. 有利于提高建设设施的可持续性

据统计，一个 465 m^2 的建筑物 1 年的能耗为 7.5 万美元到 10 万美元。使用节约能源系统每年可以减少 10% 的能耗，也就是 7 500 美元到 1 万美元。应用 BIM 技术进行设计和分析，使建筑物可以更好地适应环境变化，提高能源利用效率，从而减少能耗，提高建设设施的可持续性。

5. 能够为设施管理提供更好的平台

利用 BIM 竣工模型，可以迅速、准确、全面地向设施管理机构提供项目设计、采购与施工阶段的信息，方便项目设施管理和维护。在美国海岸警卫队建筑设施规划中，设施管理者利用 BIM 来更新和编辑数据库，比传统的方法节省了 98% 的时间。由此可见，BIM 技术不但可提高信息管理效率，同时可节省很多用来输入这些信息的人力成本。

6. 有利于技术与管理创新

BIM 技术可以实现对传统项目管理模式的优化，便于各方早期参与设计，在群策群力模式下，有利于吸取先进技术与经验，实现项目创新。

BIM 正在改变建筑业内外部团队的合作方式，为了实现 BIM 的最大价值，需要重新思考项目管理团队成员的职责和工作流程，基于 BIM 的工作方式打破了原来不同的企业和数据使用者之间的固有界限，他们将通过协同工作实现信息资源共享。

BIM 技术的应用，能带来生产力和企业效率的提升，但在短期内却有可能因为企业对新技术的认识不够而引起其对工作流程的干扰，导致旧有业务失衡，产生项目风险。因此，在充分了解 BIM 应用价值的同时，也应深刻理解 BIM 技术应用可能带来的问题。研究表明，大约有 70% 针对 BIM 技术应用而进行的业务工作流程改造项目，会失败有三个原因：一是缺乏持续有力的中高层领导的支持；二是不切实际的 BIM 项目目标和期望；三是项目成员对改变的抗拒。

二、BIM 技术的应用领域

2009 年，美国宾夕法尼亚州立大学计算机集成化施工研究组（The Computer Integrated Construction Research Program of the Pennsylvania State University）完成了一个 bSa（building SMART alliance）项目，其研究成果写成《BIM 项目实施计划指南》（BIM Project Execution Planning Guide）第一版，到了 2010 年其发表了 BIM Project Execution Planning Guide 的第二版。在这个指南中，研究组对美国建筑市场上 BIM 技术的常见应用进行了调查、研究、分析、归纳和分类，得出了 BIM 技术的 25 种功能应用，涉及范围包括：规划、设计、施工到运营各阶段，如图 10-8 所示。

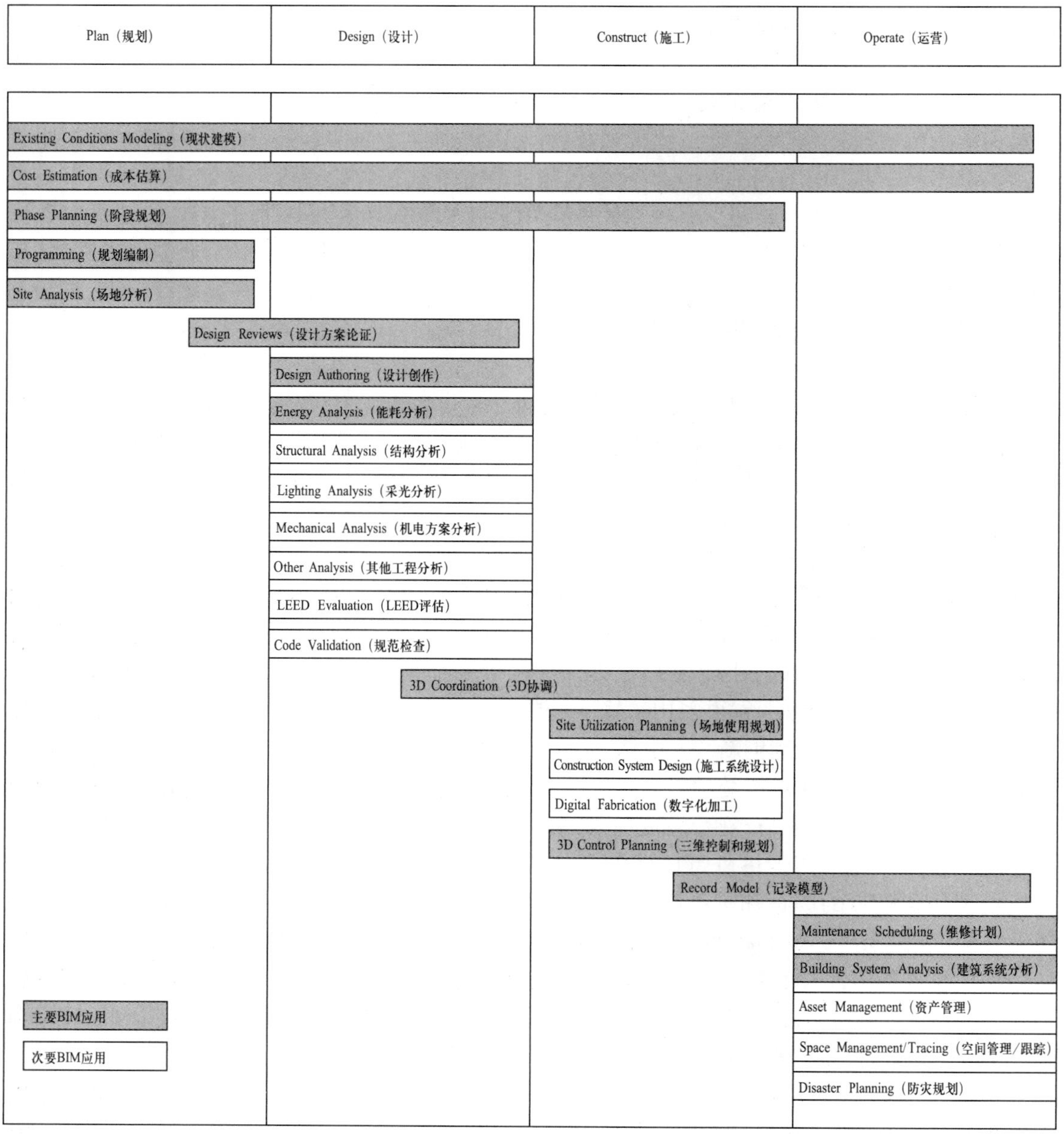

图 10-8　BIM 技术的 25 种功能应用

另外，美国教授 Salman Azhar、Michael Hein 等指出，BIM 模型是由包含建筑物的所有相关信息的一系列“SMART 对象”所组成，可用于可视化和参数化设计、图纸复核、法规分析、成本估计、建造模拟、界面和碰撞检测等方面。

（一）BIM 技术在规划阶段的应用

在前期规划阶段，BIM 能实现集成管理和全寿命期管理。BIM 以建筑产品为中心，其技术数据核心层能够为建设工程不同领域的数据模型提供统一的数据架构；为不同领域的数据交换提供总体指导；为各专业之间的信息交流提供平台。具体操作方法如下：首先，在系统中形成一个 3D 模型，前期参与各方对该三维模型进行全面的模拟试验，业主能够在工程建设前就直观地看到拟建项目所展示的建筑总体规划、选址环境、单体总貌、平立面分布、景观表现等虚拟现实；其次，BIM 从 3D 模型的创建职能发展出 4D（3D+ 时间或进度）建造模拟职能和 5D（3D+ 费用或造价）施工的造价职能，让业主能够相对准确地预见到施工的开销花费与建设的时间进度，并预测项目在不同环境和各种不确定因素作用下的成本、进度、产出等变化；最后，业主可对不同方案进行借鉴优化，并及时提出修改意见，最终可以选定一个较为满意的策划方案。

因此，在前期策划中应用 BIM 能够加快决策进度，提高决策质量，大大减少建设过程中的工程变更，也使前期成本估算更加精准，同时还可惠及将来建筑物的运作、维护和设施管理，进而可持续地节省费用。

（二）BIM 技术在设计阶段的应用

1. BIM 技术在建筑设计中的应用

建筑设计中运用 BIM 相关软件，可以创建一个包含实际建筑所有特征的虚拟建筑模型，这个包含了实际建筑所有特征的 3D 数字模型将成为设计的核心。它不是仅将纸质文件转变成电子文档，也不仅仅是漂亮的 3D 渲染。利用 BIM 技术，将以模型为基础的 2D、3D 技术与信息相结合，建筑师就拥有了更加快速、更高质量、更加丰富的设计过程。这样不仅可以直观地表达设计意图，使得交流更加顺畅，从而降低设计变更的风险，而且质量控制也更加完善。此外，较低层次的任务，如绘制图纸、文档生成、创建进度表等都是自动生成的。这方面经典的案例是澳大利亚墨尔本的 Eureka 大厦，它是应用 BIM 技术进行设计的最大的工程项目之一。工作人员发现应用 BIM 技术的益处很大：BIM 技术的运用使得设计流程不再明显划分为设计和绘图两个阶段，因为施工图可以作为设计模型的副产品；项目中的每个人都能集中精力于设计创新上，同时，也要求团队成员间更高的协作，BIM 技术的运用提高了协作性，而不是孤立了设计成员；以三维可视化的模式来表现建筑，增强了项目团队对设计的理解；多个设计方案很容易就可以得到一个高度客观的分析、评价和比较，而在传统二维 CAD 模式下要实现这一效果是相当困难的。

2. BIM 技术在结构设计中的应用

结构设计大体可以分为三个阶段，即结构方案阶段、深化设计阶段和施工图设计阶段。结构设计阶段运用 BIM 技术可以无缝传递建筑设计阶段的数据模型，形成本阶段的几何、荷载、分析子模型，并且结构设计阶段任何信息的修改都可以结合 BIM 的参数化建模技术实时传递到上游的建筑设计阶段及下游的深化设计和施工图设计阶段，形成协同工作。

结构分析可能采用不同的有限元分析软件，当前，各种分析软件之间模型信息的转换是杂乱无章的。一个软件必须输出多种数据格式，也就是说必须建立与多种软件之间的接口（比如 SATWE 与 ANSYS、ABAQUS 等），而其中任何一个软件版本的更新和变动，都需要重新编写转换接口，各软件之间点对点的信息转换非常复杂而且工作量巨大。但是，利用 BIM 技术可以形成中间共享的通用模型共享平台，实现专用有限元软件（比如 SATWE、ETABS、SAP2000）和通用有限元软件（比如 ABAQUS、ANSYS、ADINA、MARC 等）之间的结构分析模型的信息转换。采用统一标准后，各软件只要实现与中间通用模型转换平台之间的转换，就可以做到所有软件之间模型数据信息的转换。此外，由于是基于统一的 BIM 技术，这种间接转换也不会导致数据信息的丢失。

（三）BIM 技术在施工阶段的应用

传统的工程建造过程中，施工阶段是和设计阶段相互独立的，施工过程中若发现设计不合理，就需要重新回到设计阶段进行变更，由于设计变更所导致的附加成本要占一个项目投资额的 20% 左右，有些复杂项目甚至高达 30% ~ 40%。同时，施工阶段往往会产生大量的表单，人员、材料、机械等的会签，由于传统方法信息集成度不高，经常发生错、漏现象，导致施工管理混乱、进度计划布置不合理。另外，针对工程造价分析，施工中主要部件节点与设备管线等非主要部件之间的施工冲突等也是突出问题。解决这些问题的有效手段是建立信息的互联和互通，使得施工阶段能共享设计阶段的数据信息，本阶段的信息变化也能及时被上游阶段捕捉，实现施工阶段的精细化管理。

BIM 应用系统创建的虚拟建筑模型是一个包含建筑所有信息的数据库，将 3D 建筑模型和时间或成本结合起来，就可以进行直观的 4D 或 5D 施工管理。如 4D 可以用于模拟建造一个项目，这个过程可以在设计或施工之前确定施工方案的可行性，及时发现不合理或与规范不协调的部分。匈牙利 Graphisoft 公司开发的 Virtual Construction TM（虚拟施工）应用软件就是对 BIM 技术的最好实践，可以综合用于施工管理的 5D 建模解决方案。通过 3D 施工建模系统快速建立精确的施工模型，这个模型大大减少了设计文档中的错误，从而大大节约了成本。3D 模型可以准确地获得工程量，加上工期和成本，便可以用于分析施工工序的合理性。此外，5D 施工管理解决方案可以自动将施工模型和工程进度链接起来，一旦链接起来，工程进度方案就可得到更有效的分析和交流，还可将预算过程中创建的信息分解到生产中，生成预定的采购计划，利用施工模型把成本与时间结合起来，生成费用列表用于财务分析。在整个施工管理系统中，设计、成本和进度是相互关联的，任何一个部分的变化都会自动映射到另外两个部分中。这将大大缩短评估和预算时间，可显著提高预算的准确性。更重要的是，可以增强工程施工的可预见性，在工程设计和施工初期可及早发现问题。通过 3D 模型，设计、预算和进度可以同步获得，而且在施工的任意阶段，都可通过与 3D 模型的关联，保持最新、准确的造价及进度。

（四）BIM 技术在运维阶段的应用

当今，在开发商狂热追求商业项目开发所带来的高利润下，运维阶段作为商业项目投资回收和盈利的主要阶段，节约成本、降低风险、提升效率、达到稳定有效的运营管理成为业主们首要追求的目标。显然，传统的运营模式已不能适应当今信息引领时代的浪潮，不能满足各大商户和消费群体不断更新换代的营销模式与快节奏的生活方式，更不能提供对进行大型设施项目中大量流动人群的安全保障。传统的运营管理技术不能实现业主们的愿望，还将给业主们带来巨大的经济损失。简单来说，传统运营管理的弊端主要体现在成本大、缺乏主动性和应变性及总控性差三个方面。而 BIM 技术的运用有效地整合了规划设计阶段及施工管理阶段的关联基础数据，完整无误地将其导入运营数据库，再结合相关的网络技术，使商业运营管理更具有应变性和可控性。BIM 技术在运营管理中的主要应用为：设备的运行和管控、建筑的能耗监测和管控、安保和应急疏散管理及数据分析和资料整合等。

1. 设备的运行和管控

BIM 的三维可视化模型，可以帮助业主轻松地查询、搜索、定位到其所需设备，并且直观地了解到设备全部信息，这里的信息不仅仅是传统运营管理下二维平面中的长宽高，非几何信息也可以清晰表达，如设备型号、生产日期、使用年限、采购人员等。BIM 模型不仅提供了完整的设备信息，并在可视化下实现精准的设备定位，使得设备的安装拆卸与维修变得简单。通过 BIM 和相关运营技术的结合，不仅可以便捷快速地进行设备运行检查、维护和控制，同时使设备拟人化，具有感知功能，当室内外温差或室内有毒气体的含量等达到相应标准时，设备会自动对管控中心发出警报。BIM 技术下的运营管理使设备更加智能化、更具生命力，这不仅加强了业主对设备的管理效率，还大大降低了由于查询、定位、检查设备信息等所造成的劳动力成本。

2. 建筑的能耗监测和管控

我国建筑使用能耗约占全社会总能耗的 28%，其中商业建筑能耗更是惊人。基于 BIM 的运营能耗管理可以大大减少建筑使用能耗，BIM 可以全面了解建筑的能耗水平，收集建筑物内所有设备用能的相关数据，并进行能耗分析和建筑运行的节能优化，从而促使建筑在平稳运行时达到能耗最小。BIM 还通过与物联网、云计算等相关技术的结合，将传感器与控制器连接起来，对建筑物能耗进行诊断和分析，当形成数据统计报告后可自动管控室内空调系统、照明系统、消防系统等所有用能系统，它所提供的实时能耗查询、能耗排名、能耗结构分析和远程控制服务，使业主对建筑物达到最智能化的节能管理，摆脱传统运营管理下由建筑能耗大引起的成本增加。

3. 安保和应急疏散管理

在商业项目中，为人们提供安全保障是商业运营管理的基本前提。BIM 技术所采用的主动化应急管理措施为应急疏散提供了最快且最安全的保证。在发现异常情况时，业主可以通过控制平台直观地确定异常情况的发生地点，控制设备运行（如及时切断电气开关，打开最近的消防装置等），防止异常情况扩散，并且找出最安全、最便捷的疏散通道，通过 BIM 技术还可确定安保人员的位置，快速地指导各个安保人员对人群进行保护。基于 BIM 技术的运营管理不仅可以对应急事件进行快速指导，还可以进行应急预案的模拟，如日常的火灾模拟、人员疏散模拟等，以此减少真正的异常情况发生时因组织不当和管理失责所造成的巨大损失。例如，发生火灾时争分夺秒很重要，业主可以通过 BIM 信息平台及时地掌握火灾蔓延的范围，并快速地指导各个安保人员对其附近人群进行安全疏散，做到最迅速地开展救援指导和最大限度地降低损失。可见，BIM 技术支持的运营管理比传统运营管理对突发事件更具快速的应变性。

4. 数据分析和资料整合

运营管理离不开对数据的整合和分析，基于 BIM 和物联网以及云计算技术进行的运营数据资料分析、整合及共享，将取代传统运营以互联网为依托的数据整理和传递过程，便于业主进行项目总控。项目运营中不断积累的大量数据是运营管理的基础资料，BIM 技术可将资料分门别类地进行整合，细化各个阶段和步骤，对信息进行最完整的保存。它还以最快捷的信息共享方式将各大商业运营项目资料传递给总部，使总部实时了解项目运营状态，它的分类整合、精确分析及信息集成共享将能够给予总部最快捷的决策支持，成为业主运营管理中最有效的决策依据。

以 BIM 技术为核心的运营管理可解决传统运营管理中难以克服的问题，有利于业主把被动化的运营管理变成主动化，增强控制性，提高投资回报。

三、BIM技术的发展趋势

BIM技术的发展意味着其要素,即BIM应用点、BIM应用软件及BIM应用标准的发展。其中,BIM应用点是源头。根据BIM的特性及工程实际工作中的问题,有关人员首先提出具有应用价值的新BIM应用点,会成为相应BIM应用软件开发的起点。而BIM应用软件的发展直接带动BIM技术的发展。在面对一个工程项目时,即使相关人员懂得可用的BIM应用点及其应用价值,如果不能获得相应的、适用的BIM应用软件,BIM技术的应用也无从谈起。

目前,市面上BIM应用软件已有很多,但大多是一些基础性软件,如建模软件、碰撞检查软件等,发展潜力还很大。如何结合我国工程实际,开发具有自主知识产权、基础性、关键性的BIM应用软件,是我国建设工程信息化的努力方向。在BIM应用软件发展方面除了新软件开发,既有软件二次开发也是一个重要方向。例如,在一些已经成熟的平台软件上进行二次开发,结合我国相关规范完善其数据库和方法库是一种投资少、见效快的方法。另外,一些国内软件开发商和应用单位一起,结合一些标志性工程开发BIM技术的新应用点并与管理软件集成在一起,是目前我国BIM技术发展的一个突出现象。而BIM应用标准的发展可以为BIM技术的应用和发展创造一个良好的环境。BIM应用标准可分为数据标准、内容标准、协同工作标准等。数据标准规定BIM数据格式,内容标准规定BIM所应包含的内容,而协同标准规定数据提交方式。有了这些标准,工程项目多参与方、多专业之间基于BIM技术的协同工作就变得十分有序,并可使各方及各专业之间为进行沟通所花费的精力大大减少,从而降低成本。

国外在BIM应用标准方面已开展大量工作,形成了一些实用标准。我国目前虽然已经开展了BIM应用标准的编制工作,但进展缓慢,亟待汲取国外经验,加快步伐,迎头赶上。

一般而言,BIM技术未来将有以下五大发展趋势。

(一)BIM模型自动检测是否符合规范和可施工性

在新加坡,一些项目的BIM模型已具备自动检测是否符合规范与可施工性的性能。而一些以创新为主的公司,如Solibri和EPM,其基于IFC标准已开发出具有模型自动检测功能的软件(如Jotne 2007、Solibri 2007)。

(二)制造商启用3D产品目录

越来越多的制造商顺应BIM发展趋势,将其产品目录以3D格式上传网络,用户可以下载需要的3D产品,并将其插入到已建的BIM模型中检查是否符合要求。

(三)多维(nD)项目管理模式

未来项目管理的维度将由三维(3D)发展到四维(4D)、五维(5D)甚至是多维(nD),虚拟建设模式已不再停留在研究领域而是被广泛地应用到项目管理中,并且越来越多的软件涌现出来支撑其应用。

(四)实现预制加工工业化与全球化

依靠BIM模型详尽且准确的信息,场外预制加工得以实现,且未来的发展将是实现预制加工的工业化与全球化,这些都可大大节省工期,提高生产效率。

(五)BIM与GIS

地理信息系统(GIS)是用来收集、存储、分析、管理和呈现与地理位置有关的城市信息数据,如城市的道路、燃气、电力、通信和供水等。在2D图纸时代,建筑信息与其他城市信息一起仅能呈现其位置,其间的联系与影响无从体现与管理。而到了3D模型时代,BIM参数模型融入GIS系统中,二者相互联系、相互影响,BIM建模过程需要充分考虑到是否与周围的城市信息数据相冲突，而城市设施的改造等也将考虑到既有建筑，其 BIM 模型将为决策提供指导意义。到了"3D+ 环境"的时代，BIM 与 GIS 的结合将发挥更加智能化的作用，但无论是技术还是管理，所面临的挑战都无疑是巨大的。

因此，BIM 技术发展趋势可归纳为基于 BIM 的特性及工程建设中遇到的实际问题，更多新的 BIM 应用点将被确定，并带动 BIM 应用软件的发展，而 BIM 应用软件将朝着新 BIM 应用软件的开发、现有软件的二次开发和完善、BIM 应用软件与管理软件的集成三者并行的方向发展。此外，BIM 应用标准的发展可为 BIM 技术的应用和发展创造一个良好环境，而 BIM 应用标准的编制也将朝着更多地借鉴国外先进经验、更加实用的方向发展。